逆风翻盘

危机时代的亿万赢家

CHAOS KINGS

How Wall Street Traders Make Billions in the New Age of Crisis

（Scott Patterson）
［美］斯科特·帕特森 著
胡东超 丁一 译

中信出版集团 | 北京

图书在版编目（CIP）数据

逆风翻盘 / (美) 斯科特 · 帕特森著 ; 胡东超 , 丁一译 . -- 北京 : 中信出版社 , 2024. 11. -- ISBN 978-7-5217-6882-4

Ⅰ . F830.59

中国国家版本馆 CIP 数据核字第 2024GA0660 号

逆风翻盘

著者：　[美] 斯科特 · 帕特森

译者：　胡东超　丁一

出版发行：中信出版集团股份有限公司
（北京市朝阳区东三环北路 27 号嘉铭中心　邮编　100020）

承印者：　北京通州皇家印刷厂

开本：787mm×1092mm 1/16　　印张：19.75　　字数：224 千字
版次：2024 年 11 月第 1 版　　印次：2024 年 11 月第 1 次印刷
京权图字：01–2024–4653　　书号：ISBN 978–7–5217–6882–4
定价：79.00 元

目录

第二部分
肥尾效应

第三部分
邪恶的问题

引言
混乱来袭

纽约，深冬，比尔·阿克曼梦到了一种可怕的疾病。那是2020年1月，一种新型病毒在全球蔓延，以惊人的速度自我复制并感染着人类。一传十、十传百……最终成千上万的人被感染。更严重的是，这种病毒有着极高的病死率，每100名感染者中就有2~3名死亡。阿克曼从噩梦中惊醒，吓出一身冷汗。

这位拥有亿万身家的对冲基金经理开始近乎痴迷地关注有关这种病毒的新闻。他十分担心许多潜伏期的患者在不知道自己感染病毒的情况下，把病毒传播给了其他人，这极有可能导致疫情蔓延到世界各地。大多数人都不了解指数级增长变化的可怕，但统计学的结果很明确：这种病毒的传播速度极快，近乎一半的人类将会被感染，各国政府采取的措施并不足以遏制病毒的快速传播。阿克曼看到了一个威胁未来的厄运黑洞：席卷全球的大萧条，数百万人的死亡，其中美国的死亡人数将高达一百万。

这是一道简单的数学题。

1月30日，世界卫生组织将新型冠状病毒疫情列为“国际关注的突发公共卫生事件”。尽管警钟已经敲响，世界卫生组织仍敦促各国避免实行旅行禁令。世界卫生组织总干事谭德塞说：“此时此刻，我们需要科学，而非谣言。”世界各国的游客仍旧不在意这个病毒并继续他们的旅行，阿克曼对此感到难以置信。压倒骆驼的最后那根稻草是米兰时装周的如期举办，当时各方不顾意大利北部暴发的疫情，坚持要在 2 月份举办米兰时装周，那些时尚达人参加活动后把病毒传播到世界各地，更糟糕的是，他们生活的地方都是人口密集的城市。

纽约激进派对冲基金潘兴广场资本管理公司（Pershing Square Capital Management）的创始人兼首席执行官阿克曼想：“一切都难以改变了。”病毒已经传播到了世界各地。

他开始认真审视公司此时所拥有的价值数十亿美元的投资组合。他是否应该全部抛售这些资产？全球经济会崩溃吗？他是希尔顿酒店的大股东，如果病毒不能被有效控制，酒店行业将岌岌可危，这堆股票将成为一堆废纸。他还持有大量墨西哥快餐连锁店墨式烧烤（Chipotle）的股票，这是另一个定时炸弹。当他审视自己的投资组合时,他看到了大量随时可能会爆发的潜在风险。当然与他预估的世界人口大规模死亡相比，这一切看上去微不足道，但也确实是他要应对的事。

抛售所有资产似乎也不是明智的决策。潘兴广场是一家致力于长期投资的公司。当经济正常运行时，阿克曼对所投公司的基本盘充满信心；但疫情的到来使世界不再“正常”，这种信心就不能如以往一样“坚挺”。他开始联系一些任职于全球顶级金融机构的高管，了解他们有没有相同的担忧。但没有人和他持有同样的看法。阿克曼将沃伦·巴菲特视为价值投资领域的导师，因此，他给巴菲特发了一封电子邮件，说明由于即将来临的疫情，他不得不取消原计划出席的伯克希尔－哈撒韦公司定于5月初举行的年度会议。这位“奥马哈先知”（巴菲特的别称）的反应就好像是阿克曼此时已经迷了心智。结果，巴菲特于3月中旬取消了这次会议。

2月初的一天，阿克曼在曼哈顿潘兴广场的会议室里与一位客户单独会面，并讲述了他对病毒的担忧。当客户开始咳嗽时，阿克曼如临大敌，惊慌地冲出房间。他当时非常担心自己感染，也担心自己感染会使父亲面临被感染的危险。他意识到，潘兴广场如果照常办公将会置员工于同样的风险中。他决定关闭办公室，并通知员工远程办公。他担心病毒可能会吓到那些没有意识到所处境况的员工，因此他没有把远程办公的缘由归于病毒，而是以短期的灾备测试为由下发通知。但其实，他感觉公司员工可能在一年或更长时间里都不能返回办公室工作了。

2月23日，星期天，这位50岁就已满头华发的投资者开始想方设法地保护他的公司和投资者免受日益蔓延的全球性灾难的影响。他在以前的危机中也有过类似举动。在2008年全球金融危机中，阿克曼大举做空美国房市崩溃的公司，如房利美和房地美。他认为，新冠疫情可能会让2008年的全球金融危机不值一提。当阿克曼将目光扫向市场寻找出路时，他发现债券市场并没有反映出他所看到的风险——远远没有。美国经济长期以来一直保持稳定，投资者似乎无法想象单边市场的上升趋势可能会反转。

而对阿克曼来说，这意味着机会。他可以押注那些打包债券及其组合的指数下跌，简单理解，这种指数就像是由30家大公司组成的道琼斯工业平均指数一样。如果债券指数略有下跌，他便可能失去一切。而如果指数大幅下跌甚至崩溃,他就会发大财。这将是一场乱世豪赌。

阿克曼很快就建立起一个巨量仓位。他购买了大量信用违约互换（CDS），这些合约挂钩了420亿美元的投资级债券、超过200亿美元的欧洲债券指数以及30亿美元的垃圾债券头寸。他总共拥有与710亿美元的公司债挂钩的合约。阿克曼仅用了2 600万美元便完成了这场豪赌。就像上了火灾保险一样，如果这些债券指数大跌，投资组合将获得巨额回报。

随着其他投资者逐渐意识到阿克曼在1月份的噩梦将成为现实，债券市场开始剧烈动荡。如果新冠疫情一发不可收，酒店、主题公园、餐馆、体育、航空、娱乐等许多行业的公司都可能破产。其他投资者纷纷追随阿克曼的策略，以低价购买与之同样的合约。这致使这些金融产品的价格开始上涨,然后大幅抬升。在价格高峰时期，这些组合的比重高达潘兴广场管理资产的三分之一。

3月12日，星期四，下午阿克曼在家中工作，查看自己此时持有的头寸。他所持有资产的市值已经飙升了好几天，目前上升趋势逐渐平稳。仅在那一天阿克曼就赚了7.8亿美元，但头寸的飙升势头难以持续，他收到有关白宫和美联储即将干预进行救市的消息。

卖点到了。就在他下注几周后，他很快就开始赚钱。他出售了与45亿美元投资级债券、40亿美元欧洲债券指数和4亿美元垃圾债券挂钩的头寸。当完成卖出后，他已经积累了26亿美元的利润，冲抵了他持有的股票的损失。新冠疫情暴发引起的恐慌致使股市暴跌了30%。

然后，阿克曼做了一件更疯狂的事。他采取罗斯柴尔德的策略：在股市哀鸿遍野时买进。在疫情持续加速传播的3月，他将此前卖出头寸后获得的利润重新投入股市，买入了希尔顿、伯克希尔－哈撒韦、星巴克和劳氏等公司的股票。

阿克曼此时的操作非常需要胆魄，因为失败的可能性很高。疫情引起的恐慌使得大多数投资者都惊恐地抛售手中的股票。阿克曼担心，如果美国不能控制住疫情，这一切都将化为泡影。他看着劳德代尔堡青少年春假聚会的新闻片段，心中的恐惧与日俱增。3月17日晚，当他得知更多有关疫情令人不安的消息后，他无法入睡。第二天早上，他在推特上直接向时任美国总统特朗普提出建议：

> 总统先生，目前能控制疫情蔓延的唯一办法是在未来30天内采取国家封闭战略，并关闭边境。请告诉全体美国人，我们要待在家里和家人度过一个延长的春假[①]，在此期间国家只提供必要的服务，在重新开放前由政府支付工资。
>
> 随着病毒感染率以指数级的速度增长，我们每推迟一天封锁，就会有数千人丧生，很快就会有数十万、数百万人丧生，经济也会随之被摧毁。

美国消费者新闻与商业频道（CNBC）的主持人斯科特·瓦普纳看到了这条推文，给阿克曼打了电话。瓦普纳说“情况看

① 美国学校在春季放假一周。——译者注

上去很严重”，并询问阿克曼是否愿意接受直播采访。阿克曼同意了。

“是的，地狱将至。”阿克曼告诉主持人瓦普纳以及成千上万名直播观众，其中许多观众在华尔街工作。“人们往往无法想象病毒每日以指数级速度传播带来的后果。以数学的思维简单思考一下，概率论告诉我新冠病毒将无处不在，世界上 50% 的人将被感染。”

他说，数百万美国人可能已经感染了这种病毒。“新冠病毒难道不会传播到世界的各个角落吗？难道不会每个人都感染吗？应对疫情的唯一方法就是让全球的经济活动停下来。”

阿克曼再次呼吁进行为期 30 天的全美封锁。“我们都心知肚明，除了封锁，没有更好的出路。”他告诉瓦普纳，警钟已在纽约敲响。许多人已经不再去餐馆就餐，许多餐馆也关门了。从后厨勤杂工到前厅服务员，再到餐馆的老板，都受到了疫情的影响。如果不立即采取积极行动，整个美国经济都会受到冲击。

这位以狂妄自大著称的对冲基金经理看起来很焦虑，甚至有一些恐惧。他说道：“海啸即将来临，空气中弥漫着危险的信号，波涛汹涌澎湃，但人们依旧在海滩上欢乐嬉戏，就像什么都不会发生一样。这就是我过去两个月的感觉。我的同事认为我疯了，彻底疯了！”

阿克曼的激昂演讲让观众感到震惊。他是美国最著名的对冲基金经理之一，也是大师中的大师，他因高调投资星巴克和温蒂汉堡等知名品牌而声名鹊起。阿克曼在股市中每次建立头寸的操作，都会成为头条新闻。他的空头押注更加出名，比如对康宝莱营养品公司进行 10 亿美元的空头交易，并声称该公司是个传销组织，这使他与卡尔·伊坎站在了对立面——尽人皆知，阿克曼输了。

当阿克曼发表讲话时，市场已经大幅下跌。它下跌得如此之快，导致股市“熔断”。当市场重新开盘交易时，道琼斯工业平均指数又下跌超过 2 000 点。《卫报》称阿克曼的表现为“近乎歇斯底里”和“充满厄运感”。《福布斯》表示这是一个“疯狂”的行为，并将阿克曼的行为描述为“一个对冲基金经理转型为业余健康专家”。

但也正是对指数级速度传播、失控性质以及非线性数学的认知让阿克曼在 1 月份就意识到新冠病毒的威胁。一个小小的雪块可能并不起眼，但是随着它越滚越快，越滚越大，最终谁也没办法预测这个雪球可能造成什么样的影响。这种认知是风险管理的关键，不仅适用于华尔街上经常发生的灾难，而且适用于整个经济体系——一个明显变得越来越危险的世界。尽管当时许多流行病学家警告说，在获取新冠病毒更多的信息之前不要反应过度，但阿克曼对指数级增长带来的爆发性风险有着专业的敏感性，他比大多数人甚至很多流行病学家更早地察觉到危机的爆发，他深知这种危险的致命性。

阿克曼秉持了“乱世之王”应有的审慎：居安思危。因为，如果只是盲目地等待，试图在危机爆发后了解其影响，并试图获取更多的信息和数据，那就为时已晚。危险已经来临，家园可能已被洪水淹没，高楼大厦可能已被火焰吞噬，飞机可能已坠毁。

批评者称他在为自己谋利，试图压低市场价格好让他在大空头上获得更多收益。但是，在那次采访之前，阿克曼就已经卖掉了很大一部分空头头寸，并开始购买大量股票。他也是这么告诉瓦普纳的："股市崩盘会对我造成伤害。"他的动机是不让飞机坠毁，不让房子着火，更是为了保护自己和他的投资者。虽然特朗普没有理会他的警告，但事实证明，阿克曼在混乱中下的那笔疯狂赌注非常成功。在美联储史无前例的放水和国会数万亿美元援助的刺激下，美国股市重新崛起，在3月份的震荡暴跌后迎来了前所未有的反弹。阿克曼的投资最终又净赚了10亿美元，2 600万美元的赌注总共帮他获得了36亿美元的收益——《巴伦周刊》后来称这是有史以来最伟大的交易之一。

在2020年年初，并非仅阿克曼一人洞悉指数级增长风险的本质，也并非仅他得以从中谋取数十亿美元。那年寒冬，另一位交易员在密歇根州北部的冰天雪地之中，同样押下了看空的大赌注。他堪称最初的"乱世之王"。

第一部分

黑天鹅与龙王

第一章　我们是海盗，而非海军

马克·斯皮茨纳格尔惊愕地盯着他的电脑屏幕。那是2020年3月16日，星期一的凌晨。世界各地的市场失灵状态让他难以置信。全球市场基本上已经停摆，没有任何交易。投资者不顾一切地想清空仓位以避免巨大损失，但无计可施，因为无论是股票、大宗商品还是债券市场，一切都跌入谷底。交易者甚至连美国长期国债（T-bond）——世界上流动性最强的一种资产也卖不出去，就好像美国政府债务的价值已经归零。

2020年年初，新冠疫情的扩散导致全球金融市场波动加剧，最终陷入崩溃。3月初，道琼斯工业平均指数每日暴跌2 000多点，接着又剧烈反弹2 000点，这种前所未有的景象已逐渐成为常态，市场正面临前所未有的波动。

这种波动对环宇资本（Universa Investments）的创始人斯皮茨纳格尔来说却是件好事，该公司是一家对冲基金公司，其独特的策略是在混乱的市场中茁壮成长。这位交易员当时正在一座位于密歇根州北港角一片郁郁葱葱的百年老木屋里工作。前一周，他飞到那里与家人团聚，全美各地的人因新冠疫情影响被要求在家隔离。窗外，顺着密歇根湖北港湾的湖水，他可以看到田园农场（Idyll Farms）连绵起伏的群山，他和妻子在那里饲养山羊，生产屡次获奖的奶酪。

20世纪80年代，16岁的斯皮茨纳格尔目瞪口呆地注视着芝加哥期货交易所大厅里的混乱场景。从那时起，他就开始为这样的时刻做准备。作为一名牧师的儿子，他放弃了成为音乐家的美好前程（茱莉亚音乐学院的录取资格），转而投身成为商品交易员。他从芝加哥期货交易所的最底层爬到了纽约银行的高级职位，最终选择在1999年帮助创办了一家名为安皮里卡资本公司（Empirica Capital）的前沿对冲基金公司。斯皮茨纳格尔天生就是当交易员的料。2020年3月，当全球市场陷入一片混乱时，他却表现得非常冷静。

斯皮茨纳格尔通过对讲机与迈阿密椰林海滨大厦20层环宇资本总部的交易员团队交流，他正监控着那些专门设计用来从混乱中获益的头寸。他带着一种既恐惧又激动的心情观察着崩溃的市场。环宇资本为全球客户的43亿美元资产提供风险管理，多年来一直在为这样的灾难做准备。

斯皮茨纳格尔，身材修长，头顶锃光瓦亮，是环宇资本的创始人及首席设计师。他和纳西姆·尼古拉斯·塔勒布（斯皮茨纳格尔在安皮里卡资本公司的长期合作伙伴）共同在20世纪90年代末创设了环宇资本的最初策略。作为一名反传统的黎巴嫩裔美国交易员和数学家，塔勒布后来成为世界著名作家，代表作有《黑天鹅》和《反脆弱》等著名畅销书。当安皮里卡资本公司成立时，塔勒布还是纽约大学一名默默无闻的量化金融学教授，拥有交易复杂金融衍生品的背景。他日渐确信，金融市场和机构的风险远超常人的认知。1987年10月的“黑色星期一”，道琼斯工业平均指数单日下跌22.6%，他因此大赚了一笔。像斯皮茨纳格尔一样，他也见证了20世纪90年代的所有崩溃——1994年加利福尼亚州（简称“加州”）橘子郡的破产，1997年由货币贬值引发的亚洲金融危机，以及1998年巨型对冲基金长期资本管理公司在对俄罗斯债务（以及其他事项）下错赌注后倒闭。塔勒布开始将这样的危机称为“黑天鹅”——无人能预测的极端事件（如突如其来的市场崩溃）。曾几何时，欧洲人认为所有的天鹅都是白色的……直到他们在澳大利亚发现了黑天鹅。“黑天鹅”是指完全不按常理出牌的事物，它挑战了之前所有已知的类别和假设。

1999年，这一切都还只是理论。为了测试它，塔勒布和斯皮茨纳格尔成立了安皮里卡资本公司，旨在从危机中获得巨额利润。他们自诩为危机猎人。这是一家终极熊市基金公司，也是同类基金公司中的第一家。与在牛市中赚钱的交易机构全然不同，安皮里卡资本公司只有在突如其来的熊市中才能大赚一笔。它每天都会购入当股票大幅下跌时会产生极高回报的头寸。通常情况下，这些交易会损失一小笔钱——市场没有崩溃时这些头寸一文不值。但当市场真的崩溃时，安皮里卡资本公司的头寸就价值连城。

2004年，塔勒布与斯皮茨纳格尔共同关闭了安皮里卡资本公司。这一决定的部分原因在于，塔勒布对日常对冲基金管理工作感到疲惫，同时他在首部面向大众的著作《随机漫步的傻瓜》获得成功后，渴望专注于写作（20世纪90年代，他曾撰写过一本名为《动态对冲：管理普通期权与奇异期权》的技术交易书）。斯皮茨纳格尔一直梦想成为一名交易员，2007年他在环宇资本重启交易策略，并不断提升和完善。塔勒布在环宇资本担任高级科学顾问，虽然他并不参与公司日常运营，但公司充分利用其世界著名作家和思想家的声誉，吸引了众多富有的投资者。

环宇资本曾在 2008 年全球金融危机等市场动荡时期赚得盆满钵满，还在 2010 年的美股闪崩、2011 年的美债降级、2015 年 8 月的美股暴跌，以及 2018 年所谓的“末日浩劫”等导致市场剧烈波动的黑天鹅事件中赚了钱。环宇资本将这一策略称为“黑天鹅保护协议”。该协议的目标是，保护投资者免受黑天鹅的影响。

2020 年 3 月，全球经济似乎正面临一只终极黑天鹅——比 20 世纪 30 年代大萧条以来世界上发生的任何事情都要糟糕。各国经济陷入停滞，员工蜷缩在家中，数百万美国人突然发现自己失业了。3 月中旬，从股票到债券再到大宗商品，一切价格都如自由落体般下跌。

当斯皮茨纳格尔在北港角追踪市场的崩溃时，环宇资本的交易员在 3 月 16 日晚通宵盯着市场的动态，动荡从中国香港的交易所蔓延到欧洲再到美国的交易所。周一早上 5 点左右，只有几位高级交易员抵达办公室，背景音乐播放着巴赫的宁静和弦，其他人根据公司的疫情防控协议居家办公。环宇资本交易团队由 16 名程序员和交易员组成，他们都是博士、电脑高手和数学家。但近一段时间，他们几乎没有时间休息，均已经疲惫不堪。在处理完当天混乱的开盘后，斯皮茨纳格尔乘坐私人飞机，从密歇根州住宅附近的草地跑道起飞。下午，他已如往常一样坐在落地窗旁的办公桌前，窗外是迈阿密的全景和比斯坎湾翠绿的海水。

他时常对衍生品交易团队强调：“记住，我们是海盗！而非海军！”他这句话借用了史蒂夫·乔布斯的一句名言——“成为海盗比加入海军更有意思”。

新冠疫情的蔓延已对全球金融体系产生严重影响。那天又是星期一，道琼斯工业平均指数大幅下跌13%，成为1987年“黑色星期一”之后的第二大单日跌幅。债券市场陷入停滞，货币市场基金遭遇史上最大资金外流，中小投资者正遭受灭顶之灾。华尔街资深人士纷纷表示，这种情况在全球金融危机时期都未曾见过。花旗集团短期信贷部门负责人亚当·洛洛斯在接受《华尔街日报》采访时坦言：“2008年全球金融危机犹如一场慢动作的车祸，而此次却带来瞬间爆炸的震撼，‘轰’的一声。”

在接下来的一周里，随着剧烈的波动压垮了市场，环宇资本的几个交易员忙到几乎没时间休息，许多人每天只在办公室的沙发上或者家里的办公桌上打个盹儿，然后起身，大口喝下咖啡，默不作声地赚上一笔。

斯皮茨纳格尔和团队看到他们的投资收益像火箭一样飞速上升。到3月底，环宇资本的“黑天鹅保护协议”基金3个月的回报率惊人地超过了4 144%。斯皮茨纳格尔约5 000万美元的赌注，转眼间产生了近30亿美元回报，令人瞠目结舌。

这些高回报率令部分专家难以置信，有人甚至认为不可能实现。曾长期在华尔街担任风险管理职务，并与塔勒布交情深厚的亚伦·布朗质疑环宇资本是否在投机崩盘。也就是说，当斯皮茨纳格尔察觉到混乱气息时，他加大了赌注，以期在市场动荡中获得更高收益。然而，斯皮茨纳格尔强调，环宇资本并未投机，而是始终在固定点位为客户提供相同的崩盘保护，无论市场状况如何，都不会调整保护力度。

布朗对此持怀疑态度。

布朗告诉我：“他们否认这一点，但他们肯定没有披露某些关键的预测因子，如果没有这些，策略就无法发挥作用。也许他们已经掌握了财富密码，但这仍令人费解。他们的交易策略比任何人做得都要好。”

斯皮茨纳格尔承认最后这一点。

虽然塔勒布让“黑天鹅”的概念广为人知，但环宇资本完全是斯皮茨纳格尔的心血之作。在关闭安皮里卡资本公司之后，塔勒布成了著名的思想家和哲学家，他将黑天鹅概念延伸到交易和金融之外的很多领域。他的心愿是以科学家和哲学家的身份为人所知，而非交易员（但环宇资本使塔勒布变得富有，这笔基金带来的回报远远超过了他从畅销书中获得的丰厚利润）。

他在流行病领域进行了深入研究，这是极具破坏性的黑天鹅事件。2010 年，他在《经济学人》杂志上预言道，“全球将遭遇严重的生物和电子流行病，这是全球化带来的又一‘馈赠’”。2012 年，他在《黑天鹅》的续作《反脆弱》中指出，全球化加剧了病毒传播风险，“犹如整个世界变成一个巨大房间，出口狭窄，人们都涌向同一扇门”。2014 年，他在一篇题为《预防原则》（The Precautionary Principle）的论文中与其他共同作者表示，“紧密相连的全球系统使单一偏差最终将主导其总体影响。此类例子包括流行病、入侵物种及金融危机”。

换句话说，在当今高速流动的超级网络环境中，流行病等极端事件的风险越发严峻。2020 年 1 月，塔勒布洞察到此种潜在危机，并提前发出警示。然而，他的警示却被置若罔闻。

第二章　危险的临界点

塔勒布眯着眼看了看笔记本电脑屏幕上的图表。此时是 2020 年 1 月，他正在环宇资本迈阿密的办公室工作。他从席卷中国武汉的新冠疫情中发现了一个令人不安的迹象，当时新冠疫情已造成多人死亡。不过，由于中国在大洋彼岸，这一切似乎是那么遥远。

许多国家都没有严格的防控措施。时任美国总统唐纳德·特朗普及时任英国首相鲍里斯·约翰逊将此病毒视为季节性流感病毒的变种，预期随着春日的来临，疫情将逐渐缓解。当时美洲、欧洲、亚洲的股市纷纷创下历史新高，似乎预示着美好的未来即将到来。

塔勒布原本乌黑的胡子如今已变得斑白，他得知一些流行病学家预测，新冠病毒的基本传染指数 R0[①] 约为 3 或 4，甚至更高。这意味着感染该病毒的人通常会将病毒传播给三四个人，高

---

① R0：也称“基本再生数”，用以表示每位感染者在传染期内能使多少易感者发病。——译者注

于标准流感的R0。

如此高的R0令人震惊。在一个名为Wolfram Mathematica的计算机建模程序上计算数字时，塔勒布越来越感到不安。如果这种病毒失去控制，那将是毁灭性的，数百万人可能因此死亡。他打电话给朋友亚内尔·巴尔–扬，他是复杂系统理论方面的专家，复杂系统理论是一门广泛的跨学科研究，研究从细胞、森林再到全球气候等系统内部和系统之间的相互作用，以及现代世界令人不安的疫情动态。

“你必须关注武汉正在发生的事情。”塔勒布告诉他。

巴尔–扬同意了。

巴尔–扬是一家名为新英格兰复杂系统研究所的精英研究中心的创始人，多年来他对全球大流行病频繁暴发的情况十分担忧。他曾与联合国合作研究埃博拉病毒，目睹了这种病毒是如何逐渐蔓延到非洲之外地区的。2016年，他撰写了一份名为《向灭绝的过渡：互联世界中的大流行病》(Transition to Extinction: Pandemics in a Connected World)的报告。高病死率的病毒一开始往往会迅速传播，然后在杀死所有宿主时消失，这就是为什么病死率高的病毒不太可能传播到国外。巴尔–扬警告说：“但是现在不会了。随着远距离运输的普及到了一个临界点，病毒会变得极具攻击性，以致整个宿主群体都死亡……我们称之为灭绝阶段。随着全球交通互联互通的水平提高，人类文明可能正接近这样一个危险的临界点。”

塔勒布试图了解特朗普政府是否针对眼前紧迫的危机制定了相应对策。为了探寻真相，他给一位在美国国家安全委员会任职的熟人打了电话，问道：“你们注意到新冠疫情了吗？你们充分重视这件事了吗?”

这位官员回答:“我们看到了。”但他对第二个问题并不确定。特朗普似乎根本就没有认真对待新冠疫情,他的高级顾问也没有。这位官员问塔勒布是否可以给白宫写一份备忘录,详细阐述一下担忧。

1月24日,塔勒布打电话给巴尔–扬说:“我们得写点什么。”

塔勒布和巴尔–扬一样,多年来一直在研究流行病的数学问题。几十年前,他就了解到金融市场的运行方式与流行病类似。金融市场的突然崩溃是极端的,通常是无法预测的事件,正如瘟疫和流行病。他知道传染性极强的病毒会以指数级传播,导致大规模的死亡。他在《黑天鹅》一书中写道:“我们在地球上走的地方越多,得流行病的概率便越大……我发现,一种非常奇异的严重病毒有可能在地球上蔓延开来。”

和潘兴广场的阿克曼一样,塔勒布也知道大多数人并没有意识到指数级增长的可怕。IBM高管约翰·E.凯利在《纽约时报》专栏作家托马斯·弗里德曼2016年的著作《谢谢你迟到》中,精辟地阐述了人类与指数级增长之间的关联。凯利向弗里德曼阐述:“人类生活在一个线性世界中,诸如距离、时间及速度等皆呈线性发展,而技术却呈指数曲线状进步。我们仅能在某种程度上体验到指数性事件,例如汽车在加速或突然刹车时。面对这种状况,人们会感到强烈的不确定性和不适。如今,许多人都感受到持续的加速状态。”

现代生活的主导力量是新技术,这些新技术日新月异,不断进化。马克·扎克伯格在2004年创立了脸谱网(Facebook),乔布斯在2007年发布了苹果手机,特斯拉在2008年生产了第一辆全电动汽车 Roadster。预防新冠病毒的 mRNA 疫苗也在短时间内研发上市，这堪称医学奇迹。但很少有人理解这些变化，我们生活在一个指数级的世界——但我们的大脑天生是适合线性的。

对指数级事件的研究是塔勒布的生计——数学奠定了他的黑天鹅世界观。当然，流行病并不是新鲜事物，它们像文明一样古老。但新病毒可能具有黑天鹅的特性——未知的未知。当它们第一次席卷世界时，没有人知道它们会对人体产生什么影响，人们该如何治疗，传染性有多强，人们会不会在不知道自己被感染的情况下传播这种致命的病毒，也不知道各国政府将如何应对传染病的暴发。塔勒布担心，这种新冠病毒可能具有这样的未知特性。

塔勒布、巴尔－扬和新英格兰复杂系统研究所的另一位研究员乔·诺曼迅速起草了一份备忘录，概述了该病毒的风险以及应对这些风险所需的措施。随后，塔勒布将其送交白宫。几天后，也就是 1 月 26 日，在大多数美国人还没意识到新冠疫情即将来临时，白宫把这份备忘录公布于众。

这份题为《新型病原体——冠状病毒引起流行病的系统性风险》的备忘录仅有一页，但它起到了警示的作用，敦促政府要立即采取全面行动，阻止新冠病毒的蔓延。同时告诫群众保持社交距离，做好封闭隔离措施，遵守防疫检查，并建议封闭边境以切断外来传染途径。该备忘录称，病毒的传播速度远超大多数人的预期。

备忘录称："显然，我们正在面对一个极端肥尾分布的感染情况，因为人们彼此的连接性增加了，从而以非线性方式增加了病毒扩散的可能。感染者产生肥尾分布的极端情况很特殊，传统的封控方式已经不再适用，不能抑制病毒的传播。"

“尾部”是指测量某种事件发生概率的正态分布曲线的外缘，比如过去50年股市的日平均涨跌幅，或者一个世纪以来纽约的日平均温度。标准正态分布曲线看起来像一个钟形（见图1），大多数样本位于中间——收益或损失在0.1%~5%，而其他小概率事件则在曲线的尾部。“肥尾”是指比正态分布包含更多的小概率事件，例如包含更多的1987年“黑色星期一”。

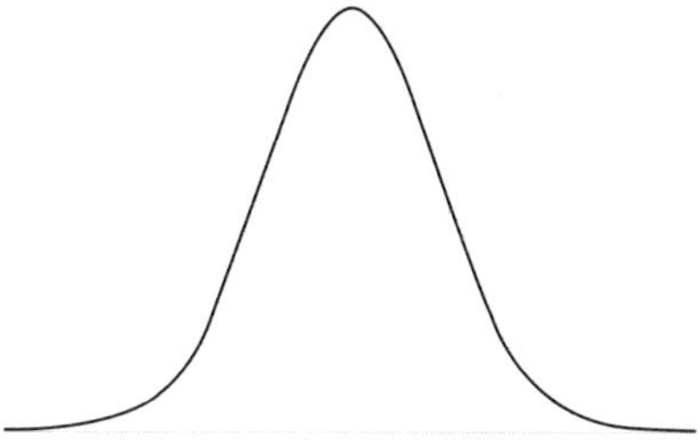

图1　标准正态分布曲线

流行病的感染分布情况是极度肥尾的（分布呈现出偏离均值程度很大的情况）。这是因为流行病是非线性的。在统计学中，如果某个东西的输出与输入不成比例，那么它就是非线性的。与线性现象（1、2、3、4、5、6等）相反，非线性输出可以是指数的（1、2、4、16、256、65 536等）。换句话说，非线性事件往往变化非常快，而且产生的影响巨大。一名无症状的感染者可能将病毒传播给2个人，这2个人又传播给4个人、4个人到16个人、16个人到256个人……直到数百万人。这正是2020年1月让阿克曼惊恐万分的原因。现在，由于各地的交互频繁、交通方便，超大城市的相互融合使得病毒传播的速度可能更加非线性、更加指数化。

目前社会的“系统性风险”指的是什么？备忘录中写道：“全球的连通性正处于历史最高水平，从根本上说，病毒传播事件依赖于物理空间中媒介的相互作用。”

预防系统性风险的有效手段就是打破各国之间连接的纽带。塔勒布及其备忘录合著者提出：“预防风险要防患未然、未雨绸缪、防微杜渐。”这一观点在新冠疫情期间备受关注，并成为本书的一个标志。

失败绝非一个选项。人类面临的风险在统计学及复杂的博弈论领域中被称作“破产问题”，即人类种族的毁灭。设想一位拥有 1 000 美元的赌徒，每输掉一局，便将赌注翻倍。输掉 5 美元时，下注 10 美元；输掉 10 美元时，下注 20 美元。这种被称为“马丁格尔”的策略必将导致赌徒走向毁灭——这是一种注定破产的策略（除非赌徒拥有无限的财富）。

疫情是非线性的，因此它对人类的威胁程度取决于病毒的致命性和传染性，以及传播速度。在 2020 年 1 月，这些情况无人知晓。

塔勒布在备忘录中写道：“这些都是毁灭性的问题，暴露于尾部事件会导致最终的灭亡。虽然人类在遭遇此类事件时幸存的概率非常高，但随着时间的推移，重复暴露于此类事件幸存的概率将降为零。对寿命有限的个人来说，重复承担风险是可以接受的，但在系统和集体层面，毁灭性风险暴露是绝对不能接受的。”

回想历史上多次暴发的传染病，如黑死病和 1918 年西班牙流感等，就好像是发生在另一个世界的事情，那个时候国际航空旅行尚未普及，当然也没有美国联合航空公司和汉莎航空公司，更没有高度拥挤的城市中心。当下，全球社会高度网络化，互联互通的程度越来越高，这使得人类毁灭的极端风险比以往任何时候都更具威胁。

根据塔勒布及其合著者的观点，人类只要从新冠大流行中吸取教训，就不会失去希望。在未来疫情暴发时，应对措施须与威胁程度相适应。全球需要全力以赴，遵循预防原则，果断采取预防行动。（据备忘录所述：“预防原则明确了必须在何种情况下采取行动以降低毁灭风险，且传统成本效益分析不适用。”）

备忘录指出：“疫情暴发在所难免，但采取适度的预防措施可以降低全球范围内的系统性风险。”

在 2020 年年初，人们很少能从公共卫生专家或者政府官员发表的言论中听到采取高度预防性应对措施的观点，这些人更关注的是激进防疫措施对经济的影响，而非疫情可能造成的大规模死亡。以伊夫·史密斯为笔名写作的苏珊·韦伯当时在她著名的金融网站“赤裸裸的资本主义”上发表评论：“塔勒布一直在坚持不懈地谈论预防原则的重要性，而且基本上是独自一人。这反映出医学、公共卫生以及西方社会领导力的现状，真是令人担忧。”

目前没有证据确定白宫对塔勒布的备忘录做了回应，但塔勒布认为他的警告可能对美国限制旅客入境问题产生了影响，因为在他将警告发给美国国家安全委员会朋友的几天后，部分地区的出入境通道就被关闭了。然而，特朗普预测该病毒将会“奇迹般”消失，白宫的其他人也提出与备忘录截然不同的观点。他们认为，由于这种疾病的性质（传染性和致命性）非常不确定，因此在采取可能扰乱经济的极端措施之前，最好收集更多有关病毒的数据。其中有官员阐述道：“对于病毒，我们了解得还不够，我们需要更多信息，应对措施不能比疾病肆虐更糟糕。”美国总统对这些人言听计从。其他国家，包括英国，也采取了观望态度。

塔勒布后来说，在黑天鹅、全球系统性风险和大流行病方面，观望阵营已经落后了。他说：“缺乏知识应该让你更确定该做什么，你如果对飞行员的技术不放心，那就不要选择登机。”

随着环宇资本获得 4 000% 以上暴利的消息传出后，华尔街的竞争对手投来羡慕和嫉妒的目光，而且像亚伦 · 布朗一样对此感到难以置信。据高盛的数据，截至 2020 年 3 月中旬，重仓股票的对冲基金平均亏损了 14%，其他具有风险缓释策略的投资也遭受了损失。股债双杀的局面（通常股债走势相反，这为投资者在股灾时提供了一定程度的保护）粉碎了许多美国人赖以养老的股债比例为“60/40”的经典组合。

环宇资本的成功或许仅仅是巧合。斯皮茨纳格尔可能只是在阿克曼对新冠疫情焦虑的驱动下，进行了大量投注，预测了市场的崩溃。

事实上，环宇资本在机会面前做了充分的准备。在金融危机中,环宇资本的长期目标是在股市崩盘中获得爆炸性的巨额回报。因为市场随时都可能毫无征兆地崩盘，没有人能够预测闪崩何时发生。这意味着对冲基金的投资者不必凌晨还在担心暴跌，他们可以安然入睡。斯皮茨纳格尔在致投资者的一封信中写道：“从此刻起，我们有充分的理由相信预期，利用防范大幅回撤的风险缓释策略仍是公司卓越的体现，它可以为您规避大多数金融工程和现代金融解决方案中不必要的成本和风险，同时在市场持续走低的情况下，它将提供‘物超所值’的性价比。”

环宇资本在2020年赚得盆满钵满前就已经积累了大量财富。到21世纪10年代末，环宇资本通过管理头寸，保护数十亿美元的资金免受损失，这使斯皮茨纳格尔变得极其富有（2009年，他用部分奖金从詹妮弗·洛佩兹手中买下了贝莱尔一栋750万美元的豪宅）。环宇资本的成功引发了对冲基金和大型资产管理公司模仿的浪潮，如太平洋投资管理公司。华尔街甚至推出了黑天鹅品牌的交易所交易基金，如Amplify BlackSwan Growth & Treasury ETF。

2020年环宇资本吸睛的业绩表现巩固了该公司在华尔街的战略地位。《华尔街日报》在2020年6月指出：“曾经，市场一度由预期股市上涨的多头和预期股市下跌的空头主导。如今，另一个派别正在崛起。这些投资者关注的是波动率，即价格在一段时间内的变动幅度。近年来，关注波动率已从衍生品交易者的专长变成一种独立的交易工具。”

斯皮茨纳格尔和塔勒布对这些痴迷的模仿者并无好感。他们认为大多数模仿者并不了解实际情况，反而给他们的策略带来了负面影响。

斯皮茨纳格尔和塔勒布交易策略背后的指导思想有三个方面。第一，未来由有重大影响力的事件主导，很难甚至不可预测。任何事情都有可能发生（黑天鹅）。第二，极端事件比许多人想象的更具破坏性，因为正态分布曲线等标准风险指标无法捕捉极端事件。这意味着，在金融市场上，极端事件通常被低估：这是一个赚钱的机会。这也意味着大多数其他投资者承担的风险比他们意识到的要大。尽管我们周围有种种变化的迹象，但我们还是会假设明天的世界将和今天一样，这是人类普遍的弱点。人们关注的是正态分布曲线中心的普通凸起，而不是曲线尾部的疯狂爆炸。第三，回撤率比胜率更重要。斯皮茨纳格尔多年前就意识到一个对任何押注未来结果的人来说都至关重要的真理：控制单次大幅亏损远比取得一系列小额盈利重要。假设你投资 1 000 美元购买股票。如果由于某种问题该公司出现糟糕的业绩报告或高管丑闻，或者人们不再购买该公司生产的小部件，该公司股票下跌 50%，那你现在就剩 500 美元。

问题在于，为了回本，股票需要上涨 100%，而非只上涨 50%。

因此，避免重大损失至关重要。环宇资本通过购买期权来实现这一目标，这些期权在崩盘中且仅在崩盘中能带来巨大的回报。期权是赋予其所有者在特定时间内以特定价格买卖股票的合约。

环宇资本每天都会购买看跌期权，以便在股市崩盘时赚钱。通常情况下，这些持仓并未如愿以偿，环宇资本会遭受小幅损失（他们称之为“出血”过程）。但当回报到来时，它比之前所累积的损失金额要大得多。斯皮茨纳格尔称这种效应为“爆炸式下跌保护”。就像火灾保险一样，如果你的房子被烧毁，保险能赔付抵押贷款价值的 3 倍（或更多）。

这与华尔街的大多数专业人士所采用的投资方法截然相反。在华尔街，交易员的投资期望是平均每天都能获得小额增量的收益，并关注让钱包鼓鼓的年终奖金。然而，他们也面临着在市场崩溃的少数日子里损失大量资金的风险。相比之下，虽然环宇资本永远不可能在一天或一周内损失大量资金，但它几乎每天都会损失少量资金。这是一种依赖于雪崩、地震和飓风等突发状况的策略。正如塔勒布曾说：“我不想要下雨，我想要干旱或洪水。”

截至2020年年初，这是一种非常成功的策略。安永对环宇资本的黑天鹅保护协议从2008年上市交易到2019年12月进行了审计，发现其年均资本回报率（衡量对冲基金成功或失败的常用指标）达到令人瞠目结舌的105%。也就是说，环宇资本每年的平均回报率为105%，这一纪录使其与世界上最好的对冲基金持平甚至更好，这还没算上2020年年初4 000%以上的暴利。

环宇资本在并未对市场走向（上涨、下跌或横盘）进行预测的情况下，已然实现了相应的收益。尽管斯皮茨纳格尔从未试图预测市场何时会出现崩溃，但在内心深处，他坚信美国股市和债券市场在美联储政策的推动下，长期陷入一个不可持续的超级泡沫中，终将如三硝基甲苯（TNT）炸药爆炸般产生巨大威力。斯皮茨纳格尔世界观的核心之一在于，美联储数十年来始终沉迷于制造泡沫，为一次次市场崩盘提供导火索。斯皮茨纳格尔与塔勒布均无法预知崩溃何时会发生。正如斯皮茨纳格尔在2020年致投资者的一封信中阐述的："我们手中并无水晶球！"

然而，并非所有人都认同市场崩溃无法预测的观点。越来越多复杂性理论领域的数学家，如塔勒布的朋友巴尔－扬等，致力于探索这一神秘科学分支。他们主张，从市场噪声中可以发掘出预示崩溃的线索。法国物理学家迪迪埃·索内特等该领域专家已设计实验来验证其预测系统的可靠性，并取得了令人瞩目的成果。

在塔勒布看来，预测部分市场波动是有可能的。他将此类事件定义为"灰天鹅"，其中包括2008年的全球金融危机。然而，他的立场在于，预测这些灾难性事件的发生时点极具挑战性，同时，诸如索内特等市场专家所采用的预测手段在风险管理方面实则成效甚微（此论述为第十二章的核心主题）。

尽管在微观层面上无法精确预测市场波动，但塔勒布和斯皮茨纳格尔在宏观层面上洞察到世界变革的不断加剧，其剧烈程度令人瞠目结舌，股市也将受到影响。那些未做好充分准备的人必将蒙受损失。

2020 年 3 月，投资者似乎正面临着前所未有的困境。然而，出人意料的事件接踵而至。全球股市走势反转，逐步攀升，甚至急剧飙升。尽管美国正经历一场前所未有的经济危机，数百万人在新冠疫情的蔓延下失业，但股票指数却呈现出无法阻挡的上涨势头，不断刷新纪录。

这一看似非理性的乐观情绪源于多个因素。首先，源于斯皮茨纳格尔所担忧的问题——美联储通过购买数十亿美元的公司债券，向金融体系注入了空前的巨额流动性，甚至包括购买垃圾债券。其次，美国国会为陷入困境的公司和家庭提供了数万亿美元的财政援助。美联储和美国国会携手合作，再加上欧洲和其他地区的救助计划，共同引发了前所未有的风险行为。另外，由于利率处于历史最低点，债券提供的收益率微乎其微，迫使那些渴望收益的投资者涌向他们唯一能够获得收益的市场——股市。股市泡沫如此巨大，以至于市场开始吸引新一轮的日内交易者，这种情况是 20 世纪 90 年代末互联网泡沫以来未曾见过的。

对斯皮茨纳格尔而言，市场崩溃之际，不过是更多 TNT 炸药引爆的时刻，环宇资本因此得以谋取更为丰厚的利润。

事实上，在 21 世纪 20 年代，伴随着新冠疫情的持续肆虐及不断涌现的变异株、恶劣的气候灾害、地缘冲突（核毁灭的阴影若隐若现），全球风险以空前速度积聚，令人瞠目。

第三章　更糟的还在后面

冰冷的雨水从天而降，落在格陵兰岛北极内陆巨大冰川的最高点，海拔两英里①。那是2021年8月，地球上最稳定的冰冻地区之一出现了有记录以来第一次冰川降雨。国际北极研究中心的科学家约翰·沃尔什告诉塞拉俱乐部："这场降雨对冰川系统造成了巨大的冲击。这是前所未有的现象。大气变化将我们推向了未知的领域。"

"史无前例的未知领域相互融合"将成为未来十年新的关键词。2020年9月，在《动荡的二十年代》(The Turbulent Twenties)一文中，社会学家杰克·戈德斯通与科学家彼得·图尔钦共同预测，美国多样化的结构性因素交织，将引发更大规模的社会动荡，"这个国家正面临百年一遇的政治危机"。诸如2020年黑人人权运动以及新冠疫情肆虐，这些事件都发生在美国政治两极分化、国民收入份额连续多年下滑，以及精英阶层顽固反对增加公共服务支出的时期。

① 1英里≈1 609米。——编者注

“我们已经在路上，”他们写道，“但更糟糕的在后面。”

戈德斯通和图尔钦的预测引人注意，也令人深感不安。但这并不新鲜，早在10多年前，也就是2010年，图尔钦就利用戈德斯通创建的计算模型预测：全球动荡将在21世纪20年代达到临界点。该模型分析了结构性人口力量——贫困、贫富差距以及精英之间的权力竞争，这些因素均可能导致社会不稳定。该模型预测了一个以内部冲突、暴力和民主衰落为特征的“乱世”即将到来。在2020年的文章中，他们甚至预测了即将进行的美国总统选举后令人震惊的事件：“如果特朗普败选，他可能会质疑选举结果是‘被操纵’的……特朗普可能会呼吁他的众多武装平民支持者捍卫他们‘一直以来最喜爱的总统’（如他所说），对抗所谓的‘自由主义专制’。”

随着新十年的展开，各地都有着对未来乱世的预测，悲观预言家比比皆是。在2021年3月发布的《全球趋势2040：一个更具争议的世界》（Global Trends 2040: A More Contested World）报告中，美国国家情报委员会预测：“具有高度破坏性的事件可能在许多国家和地区更为频繁、强烈地出现。这些挑战通常缺乏直接的人为因素或导火索，但将对国家和社会造成重大影响，并可能带来灾难性的冲击。”

混乱的推动因素在于紧密相连的全球秩序。该报告称：“过去一年里，新冠疫情令人类意识到自身的脆弱性，并揭示了高度相互依赖所带来的潜在风险。在未来几年至数十年间，全球将面临接连不断且更为严峻的挑战，如疾病、气候变化、新技术及金融危机所带来的破坏等。”

尽管全球化进程自1960年以来为人类带来了显著的利益（例

如饥荒和婴儿死亡率的急剧下降，全球各地的预期寿命延长了20多年），但与此同时，全球化所依赖的复杂技术、网络和控制机制也带来了新的风险。这些风险可能对人类产生极具破坏性的影响，引发部分人群的担忧。

普林斯顿大学全球系统风险项目的研究者在2022年7月的论文中阐述："全球化与现代生活弥漫着一种神秘的氛围，即文明大范围瓦解的可能性。我们的世界正面临着生存危机的挑战，因为我们认识到当前的发展路径难以持续……诸如'9·11'事件、2008年金融危机以及新冠疫情等全球系统性冲击，使我们更加意识到日益紧密的全球一体化与相互依赖的生活方式的脆弱性。"

市场崩溃、疫情暴发、恐怖袭击、暴乱、特大火灾、超级风暴等具有极大破坏力甚至致命性的事件在全球范围内越发频繁地发生，所造成的损害也日益加剧。这些事件突发性强，影响范围广大。即便看似微小的事件也可能引发灾难，譬如蝴蝶翅膀的挥动可能在各大洲触发龙卷风。更令人担忧的是，这些事件的频繁发生使其在某种程度上变得更加可预测。它们并非如黑天鹅事件般突如其来，而是塔勒布所提出的灰天鹅——完全可预见的毁灭性事件。例如，经常摧毁海岸的飓风，以及夏季如约而至、肆虐美国西海岸的野火（索内特将这些可预测的灾难称为"龙王"）。

塔勒布认为，日益不稳定的世界是人类试图通过技术、定量模型以及无处不在的即时优化来对其进行控制所产生的矛盾结果，这导致了一个愈加复杂、由人类构建的脆弱且易受冲击的社会。在《反脆弱》一书中，他写道："随着复杂性的增加、各部分之间相互依存度的增加、全球化的推进，以及所谓'效率'

这种让人们违背规律行事的野蛮概念的出现，黑天鹅效应势必增加。”

2020 年，一种新型病毒肆虐全球，导致数百万人失去生命，世界经济陷入困境。一部手机记录的美国明尼苏达州非裔男子乔治·弗洛伊德遭警察暴力执法致死的事件，引发了美国乃至全球的抗议浪潮。特朗普的偏执使数千万美国人变得激进，导致美国民主制度面临严峻挑战。

伴随着全球化进程的深入推进，各类互联互通也在加速发展。复杂性催生复杂性，速度孕育速度。社交网络犹如病毒传播着新闻和阴谋论。便捷的航空旅行使得原本可能在乡村地区消亡的传染病得以迅速蔓延至全球各地。

全球变暖（源于人口增长、文化复杂性以及社会对化石燃料的依赖）所导致的严重后果正在不断扩散，侵蚀海岸线，引发强烈飓风以及大规模火灾，对美国部分昂贵房产造成破坏。在美国西部，气候学家正在担忧一场特大干旱可能使数十万人陷入水资源短缺和荒漠化危机的困境。尽管尚无确凿证据表明全球变暖将增加飓风和台风（均为破坏力巨大、损失严重的气候灾害）发生的频率，但研究普遍发现，在海洋变暖和气温升高的能量驱动下，飓风和台风正变得更强、更具危险性。因为温暖的空气能够容纳更多水分，2023 年 1 月加州发生的致命洪水便为例证。

One Concern 位于旧金山，是一家致力于运用人工智能（AI）技术预测极端天气事件的公司。该公司首席战略官杰弗里·博恩正致力于构建相应模型，以协助企业应对自然灾害所带来的不可预知的破坏。预测的难点在于，随着气候混乱导致传统模型失效，风暴发生的频率和强度越发难以预测。博恩阐述道："虽然登陆的飓风和台风数量可能减少，但破坏性有增无减。"因此，他"在系统中加入更多极端事件，如雨季延长、夏季炙热、冬季严寒以及干旱现象加剧"。他指出，"气候专家讨论全球变暖时所使用的术语并不准确，这已经是'极端'气候变化了"。

保险业正面临日益严重的经营风险和社会声誉损失，主要是因为保险赔付金额持续上升。2021 年，受新冠疫情影响，人寿保险赔付额同比增长 15%；网络攻击的加剧导致网络保险赔付额比 2020 年猛增 74%，达到 48 亿多美元。事实上，部分保险种类的赔付增长态势更为显著。据统计，过去 25 年里，因干旱和洪水导致的农作物损失，使得农民获得的保险赔付额增长了 300%。

政治极端主义正在全球范围内兴起，这是全球联系不断加强和沉迷于在线社交网络的一个黑暗而讽刺的症状。在美国，民意调查显示，21 世纪初以来，美国人被进一步推向右翼和左翼，中间立场日益空虚（在美国和欧洲，极端主义在极右翼中更为盛行，谷歌搜索相关术语将证实这一点）。从优兔（YouTube）到 4chan 论坛，再到 Facebook 和红迪网（Reddit），社交媒体的影响通过有毒的 AI 算法使青少年群体更加激进，这些算法为上瘾的用户输送越来越狂热的内容。2021 年 11 月的一项研究对 2006—2020 年的抗议活动进行了调查，发现在此期间，世界各地的抗议活动增加了两倍，每个地区都有增加。

在美国政治舞台上，钟摆效应愈加明显，从偏向左翼的非洲裔美国人、前社区活动家贝拉克·奥巴马，到极端右翼、无视历史先例的总统唐纳德·特朗普，再到性格和价值观与特朗普截然不同的乔·拜登。其中，有毒的阴谋论 QAnon[①] 受到很大一部分特朗普支持者的追捧，成为政治极端化加剧的典型案例。2020年大选前夕，《大西洋月刊》将选举环境评为“美国历史上最严重的两党分歧和不信任氛围之一”。2022 年 9 月，路透社 / 益普索的一项民调显示，五分之一的美国人认为对持不同政见者实施政治暴力是可以接受的。同月，芝加哥大学安全与威胁项目的研究估计，有 1 500 万美国人认为，如果特朗普由于其试图推翻 2020 年总统选举的诸多调查而被起诉，使用武力将是合理的回应。

2021 年 12 月，关于美国政治两极分化的研究揭示，政治分歧已步入一个爆发的临界点。这项名为“不对称政治两极化的非线性反馈动力学”的研究指出，在政治进程难以逆转甚至无法逆转之际，临界阈值或关键时刻便会显现。研究报告表明，美国国会中的共和党人已越过这一门槛，而民主党人或许也将随之突破。在回应《纽约时报》专栏作家托马斯·埃德索尔的提问时，研究报告的作者阐述：“政治过程犹如自然界、技术领域或社会中的其他自然动态过程，具有自我滋养的特征，并可能步入一个不稳定且自我强化的正反馈循环。爆炸现象便是一个典型例证——当热能被提供以点燃可燃物质的若干分子时，这些分子将产生更多能量，进而点燃更多分子，在无休止的循环中不断释放更多能量。”

---

① QAnon：可译为“匿名者 Q”，是一种极右翼阴谋论，认为美国政府内部存在一个反对唐纳德·特朗普和其支持者的深层政府。2017 年 10 月出自 4chan 论坛中一个署名为 Q 的匿名用户，“Q”这个名字出自美国机密许可中的最高级别“Q 级许可”。——译者注

“两极分化已经变成一种自我滋养的力量。”埃德索尔后来写道。

金融市场及其所依赖的经济体日益呈现出复杂、不稳定并易于崩溃的特征。21 世纪初，包括曾任美联储主席的本·伯南克在内的经济学家认为，全球经济已步入所谓的“大稳健”（Great Moderation）时期。经济技术专家的稳定操控，华尔街金融工程师（量化者）的衍生品及其他产品的传播，低通胀空间的实现，将共同推动世界迈向持续繁荣，这是中央管理带来的永恒增长礼物，既不过热也不过冷。然而，2008 年美国次级抵押贷款市场的崩溃引发了全球性金融危机。数千亿美元抵押贷款的损失如同传染病般蔓延至衍生品市场，导致数万亿美元的损失。

这种极端的波动具备自我强化的特性，并触发一种类似机械的反馈机制，将极端情况推向更为极端的境地，最终导致系统的崩溃和混沌。金融与经济的崩溃可能导致政治和社会领域出现意想不到的状况。例如，奥巴马在 2008 年金融危机后当选美国总统，2010 年茶党的极端保守主义崛起，以及特朗普在 2016 年的美国总统大选中胜出。这些事件都可以追溯到 2008 年那场金融危机，而这场危机在一定程度上是由艾伦·格林斯潘领导的美联储为应对“9·11”事件所采取的空前的货币刺激措施造成的。

英国历史学家和经济学家亚当·图兹创造了一个术语，用来描述世界面临的不断汇聚和扩大的风险——多重危机。在这个世界里，流行病、通胀、经济衰退、气候危机、核升级和其他风险通过一系列的恶性反馈循环放大了危害。大流行病引发供应链中断，导致价格上涨，使经济陷入衰退，进而引发全球饥饿危机，影响低收入国家的贫困人口，导致不稳定的大规模移民，触发政治动荡和政权更迭。图兹写道："多重危机不仅仅是要接连面临多个危机。这是一种……整体比部分的总和更加危险的情况。"美国国家安全专家、国土安全部前官员朱丽叶·凯耶姆称这是一个"动荡的灾难时代"。

反馈循环是导致气候危机的关键因素。举个例子，地球变暖正在融化西伯利亚的永久冻土，向大气中释放数十亿吨的甲烷气体（一种温室气体），其吸热效应是二氧化碳的 80 倍。甲烷越多导致变暖越快，变暖越快造成甲烷越多，如此循环往复，产生气候危机。

2021 年 11 月，在冰冷苔原之上的野火肆虐之际，《莫斯科时报》揭示了一个严峻的事实："俄罗斯大约 65% 的领土被永久冻土所覆盖。近几十年来，随着气温的逐渐攀升，这片历经千年冰封的土壤已经开始融化……随着永久冻土的消融，释放出长期储存的温室气体，如甲烷等，进而触发一个加速的反馈循环，从而导致气温的进一步升高。"

极端事件常常令人恐惧和不安，主要原因在于其难以预测。这是一个价值数万亿美元的问题：即使我们无法预知黑天鹅的到来，但为即将到来的黑天鹅做好准备，能否保护我们免受其最严重的负面影响呢？

毫无疑问，这是一个复杂的问题。由于缺乏丰富的历史数据来为预测模型提供信息，极端事件变得非常难以捉摸。但我们深知，极端事件确实会发生，且日趋严重。问题是，未来的发展路径始终充满不确定性，即使我们已知重大变革正在向我们逼近，犹如2021年亚当·麦凯执导的热门电影《不要抬头》中所描述的毁灭性彗星（影片中总统对威胁的回应是“保持冷静，评估形势”）。正如全球对新冠疫情的灾难性应对措施，不确定性往往导致懈怠、困惑和坐以待毙，结果必然是灾难性的。

随着世界进入21世纪的第三个10年，许多家庭对火灾或洪水发生的概率心存侥幸，因此选择不购买保险。更糟糕的是，他们没有其他的房子可以搬进去住。换句话说，如果发生灾难，那将对一个家庭产生毁灭性的打击。

正是这类问题，催生塔勒布、巴尔-扬、诺曼以及英国哲学家兼气候活动家鲁伯特·里德于2014年共同撰写了《预防原则》，该论文可以视作2020年1月备忘录的前篇——塔勒布等人在备忘录中呼吁政府立即采取有力措施阻遏新冠病毒的传播，尽管当时人们对病毒的特性和认知尚存诸多空白。

塔勒布及其合著者在《预防原则》中阐述：“预防原则旨在引导不确定性和风险领域的决策和行动。在证据不足、科学知识不完善的情况下，预防原则具有深远的影响。在黑天鹅影响的背景下，针对不可预知且难以预测的极端后果事件，若某项行动（或根本不作为）所承担的风险具有全球性特征，不确定性便要求我们采取强有力的预防措施。”

《预防原则》的批评者认为它过于模糊、主观、偏执和自相矛盾，对社会进步产生负面影响，同时阻碍了资本主义核心的创新与迭代进程。持续的恐慌状态并非令人向往的未来图景。这仿佛使人类回到原始祖先的谨慎生存状态，时刻警惕着下一个入侵者，或是潜伏在灌木丛中的野生捕食者。此外，还存在陷入病态恐慌的风险、阴谋论和末日悲观主义的蔓延，孕育出一种令人麻痹的懈怠。

塔勒布及其合著者指出，预防原则适用于2014年论文中所述的全球性威胁，即系统性黑天鹅事件。他们阐述："我们认为，只有在极端情况下才应启动该原则，条件是当潜在危害具有系统性（而非局部性），且其后果可能引发不可逆转的破坏，如人类或地球上所有生命灭绝。"

塔勒布阐述道："预防原则允许我们在面对局部问题时保持冷静，这并不意味着我们应该对局部问题予以忽视，而是强调在遵循预防原则的前提下，无须采取过于激进的应对措施。"

这种关于保障措施的观念与塔勒布作为交易者所积累的经验相契合，同时关乎他对市场风险爆发的应对策略。金融危机可能诱发一种被称为具有传染效应的系统性风险——市场某一环节的问题可能如病毒般蔓延至其他环节，引发连锁反应，导致整体混乱。金融泡沫如病毒般传播迅速、呈指数级增长且具有破坏性。塔勒布的应对策略在于，避免参与存在系统性风险的赌博游戏，远离那些骰子。若对飞行员产生疑虑，就不要登机。尽早采取预防措施。在实操层面，避免使用借来的资金（或杠杆）进行投资，以降低市场重大崩溃对自身的影响。

正是基于这一理念，他和斯皮茨纳格尔在安皮里卡资本公司精心制造了一台独具匠心的交易机器，其特性在于稳健。在其他交易策略面临崩溃之时，该交易机器却能脱颖而出，茁壮成长。正如塔勒布后来所说，这台交易机器具有反脆弱的特质，并且环宇资本优化了它。

如何适应这个不确定性不断增加、风险（有些是生存风险）不断上升的世界？我们是否可以从这些乱世之王身上吸取一些教训？更进一步而言，如何保护世界免受极端风险的影响？虽然塔勒布和斯皮茨纳格尔对极端事件的敏感性源于激烈竞争的交易世界，而非全球变暖、大流行病和其他系统性威胁等黑暗领域，但这些领域之间存在着富有意义的共通之处。

塔勒布和斯皮茨纳格尔的策略均产生于20世纪80年代。对塔勒布来说，这一切始于现代金融市场史上规模最大的一次崩盘——“黑色星期一”。对斯皮茨纳格尔来说，这一理念源自一位资深的玉米交易员，这位交易员在充满激烈竞争的芝加哥期货交易所给出了明智建议。

第四章　追赶鲍德温

当斯皮茨纳格尔走过芝加哥期货交易所巨大的谷物交易大厅的参观长廊时，一阵喧闹声迎面而来。那是 1987 年的夏天，市场一片大好，美国经济空前繁荣。道琼斯工业平均指数首次收于 2 000 点之上。罗纳德·里根在柏林劝说米哈伊尔·戈尔巴乔夫拆除柏林墙。同年，迈克尔·杰克逊发行专辑《真棒》(*Bad*)。也是在这一年，氟西汀（抗抑郁药）获得美国食品药品监督管理局的批准。在芝加哥期货交易所内部，被肾上腺素充斥的无情资本主义机器正在努力工作，年少的斯皮茨纳格尔对眼前的景象目瞪口呆。

成群结队的交易员挤在公开喊价的大厅里喊叫着，许多人都穿着色彩鲜艳的夹克，做出疯狂的、难以辨认的手势。废弃的单据像五彩纸屑一样散落在黑色的油毡上。当买卖指令穿过高大空洞的天花板空间，在交易大厅中飞来飞去，斯皮茨纳格尔能感觉到空气中嗡嗡作响的震动。完全是一派混乱无序的景象，但不知道为何，却又乱中有序。

那年，斯皮茨纳格尔年仅 16 岁。他的父亲在芝加哥郊区担任教堂牧师。埃弗里特·克里普是他父亲教区的信徒，克里普既是玉米交易商，也是芝加哥期货交易所（该交易所创立于1848年，堪称债券与大宗商品市场的核心堡垒）的资深交易员。斯皮茨纳格尔随父亲参观交易所大厅时结识了克里普。当时，小斯皮茨纳格尔没有任何交易或市场经验，对于此次参观也无过多预期。他想象中的交易所场景类似于“007”系列电影中的豪华赌场。然而，他所目睹的一切却截然不同，这令他备感兴奋。

谷物交易大厅是交易所的核心交易区域。交易所大楼这座建筑本身就是装饰艺术的代表之作，1930年建成，坐落在芝加哥商业区中心的西杰克逊大道141号。这里历史悠久，企业家在此进行玉米、小麦、燕麦和大豆等商品交易。交易大厅内部宽敞，犹如一座足球场，四周环绕着巨大的价格显示屏。红色、绿色和黄色的数字一行接一行地闪烁跳动，实时反映着全球各地的商品供需状况。

斯皮茨纳格尔被这幅场景深深吸引。

他并非一个被数字和神秘市场文化所吸引的书呆子。他在密歇根州诺斯波特的农村地区长大，喜欢体育运动——棒球、足球。他喜欢在附近的密歇根湖上竞赛帆船。但他并不是一般的孩子。他狂热地演奏圆号，每天练习三四个小时。他在家里走来走去，嘴里嘟哝着“自律、自律、自律”，令他的父母感到震惊。他的父亲莱恩·爱德华·斯皮茨－纳格尔（斯皮茨纳格尔后来抛弃了连字符）除了是诺斯波特的一名新教牧师，还是一名民权活动家。凯特·斯蒂文斯的音乐成为这个家庭的日常背景音乐。一天，斯皮茨纳格尔走进卧室，发现父亲留下一摞甘地的书，希望能够以此说服斯皮茨纳格尔登记为出于宗教道义而拒绝服兵役者，但是没有成功。斯皮茨纳格尔更愿意接受父亲关于冥想的教诲，他后来认为这让他在做交易员时更具优势。

老斯皮茨纳格尔放弃了在纽约州北部一家州立医院当院长的高薪职位，转而做了一名收入微薄的牧师，一家人搬到了更小更简陋的房子里。这本来会让家中的孩子领悟到钱并不重要，但斯皮茨纳格尔却学到了相反的东西。他讨厌贫穷，长大之后也不想过这种生活。后来，当他回想起自己节衣缩食的童年时，心中充满了自豪感。与他之后在全球金融高层中遇到的绝大多数人不同，他几乎是白手起家。

斯皮茨纳格尔六年级时，全家搬到了芝加哥郊区的马特森，他的父亲在那里成为一个更大教会的牧师。斯皮茨纳格尔不喜欢千篇一律的郊区生活，也很怀念密歇根州北部广袤无垠的自由林地。但搬家也有一个显著的好处：他家非常靠近芝加哥期货交易所的商品交易中心，他可以经常见到资深的玉米交易商克里普。

斯皮茨纳格尔对自己热衷的事物表现出极高的专注度，这使得他在街坊四邻中具有引领潮流的地位。他的兄弟兼挚友埃里克·斯皮茨纳格尔（《滚石》与《名利场》等杂志的撰稿人）表示："一旦他确立了一个目标，我们都会效仿。当他决定购买一个木偶时，我们便会说，'现在我们也要去买'。不久之后，家附近的孩子都拥有了一个木偶。"斯皮茨纳格尔利用八毫米摄影机拍摄了数十部自制电影——创作灵感源于《星球大战》《西部》

《无敌浩克》等不同题材的电影。偶尔，他会邀请兄弟或朋友担任导演，但最终成品往往难逃其严谨审视后的批评。

为了反抗父母嬉皮士式的自由主义，他投身于威廉·巴克利等保守派的著作中。如同他的偶像巴菲特一样，他开始送报纸，并最终垄断了当地送报纸的渠道：雇同学送报，以固定工资负责一条送报路线。朋友开始找他借钱，这让他意识到持有流动性现金的价值。他将自己视为右倾青少年亚历克斯·基顿，即 20 世纪 80 年代热门情景喜剧《亲情纽带》（*Family Ties*）中由迈克尔·J. 福克斯饰演的角色。他是美国有线电视新闻网政治辩论节目《交火》（*Cross fire*）的忠实观众，并且总是站在共和党主持人帕特里克·布坎南一边。他订阅了巴克利的保守派杂志《国家评论》（*National Review*），并逐渐对得克萨斯州国会议员罗恩·保罗的自由主义观点着迷。他天生擅长数学，也是全美最好的圆号演奏学生之一，并被纽约茱莉亚音乐学院录取。

而这一切在他参观了芝加哥期货交易所之后都变了。他放弃了进入茱莉亚音乐学院的计划，因为他意识到音乐事业永远不会让他致富。"我是不是有点贪心了？"斯皮茨纳格尔事后说道，"当然，那是 20 世纪 80 年代。"他不再那么关心政治，并不再花时间在足球和棒球上。他从图书馆借了威廉·费里斯所著的《谷物交易商：芝加哥期货交易所的故事》（*The Grain Traders*：*The Story of the Chicago Board of Trade*），并且再也没有归还。

克里普把他收入麾下，并给他安排了工作机会。起初，他是个跑腿的，负责将卡片带到其他交易员处确认订单，向交易员询问："这个交易合适吗？"此外，他还会帮交易员取午餐。在执行这些任务的过程中，他不断吸收知识，学习交易运作机制、奇特的手势信号，辨别交易双方的位置和影响力。

他从克里普身上学习到很多。克里普被称为芝加哥期货交易所的贝比·鲁斯。克里普在没有电的时代长大，并在大萧条和第二次世界大战的太平洋战场中幸存下来。第二次世界大战后，他搬到芝加哥，并于 1946 年开始在交易所的一家公司（后来成为美林证券）担任跑单员。1953 年，克里普在小麦交易所购买了一个席位，获得了用自有资金交易的权利。1978 年，他创办了自己的公司——阿尔法期货。

克里普的交易哲学简洁而引人深思：成功的交易者喜欢亏损，不喜盈利。斯皮茨纳格尔在阿尔法期货工作不久后，克里普就用低沉、沙哑的声音告诫他："你必须喜欢亏损，不喜盈利。这违反了人性，但这就是你必须克服的。"

这意味着，一旦投资头寸出现亏损，应立即止损出售：无论你是否认为它会反弹，即使你认为市场存在误判，或是你在《华尔街日报》上看到了什么资讯，或是你得到某张精美的图表，只要亏损发生，就要果断卖出。学会接受亏损，并继续前行。克里普告诫斯皮茨纳格尔："你必须表现得像个愚者，内心更要有一种愚者的觉悟。"

克里普运用策略的核心在于通过对交易者的下行风险加以限制，实现目标收益的稳定。尽管在此过程中可能会承受一定程度的损失，但本金安全得到保障。正如交易员所言，不会遭遇"爆仓"的困境，除非运气极其不佳。这正是克里普在期货市场中长期屹立不倒的原因，也是他被誉为芝加哥期货交易所的贝比·鲁斯的原因。斯皮茨纳格尔的交易生涯深受克里普传授的这一理念的指引。

克里普实质上向斯皮茨纳格尔传授了“乱世之王”的关键特质——尽早恐慌，立即止损。因为如果你的头寸继续下跌，你可能会全军覆没。通过把这个原则变成铁律，斯皮茨纳格尔让能够接受这一观点的从业人员形成自身的一种条件反射。

克里普的交易方法并不高深莫测。从进场的第一天起，新手交易员就被反复告知“及时止损，让利润马上变现”。克里普与众不同之处在于他狂热地执行这一铁律，并坚信除此之外，其他一切都不重要。

斯皮茨纳格尔回忆道：“克里普的独特见解在于，他看待交易的方式别具一格。对他而言，交易的实质并非市场运行机制，如供需原理和价格形成等传统理论。他所重视的是交易纪律，这也是我初涉交易领域时所领悟的第一课。实际上，整个交易业务均建立在交易纪律这一基石之上，其余皆为细枝末节。交易者须克服舒适心理，将自己置于不适之中。若能战胜此心境，成功的机会便触手可及，也意味着财富增值的契机。”

克里普方法的挑战性在于，要一直坚持使用这种方法，能够持之以恒者寥寥无几。正如他所说，这是反人性的。但凡一次没有践行这个方法，就可能遭受毁灭性的损失。斯皮茨纳格尔花了一段时间才彻底认识到这一点。他认为只要对市场研究得足够充分，就能预测市场的走向。他把玉米和大豆价格的图表钉在卧室的墙壁上。他为观察作物生长阶段和降雨量搭建了一个盆栽玉米和大豆实验室。他长期研究夏季的天气预报，细读美国农业部的数据。他会前往北方的玉米地，仔细观察玉米穗的发育情况，试图弄清影响产量的具体因素。然后，他会在交易所或他父亲的教堂将他的新发现与克里普交流。

斯皮茨纳格尔询问克里普："我能给您看看这幅标注了未来玉米作物生长度日的天气图吗？为什么还不涨价呢？"

"真是废话，"克里普哼了一声，"你在浪费时间。没有人能预测价格。"

如果说读大学也是虚度光阴，那么斯皮茨纳格尔一定深以为然。他选择在密歇根州卡拉马祖学院学习政治学和数学，他认为这两门学科对他的交易影响最小（当时他认为数学与交易无关）。暑假期间，他作为克里普手下的交易员，午休时总是随身带着那本已经快翻烂的书——《美国国债基差交易》。为了在传奇人物查理·迪弗朗西斯卡（被誉为查理·D.，当时是交易所交易额最大的交易员）手下工作和学习，他甚至不惜休学了一个学期。

斯皮茨纳格尔在21岁毕业后，立即回家去了芝加哥期货交易所工作。他抽出时间为惠普公司的掌上电脑设计了一个交易程序，可以实时计算交易者的头寸和盈亏，使他能够对不断变化的价格做出更快反应。最初他设计这款软件是为了自用，后来开始出售给交易大厅的职员。他回忆道："我从中赚了不少钱，这就是我这么年轻就有钱做交易的原因。"

在短短几个月内，在克里普的支持下，加上他设计交易程序的收益以及祖母给的一些现金，斯皮茨纳格尔租了交易所的会员资格。他身穿水绿色的阿尔法期货公司外套，系着以自由市场经济学家亚当·斯密为头像的领带。斯皮茨纳格尔终于成为交易所的自营商，这意味着他可以用自己的钱交易。而其他交易员、经纪人都是为银行或投资公司等机构进行操作，换句话说，是在用别人的钱买卖。

交易所的自营商实质上扮演着做市商的角色，无论市场走向如何，他们都通过促进买卖来平滑市场的价格。经纪人则根据客户的意愿行动，他们的客户可能是一家希望为冬小麦收成做套期保值的大型农业公司，或者是一家希望保护自己免受美国国债价格下跌影响的保险公司。相比之下，自营商则是纯粹的短期投机者，他们仅针对价格的短期波动进行投注，以期谋取利润。

美国长期国债期货交易中心是芝加哥期货交易所最活跃的地方，斯皮茨纳格尔在22岁时成为这里的正式会员，当时他是这里最年轻的自营商。1991年《华尔街日报》曾经报道："这里是世界上最活跃的期货交易场所。"当时，在芝加哥期货交易所里交易的每三份合约中就有两份是美国长期国债期货。

芝加哥期货交易所是期货合约的发源地（期货合约可在特定的时间以特定的价格购买特定数量的商品）。早在19世纪，中西部的农作物商人就在芝加哥聚会，按照当时买家提供的价格出售产品。最终，他们发明了期货合约，以允许他们在未来以固定的价格交易农产品。假如你有个饼干公司，你可以约定在8月1日以每蒲式耳[①]20美元的价格购买1 000蒲式耳小麦。这种合约可以为你提前锁定价格，保护自己免受小麦价格暴涨的影响。如果小麦价格跌破20美元1蒲式耳，卖给你合同的中间商，也就是自营商会受益。他还可以围绕价格波动进行交易，通过低买高卖而获益。

---

① 在美国，1蒲式耳（小麦）=27.216千克。——编者注

美国长期国债期货本质上是和债券期货一样的。在20世纪80年代，随着里根政府发行数十亿美元的国债为经济繁荣提供资金，美国长期国债期货合约的交易量大幅上升。期货合约帮助需要购买债券的大型机构抵御损失，这种交易被称为“套期保值”，也就是我们常说的对冲交易。

正如1903年弗兰克·诺里斯小说《深渊》所描述的样子，斯皮茨纳格尔意外发现自己与芝加哥最具实力的交易员共事。交易中心设有等级分明的八角形台阶，由低至高呈倒梯形分布，宛如一个婚礼蛋糕。诸如斯皮茨纳格尔之类的小角色，在较低的台阶附近活动，试图通过数千英镑的小额交易分享利润。而位于最高层的外围台阶上，则是那些富可敌国的交易员，他们能在一笔交易中毫不犹豫地投入数百万美元。这些顶层交易员身处最高层级，具备非凡的交易实力。

交易员不同层级的奥秘在于视野之差。随着层级的提升，交易员的视野在交易中心中逐渐开阔，这显著增强了他们观察市场动态的能力，使他们更易捕捉到外部大额订单的动向。相反，在较低层级，即所谓的“低洼区”，视野受限，可接触的交易资源也相对少。这就像在一个大富翁棋盘上，顶层交易员占据着公园广场和海滨大道等优越位置，中层交易员则拥有大西洋大道等黄色和红色的街区。而斯皮茨纳格尔仅能屈身于低级的紫色街区——价格低廉的波罗的海大道。

当时期货交易所的顶层交易员炙手可热。在随后的10年里，电子机器人以高频交易的速度优势接管了期货市场。但在20世纪90年代初，还没有人预见到它的到来。美国长期国债期货交易中心是芝加哥期货交易所最传奇的地方，汤姆·鲍德温这样的传奇大亨在这里赚取了巨额财富。鲍德温是最活跃的美国长期国债期货交易者，他像斯皮茨纳格尔一样用自己的钱交易，但交易规模要大很多。《华尔街日报》在 1991 年 2 月一篇专题报道中称鲍德温是“少数几个能影响数十亿美元交易市场价格的人”。

斯皮茨纳格尔回忆道：“鲍德温整天向我扔废纸团，这简直是一种折磨。他让我痛苦不已，但我感到荣幸，因为这位有史以来最伟大的场内交易员竟然花时间针对我。”

斯皮茨纳格尔致力于深入了解鲍德温的操作方式。他后来描述鲍德温是一个“不疯魔不成活”的人。令人敬佩的是，鲍德温在极度耐心与压倒性侵略之间展现出了惊人的自控力。鲍德温以狂野的手势闻名，其空中飞跃的姿态被称为“鲍德温飞跃”，吸引了众多交易者的关注。鲍德温与热爱止损的克里普截然相反，他非但没有减少损失，反而将更多现金投入亏损的头寸，期待市场转向对他有利的一方。这确实导致出现一些巨额损失。1983 年，他单笔交易亏损超过 30 万美元；1989 年，他曾一天内亏损达 500 万美元。然而，在更多时候，他能引导债券市场朝他期望的方向发展，这在当时价值 5 万亿美元的市场上堪称一项惊人的成就。

斯皮茨纳格尔身着水绿色夹克，胸前印着“SIZ”（“斯皮茨”的简写），这是他为追随鲍德温的绰号“Sizzler”而特意准备的。他的交易座位稳健地逐级攀升，过程中时而遭受小幅亏损，时而能取得令人敬佩的胜利。他逐渐磨砺出深入骨髓的市场波动感知能力，犹如群鸟在空中变换飞行轨迹。他不时尝试涉足其他市场，如大豆和玉米，但始终钟爱美国长期国债期货。克里普每日都在交易所游荡，念念有词地重复着“喜欢亏损，不喜盈利”，引导他逐步培养出每日承受亏损的自律，就如同职业棒球手在等待挥棒击出全垒打之前不断练习击球。

斯皮茨纳格尔有时会对交易员的激烈程度感到不适。交易员仅需轻微的动作，如眨眼或点头，便能与房间另一端的交易员完成交易。一日终结时，交易员可能会走至他面前并表示：“我与你完成了这笔交易。”然而，斯皮茨纳格尔往往无法理解对方所言何事。交易大厅内的其他自营商会排挤他，轻戳他的肋骨，向他吐口水，甚至将他推下台阶。交易员为争夺订单而展开竞争，但可供流通的数量是有限的。交易员越多，每个人分得的份额就越小。尽管斗殴事件时有发生，但交易员通常还是很有礼貌地从大厅里走出去，然后再挥舞拳头。

1994 年，斯皮茨纳格尔作为一名活跃的交易员首次尝到了严重市场危机的滋味。当时，经济已经连续扩张了 3 年，债券市场异常火爆。而量化交易员作为一个新的势力正在迅速崛起，他们运用高等数学和计算机来预测市场，构建衍生品等复杂金融产品。这也使得市场变得愈加复杂。债券市场不仅规模庞大，而且随着华尔街的金融奇才们学会在这些神秘的数学化迷宫机器中隐藏风险，市场日益变得晦暗不明。衍生品具有放大波动率的特性，随着风险从基础资产（利率、商品、债券）传播到衍生品，犹如导火索引发爆炸。衍生品还具有另一个让量化交易员欣喜若狂的特点：理论上它们的增长是无限的。一家公司只能发行一定数量的债券，但银行可以出售无限数量与单一债券或商品挂钩的衍生品合约。

随着经济的逐步复苏，时任美联储主席艾伦·格林斯潘逐渐关注到通胀上升的问题。为保障经济稳定，他首先谨慎地调整短期利率，以减缓经济增长速度。然而，随着利率的逐步攀升，债券市场受到波及，债券投资者承受了巨大压力。截至 1994 年 8 月，美联储已将利率上调近 2 个百分点。同年 11 月，格林斯潘果断采取更为激进的政策：联邦基金利率突然飙升至 5.5%，增幅达到 0.75 个百分点。

这一出人意料的举动引发了全球债券市场的恐慌。斯皮茨纳格尔周围的交易员纷纷陷入困境，其中包括他的偶像鲍德温，鲍德温执意要在这场不可阻挡的崩盘中挣扎。这些交易员已经变得过于自满了，坚信市场能够马上回暖，以至于当时全球最大的对冲基金经理之一斯坦利·德鲁肯米勒在短短两天内损失了 6.5 亿美元。众所周知，利率上涨导致了加利福尼亚州奥兰治县破产，该县对利率衍生品进行了荒谬的押注。这是当时美国最大的市政破产案。

对斯皮茨纳格尔而言，1994 年债券市场“大屠杀”成了验证“克里普铁律”正确的有力证据。他秉持着小幅亏损即迅速离场的原则，避免了全部亏损的风险。他甚至巧妙地取得了可观的利润。他深刻认识到，过去数年市场的平静其实是一种错觉，这种错觉欺骗了交易大厅里诸多精明的交易员。这一教训使他明白，应时刻保持警惕，切勿沾沾自喜，以应对市场的波动。

他已成功通过了第一次考验。数年后，斯皮茨纳格尔升至交易所内仅次于顶层大佬鲍德温的第二梯队，距顶层仅一步之遥。然而，此时他尚未跻身大佬之列。

斯皮茨纳格尔面对这些数据颇感困惑。四周弥漫着一种寂静而神秘的恐慌。那是 1997 年 10 月下旬，他的彭博终端上显示，全球股市遭遇直线下跌。香港恒生指数跌幅达 10%，连续 4 天累计下跌 23%。这场下跌的冲击情绪迅速蔓延至全球市场，导致日本、德国、法国、英国和美国等地的指数大幅下滑。摩根士丹利的一位策略师坦言："这是一场全球性的冲击。"

在亚洲大范围的货币波动中，市场上下摇摆了数月。泰国、马来西亚、韩国，以及中国香港等地的经济因在 20 世纪 90 年代高速增长期间背负巨额债务而遭受重创，其货币价值急剧下跌，这场金融风波后来被称为"亚洲金融危机"。

斯皮茨纳格尔置身于曼哈顿东桥资本（Eastbridge Capital，美国长期国债主要交易商）的办公室，周围是一排排经验丰富的交易员。他瞥了一眼旁边的交易员，一位头发花白的中年人，每天交易数亿美元的债券。中年人的屏幕上满是红色数字，投资组合遭受重创，损失数百万美元。然而，让斯皮茨纳格尔感到奇怪的是，你无法判断他是盈利还是亏损，他的表情神秘莫测。

1997 年年初的时候，斯皮茨纳格尔搬到了纽约。他放弃了成为一名场内交易员的梦想，他觉得电脑交易的兴起将对公开喊价交易产生深远的影响（事实确实如此）。他还察觉到纽约这个金融中心的银行中存在着更大的商机——那些寄给芝加哥期货交易所的大订单像龙卷风一样席卷了交易通道。他还开拓了其他市场，如期权和欧元，这些市场的资金通常来自美国的银行海外分支机构（通常是欧洲分支机构）账户中的美元。由于它们位于美国境外，不受美联储的监管，这使得它们更容易进行交易。

作为一名自营商（或称自营交易员），斯皮茨纳格尔购买了廉价期权，当投资者涌入欧元、美元等避险资产时，这些期权将在市场崩盘时获得回报。从在芝加哥期货交易所倒卖玉米期货开始，他已经历了许多。但归根结底，这仍然是克里普式交易，损失很小，却有机会获得大收益，只是现在通过奇异期权来实现。

这是一项复杂的交易，极难管理，需要不断关注。1997 年 9 月他结婚了。在希腊圣托里尼岛度蜜月时，他不断地用便携式彭博机进行交易，与此同时，全球市场因亚洲金融危机的加剧而剧烈动荡。斯皮茨纳格尔的新婚妻子艾米对此抱怨不已。

1997 年 10 月股市崩盘，斯皮茨纳格尔做空股市赚了一大笔钱。在东桥资本的其他交易员一个接一个地破产时，他的投资组合价值却随着危机的加剧和投资者的恐慌性抛售而不断攀升。虽然这不足以挽救这家公司（一年后东桥资本倒闭了），但这足以让斯皮茨纳格尔确信他的策略奏效了。他的“试错”实验（他喜欢这样称呼它）经受住了真金白银的检验。次年，他的下一个实验在长期资本管理公司（一家大型量化对冲基金公司）崩溃引发更多恐慌的情况下，更是赚得盆满钵满。

这给了他资金缓冲的时间，让他可以暂停交易，并开启了他所谓的“学习休假”模式，希望给他的场内交易员实验增加一些科学的理论依据。他进入了纽约大学的柯朗数学科学研究所，这是世界顶尖的应用数学学院之一，也是华尔街一些最聪明的量化人才的聚集地，其中包括新晋金融学教授塔勒布。

第五章　塔勒布所见的世界

塔勒布坐在一排桌子旁的椅子边上，眼睛瞪得通红。他当时在位于公园大道广场的大型投资银行第一波士顿的交易大厅，距离曼哈顿市中心的圣帕特里克大教堂咫尺之遥。他周围一片混乱。电脑屏幕上的数字以他从未见过的方式快速闪动着。那正是1987年10月19日“黑色星期一”。

股市暴跌。

他对此毫无头绪，没有人知道原因。全球市场无缘无故地疯狂下跌。这位27岁的交易员盯着他的投资组合。它们并非投资于股票，而是投资于欧元和美元。更准确地说，它们是在投资欧元和美元的期权。几个月来，他一直在积累大量欧元和美元期权的低价位头寸，理论上，这些头寸将受益于市场的大幅波动。股市已经连续多年飙升。尽管在最近几周出现了几次令人不安的震荡，但牛市似乎势不可当。很少有人预料到这种情况会很快改变，这使得塔勒布的投注极为便宜，没有人想要它们。

中午时分，一位交易员走近他，脸色苍白，显得很痛苦。他用一种出奇平静的声音说：“难道他们不知道六西格玛事件一生只会发生一次吗?”（在正态分布中，六西格玛事件的发生概率大约是十亿分之二；实际上，它们在金融界更为常见，因为金融界不遵守正态分布规律——它有肥尾效应和黑天鹅。）

塔勒布回应道:“市场不知道。”一些人惊愕地站在交易室中央默默哭泣。塔勒布的老板吉米·鲍尔斯不断祈求屏幕上的价格停止变动。

收盘后，塔勒布离开办公室，恍若梦游般地走向他在上东区的公寓。在路上，他遇到了一位同事，开始聊起来当天疯狂的交易行情。此时，一位神情惊恐的女性走上前来，询问他们:“你们知道发生了什么事吗?”她的眼神充满了恐慌，令塔勒布不安。

回到公寓后，他开始给同事打电话，了解他们的情况。一个亲戚打电话说警察正在第 72 街和第一大道交叉口的大楼外，有人从高层公寓跳下，不幸身亡。塔勒布后来说:“那个大楼就在我家附近，真让人痛心。”

那天，当其他交易员遭受巨大痛苦时，塔勒布的投资组合却表现得相对不错。然而此时还未奠定他的职业生涯成就。第二天，时任美联储主席格林斯潘向金融体系注入大量现金时，塔勒布在欧洲美元上的头寸暴涨。他以 2 美元或 3 美元购买的合约售价飙升至 300 美元、400 美元、500 美元。

坐在办公桌前，他感到精神恍惚，眼睁睁地看着自己的投资组合价格飙升。他知道发生的事情非比寻常。“卖 350 美元!”他在电话里对场内经纪人尖叫道。一分钟后，经纪人又打来电话。“450 美元，卖出!”“500 美元，卖出!”“550 美元，卖出!”

从统计学上看，这一举动实际上是无法被量化的，在宇宙的历史上，甚至是十个宇宙的正常范围内都不应发生这样的事情。

然而，正如塔勒布所学到的那样，在金融领域，事情往往不够正常，那些假设事物正常的人会一次又一次地犯错。

这是塔勒布永远不会忘记的一课。他感到欣慰，尽管其他交易员每天都在积累利润，而他却选择了押注罕见事件，这种策略一度受到质疑，但现在奇迹般奏效了。当然，最重要的并非一时成功，而是揭示了那些交易员所采用的方法和模型存在严重的缺陷。塔勒布正是凭借直觉和深入骨髓的逆向思维才得以成功。但他的经历让他发出了这样一个疑问：如果这些人都那么聪明，为何他们还会损失惨重呢？

而我为什么没有？

炸弹把地下室的天花板炸得嘎吱作响。灰尘如羽毛般飘落在地板上。灯光闪烁时，塔勒布拍掉书页上的灰尘。作为一名几岁的孩童，塔勒布对爆炸毫不在意，他已经习惯了。相反，他被格雷厄姆·格林的小说《我们在哈瓦那的人》迷住了，这部小说讲述了在古巴的英国间谍的拙劣行为。学校因为战争停课了，生活很无聊（如果距离残酷的交战区仅几步之遥也能被称作无聊），对塔勒布而言，每天的生活就是看书。

那是 1975 年，贝鲁特爆发了基督徒和穆斯林之间的暴力冲突，这场战争最终导致 9 万多人死亡。人们的日常生活陷入停滞，为了打发时间，塔勒布蜷缩在父母的地下室里，沉浸在书中，包括黑格尔、马克思、汤因比、费希特的哲学著作以及格雷厄姆·格林等作家的小说。他最喜爱的作品之一是美国记者威廉·夏伊勒（一部关于纳粹的权威历史著作《第三帝国的兴亡》的作者）所著的《柏林日记：二战驻德记者见闻（1934—1941）》。这本书吸引塔勒布的地方在于它对导致第二次世界大战的事件的现场报道，以及作为对阿道夫·希特勒的奸诈阴险最了解的观察者之一，夏伊勒对即将发生的震撼世界的事件却毫无预感。塔勒布在日常生活中也经历着类似的扭曲感，没有人预料到黎巴嫩内战即将爆发。尽管战火肆虐，但大多数人认为内战很快就会结束（最终持续了15年）。塔勒布这个年轻的怀疑论者得到的教训是，人们对于未来的事态发展一无所知。只有在事后回顾时，他们才会声称自己早已预见一切。

从塔勒布的早年生活中，我们很难想到他未来会成为华尔街衍生品交易员、畅销书作家和满世界飞的空中飞人。1960年，他出生于黎巴嫩艾姆云，这是贝鲁特北部一个偏远的、以希腊东正教为主导的小镇。他年轻时很叛逆，极力反对周围人对奢侈和财富的追求。15岁时，他因涉嫌在一次学生骚乱中用一块水泥袭击警察而入狱，当时一名同学在混乱中被枪杀。

同年（1975年），黎巴嫩内战爆发。他的家族拥有的大片土地在战争中被摧毁，家族宅邸也未能幸免。他的外祖父，黎巴嫩前副总理福阿德·尼古拉斯·戈恩被迫逃离了黎巴嫩，住进了雅典一个破旧的公寓。一个朋友在俄罗斯轮盘赌中丧命，成为他早期关于命运无常的危险教训。

为了躲避暴力，塔勒布逃离黎巴嫩，前往巴黎大学学习数学和经济学。随后，他移居美国，进入世界顶尖商学院之一的宾夕法尼亚大学沃顿商学院，获得了工商管理硕士学位，他逐渐远离了贝鲁特的致命街道。塔勒布在接触了一些来自世界上最大公司的首席执行官之后，对他们的肤浅、徒有其表甚至装腔作势感到震惊。他暗自怀疑，他们对自己公司的真实情况一无所知。

在沃顿商学院的自助餐厅里，外国学生聚集在一张午餐桌上。一位叫拉杰·拉贾拉特南的学生是带有浓重英国口音的斯里兰卡人。塔勒布对他的印象是他很擅长计算机，但永远不会富有。拉贾拉特南后来在纽约创立了对冲基金帆船集团，变得非常富有，直到 2009 年他因内幕交易被美国联邦调查局（FBI）逮捕。

塔勒布首次接触期权是在沃顿商学院，他对期权产生了不可逆转的热爱。他意识到期权有一个奇怪的特征——它们是非线性的。从某些交易中获得的利润似乎与所承担的风险，也就是你为期权支付的一两美元不成比例。风险全部由期权卖方承担，买方只有损失一两美元的风险。塔勒布特别感兴趣的是针对极不可能发生的事件的期权，如市场剧烈波动或导致公司破产的大规模崩溃。这类期权实际上非常便宜。它们的卖家表现得似乎知道明天会和今天一样，但塔勒布深知这是一种愚蠢的想法。

他从沃顿商学院毕业后的第一份工作是在美国信孚银行，这家公司在华尔街以敢于冒险、拥有大量疯狂的衍生品专家（即量化分析师）而闻名。之后，他进入一家法国银行从事外汇期权交易，这种交易赋予持有者以固定汇率买卖货币的权利。正是在这段时期，他迎来了第一次好运。1985 年 9 月 22 日，所谓的 G5（五国集团，包括美国、英国、法国、德国和日本）签署了《广场协议》，该协议旨在压低美元相对日元和德国马克的汇率，以帮助减少美国的贸易逆差。塔勒布当时已经购买了十分便宜的货币期权，而这些期权的价值突然飙升。纯粹靠运气，他完成了一次出色的交易。

塔勒布的领导开始称他为“期权市场的鲍比·费舍尔”，这是位布鲁克林的国际象棋神童，他在29岁时赢得了世界冠军，并在与顶级大师的比赛中连胜20场而成为热门人物。塔勒布的交易利润非常丰厚（想象一下，500美元的头寸变成200万美元），以致公司的计算机无法计算收益。银行在法国的高层对此心生疑虑，于是派出一支审查团队前来审查账目。每当审查团队准备进入交易大厅时，塔勒布的领导都会让他走开，这样他就不会受到审查人员的盘问。

26岁时，塔勒布加入了实力强大的第一波士顿投资银行。办公地点位于纽约公园大道广场的交易大厅内，他在一个来自布鲁克林的爱尔兰人吉米·鲍尔斯手下工作（就是那个后来在“黑色星期一”祈求电脑屏幕上的数字停止移动的交易员）。鲍尔斯是一位精明的交易员，塔勒布认为他可能有一个黑帮兼职。他会像《教父》中的桑尼·柯里昂那样解释自己的交易，“我们这么做，然后那么做，砰砰砰，很轻松就成功了”。

与在法国的银行一样，塔勒布开始在欧洲美元深度虚值看涨期权上积累大量头寸（“深度虚值”意味着塔勒布当时无法兑现这些期权，因为合约的行权价格高于其标的物的价格）。这是一项奇怪的交易，无法为公司带来稳定的收益。有一天，鲍尔斯把他叫到自己的办公室，向他出示了一份策略分析，其中显示下跌的日子远多于上涨的日子。塔勒布面无表情地将纸拿到鲍尔斯面前，慢慢地从中间撕开，然后走出了办公室。他没有被解雇，之后鲍尔斯就不再管他了。对他们来说幸运的是，他不断买入欧洲美元，这些头寸在1987年10月的股市崩盘中大赚了一笔。这笔收益使塔勒布获得了他喜欢称之为“钱是王八蛋”的自由。换句话说，他因此在工作中获得了财务自由。

1991 年，在瑞士银行工作了几年后，塔勒布投身于芝加哥期货交易所，从事开放式喊价交易。他立志掌握这门神秘的公开喊价场内交易的技艺。

当塔勒布凝视着眼前忙碌的场景时，场内交易员疯狂地做着手势，挥舞着手臂，尖叫着，他突然感觉喉咙越来越紧，思维还没有反应过来，为何会有这种奇怪的感觉。

答案显而易见。

他在竞争激烈的交易所中犯了不可饶恕的错误，竟然闯入了竞争对手的宝贵地盘，四个保安迅速向他奔来，当时他正竭力挣脱另一个场内交易员的手臂，以免窒息。这在剑拔弩张的交易世界可谓大忌。当保安把他的敌人拖走时，塔勒布在惊愕之中反思：我痛恨这个鬼地方。

但他同样热爱这一切。这与第一波士顿投资银行的衍生品交易员在闪烁的屏幕前安静地坐着形成鲜明对比。这些人才是市场上真正的“狩猎者”，他们能从微妙的眼神波动中察觉到恐惧，他们能够洞察一切。许多人已经认识几十年了，他们会在周末拜访彼此，在后院的野餐中，他们的妻子相互拥抱，孩子们尽情玩耍。周一早上，他们又重新针锋相对，有时甚至是激烈地竞争交易。

当塔勒布加入芝加哥期货交易所时，他必须佩戴一个羞辱性的徽章，上面写着“新会员”。他踏入交易大厅的第一天，一位交易员把他拉到一边。

“过来，小子。看到那边那个家伙了吗?”

“看到了。”

“他的名字叫艾德，他赚700万美元用了7年。”

“好的。”

“而赔光700万美元只用了7秒。现在你可以走了。”

塔勒布之所以来到芝加哥期货交易所，是因为他想更多地了解他在纽约电脑屏幕上看到的闪烁价格是如何在交易现场形成的。他花费了大约6个月的时间才学会看场内的价格。他观察到，像斯皮茨纳格尔这样的自营商在场内搜寻信息，寻找资金链脆弱的一方，然后，他们会集体突然改变报价，大幅抬高或压低出价，以迫使其他弱势交易者卖出或买入。这种行为从一个逼仓转变为另一个逼仓，与市场基本面几乎无关。在最初的6个月里，塔勒布对市场动态的了解比他之前坐在办公桌前的所有时间加起来还要多。

1993年，他离职了，离开了交易大厅。在接下来的几年里他变得焦躁不安，从加拿大帝国商业银行跳槽到法国巴黎银行，但某种不安的因素始终让他感觉如影随形。在芝加哥期货交易所进行交易时需要大量的喊叫，偶尔还要与一个愤怒的场内交易员扭打，后者用拳头掐住了他的脖子。回到纽约后，他仍然感觉喉咙一直被什么东西卡住了。他决定让上东区的医生检查一下。医生写好病理报告，告诉了他诊断结果。

“结果不像听起来那么糟……”

他得了喉癌。塔勒布踉踉跄跄地走出大楼，走进倾斜的雨中。他开始神情恍惚地在纽约街头游荡，犹如在“黑色星期一”的那个夜晚。不久，他发现自己站在一座医学图书馆前。他尝试去了解自己的情况，当读到有关喉癌的内容后，他更加困惑了。喉癌通常是由吸烟引起的，但塔勒布从不吸烟。这种病通常发生在老年人身上，可塔勒布才30多岁。这毫无道理，与他的认知模型不符，这是个极端案例……黑天鹅事件？

1996年，塔勒布结识了美国最成功的对冲基金经理之一维克多·尼德霍夫，尼德霍夫在业余时间与乔治·索罗斯一起打网球。他在20世纪80年代因管理索罗斯庞大的固定收益和外汇资产而名声大噪。索罗斯对尼德霍夫的交易头脑印象深刻，以至于他让自己的儿子和尼德霍夫一起工作。1996年，这位出生于布鲁克林的交易员表现出色，全年累计收益率高达35%。知名的对冲基金行业新闻栏目“MARHedge”将他评为全球最佳的对冲基金经理。

2002年，塔勒布在接受《纽约客》杂志的专访时对马尔科姆·格拉德威尔说：“在一个豪华别墅里生活，拥有上千册藏书，这便是我在童年时期的梦想。”格拉德威尔称塔勒布为“华尔街的异见人士”。

尽管塔勒布对尼德霍夫等身家丰厚的交易员充满敬意，他们拥有庞大的图书馆和广阔的庄园，但塔勒布怀疑，他们的成功归根结底并非源于真正的技巧，而更可能是运气使然，如同连续抛出10次反面的硬币。这也意味着，不幸的可能性同样存在，正如连续抛出10次正面的硬币一样。仅仅一年之后，当道琼斯工业平均指数单日暴跌 554 点时，尼德霍夫一夜之间丧失了所有资产，这一事件证实了塔勒布的疑虑。最终，尼德霍夫将房产抵押，并出售了珍贵的古董银器藏品来弥补亏损。

塔勒布对华尔街及其日益壮大的量化团队的怀疑与日俱增。复杂的衍生品和令人费解的策略无处不在。他对这些策略所依据的模型产生了严重怀疑，并且他越来越直言不讳地表达自己的担忧。20 世纪 90 年代中期的一天，他决定完成一个他已经研究了多年的项目，详细阐述了他认为模型存在的问题，其中涉及复杂的交易以抵消股票、债券和期权投资组合损失的风险。他沿着公园大道走到四十五街的拐角处，将领带扔进垃圾桶，走进家中阁楼，开始闭关修炼。在接下来的几年里，他完成了 528 页的巨著《动态对冲：管理普通期权与奇异期权》。这本书出版于 1996 年，是塔勒布 10 多年研究和交易得到的实战经验结晶。

当年，塔勒布在《衍生品策略》杂志的访谈中，对华尔街在混乱环境下对数学过度依赖的现象进行了严厉批评。这种依赖现象后来被称为金融工程，给它笼罩了一层硬科学的面纱。此内容后被整理成一篇题为《纳西姆·塔勒布眼中的世界》的文章。

“您在金融工程方面遇到了哪些问题？”采访者问道。

塔勒布说：“有些人看了文献并看到了微分方程，然后说，‘天啊，这就像工程学一样’。工程学依赖于模型，因为你可以很好地捕捉物理世界中的关系。社会科学中的模型有不同的目的，它们做出强有力的假设。经济学家很早就知道数学在其专业中具有不同的含义，它只是一个工具，一种表达现象的方式。”

采访者总结道：“因此，真正的工程可能会建造一座桥梁，让你可以安全地驾驶汽车通过。但金融工程中的建模还不足以运行投资组合。”

“确实如此。在金融领域，如果对核心参数没有信心，越想通过添加更多参数来调整你的模型结果，你就越会陷在一个错综复杂的关系网络中找不到目标方向。这就是所谓的过度拟合。”

塔勒布于1998年取得巴黎第九大学数学博士学位。后来，他在俄罗斯债务违约事件中再度崭露头角（此次事件导致了长期资本管理公司的破产）。在违约发生前，塔勒布购入大量俄罗斯银行看跌期权，若银行股价大幅下滑，这些期权将带来可观收益。事实证实，他的预测精准无误。

在格林威治村的一间小教室里，弥漫着汽车尾气和中餐外卖的香味，塔勒布站在白板前潦草地写着方程式：令 $x1$，$x2=n1$。当时，他正在纽约大学的精英学府——柯朗数学科学研究所，讲授金融学研究生课程。尼尔·克里斯是一位头脑敏锐的高盛前量化分析师，他在纽约大学开设了一个应用数学金融项目，这是同类项目中的第一个。克里斯很欣赏塔勒布的交易巨著《动态对冲：管理普通期权与奇异期权》，并聘请他为兼职教授。塔勒布的课程名称是“量化金融中的模型失败”。

他告诉学生，他最讨厌的指标就是银行广泛使用的风险价值（Value at Risk，简写为VaR）。它是一种衡量银行投资组合风险的广泛指标，体现了银行在面对极端损失时的敞口。20世纪80年代末和90年代初，摩根大通和华尔街其他机构的一群数学奇才创造了这一指标，该指标衡量的是投资组合资产在历史上的涨跌幅度，并对资产之间的相关性进行了一系列调整（例如，债券和黄金的走势往往相同，避险的公共事业和高风险的科技股的走势则相反）。塔勒布解释说，最大的问题在于，过去日常交易的数据并不能很好地预测极端事件中的相关性，而极端事件才是真正重要的事件（每日市场的小幅波动不会让你崩溃）。但使用 VaR 的银行经理并未意识到这一点，他们错误的认知带来了巨大的风险隐患。10 年后的全球金融危机便让许多人深刻认识到了这一教训。

“VaR 是一个学院派的脆弱指标。”他告诉他的学生。

这也意味着一个机会。不当的风险模型被过度加杠杆的对冲基金和投资银行使用，导致金融体系变得愈加脆弱，如同在沙堆上（或炸药上）建立城堡。这预示着更多崩溃、剧烈波动和金融危机。近 15 年来，塔勒布一直靠着崩盘和剧烈波动赚钱，有时是偶然的。他逐渐开始构思一种系统性交易策略，用以从华尔街隐藏的、由量化策略导致的缺陷获得回报。

他在与喉癌的抗争中取得了胜利。两年的放射治疗使他摆脱了病痛。然而，与死神的这次擦肩而过让他重新考虑了自己的职业生涯。他担心，交易的压力尤其是避免职业生涯终结的风险，可能正是导致他生病的罪魁祸首。他一直在考虑成立一家对冲基金公司，这样他就能更好地掌控日常工作。更重要的是，它必须是一家永远不会破产的对冲基金公司。

就在那时，他偶然接到了一位叫唐纳德·苏斯曼的隐居大亨的电话。苏斯曼的对冲基金 Paloma Partners 公司在 1998 年的市场动荡中遭受重创。他是 D. E. Shaw 的主要投资者，这是一家在纽约以量化为导向的大型公司，当年亏损惨重。苏斯曼通过小道消息得知，一位名不见经传的黎巴嫩裔美国交易员兼数学家在1998年的市场震荡中赚了钱，而且曾在1987年10月的大崩盘中也赚得盆满钵满。苏斯曼认为，这样的交易员能够帮助他防范未来的灾难。

他找到塔勒布，向他提出了这个想法。他告诉塔勒布，自己将为他提供5 000万美元的启动资金，并在Paloma Partners公司总部位于康涅狄格州格林威治的办公楼为其提供办公空间。格林威治这座小镇随后崛起为美国繁荣的对冲基金产业的核心地带。塔勒布接受了这一提议，并将他的对冲基金称为“安皮里卡资本”（意译是“经验资本”），这是对他关注到的经验证据的认可，而不是理论上的、量化的空中楼阁。

就在塔勒布筹备成立投资基金时，纽约大学柯朗数学科学研究所的尼尔·克里斯向他介绍了一位叫马克·斯皮茨纳格尔的新生。他曾在芝加哥做了多年的场内交易员，在纽约做了多年的自营交易员。塔勒布对一个愚蠢的场内交易员会对数学金融感兴趣表示欣赏，并认为他将是新基金的理想合作伙伴。

“他今天就能开始工作吗?”塔勒布问道。

“等我消息吧。”克里斯回答。

克里斯给斯皮茨纳格尔打电话。幸运的是，他发现斯皮茨纳格尔对塔勒布的教科书《动态对冲：管理普通期权与奇异期权》很熟悉，斯皮茨纳格尔表示，正是这本书帮助他实现了观念上的转变，从单纯的、凭直觉的场内交易领域进入了复杂的衍生品数学世界。

“你应该和塔勒布谈谈。”克里斯说。

当天晚些时候，塔勒布给斯皮茨纳格尔打电话，问他当天晚上能否在柯朗大厦的办公室见面。

斯皮茨纳格尔说："当然可以，一会儿见。"

当晚课后，斯皮茨纳格尔前往塔勒布的办公室。两人很快发现彼此的想法非常契合，他们都热衷于非常便宜的交易，同样喜爱维也纳哲学家卡尔·波普尔的著作，甚至能默契地背诵出对方喜欢的句子。经过一番深度交流，斯皮茨纳格尔坚定地同意与塔勒布携手合作。他在柯朗数学科学研究所的"学习休假"仅持续了两天便宣告结束。一个月后，安皮里卡资本公司成立。

第六章　安皮里卡的扩张与消亡

布兰登·亚尔金是个矛盾的人。在青少年时期，他的身材矮小且瘦弱，然而头部却显得异常大。他的同伴常常戏称他的模样犹如一个橙子插在牙签上。他在初中加入橄榄球队时，唯有高中校队的头盔才能适合他的头型。他天性内向且保守，但对惊险刺激的滑板运动情有独钟。17岁时，得益于高中时期修满的一年大学预修课程学分，他进入杜克大学主修经济学。然而，随着学习的深入，他逐渐认识到现代经济学核心理论十分荒谬。

“第一节课讲的是有效市场。”他回忆道，该理论认为所有市场的价格都会立即反映可获得的信息，这使得它们（市场）变得非常有效。这一理论是随机游走假说的一个推论，在该假说中，市场的未来是不可知的，就像随机抛硬币一样。“教授整节课都在讲市场是有效的。我举手质疑它，因为我觉得这个观点很愚蠢，根本讲不通。如果这样，人们为什么还在市场中参与交易呢?”

这是一个让许多经济学学生绞尽脑汁的难题。如果市场总是即时有效，那为什么还会有交易员呢？该理论认为，在某种程度上，交易员是使市场有效的工具。如果股票价格太高，他们就会卖出。如果股票价格太低，他们就会买进。但存在过高或过低的价格似乎从本质上违反了有效市场假说，该假说还提出，交易员不可能永远击败市场。如果市场总是正确的，他们又怎么能做到这点呢？

尽管亚尔金对所学课程持怀疑态度，但他仍在三年内完成了学业，并成功毕业，获得了经济学学位。2000 年，他赴纽约参加各大金融机构的面试。在面对摩根士丹利的入职邀请时，他选择了拒绝。随后，他收到了康托·菲茨杰拉德公司的一个具有诱惑力的工作机会——在世贸中心 107 层的一间办公室内担任营销职务，向客户推介各类交易产品。然而，在他即将接受这份工作时，他又收到了比利时联合银行金融产品公司的邀请。这是一家业界精英的经纪公司，刚刚从 D. E. Shaw 公司分拆独立。D. E. Shaw 是一家纽约知名的对冲基金公司，但在 1998 年给唐纳德·苏斯曼带来了巨大创伤。后来，该公司被比利时联合银行收购，这家银行正试图进入美国繁荣发展的金融行业。

亚尔金接受了比利时联合银行的工作。一年后（2001 年）的 9 月 11 日上午，在世贸中心工作的康托·菲茨杰拉德公司的所有员工都不幸丧生。

在比利时联合银行，亚尔金是纽约日益扩张的衍生品行业的核心人物。他的工作是为比利时联合银行的客户找到交易对手方。如果一个客户打电话说："我想买 1 万份 IBM 的看跌期权。"亚尔金的工作就是给他在其他公司办公室认识的每个人打电话，试图找到卖出 1 万份看跌期权的对手方。更重要的是，亚尔金必须找到比他的竞争对手更便宜的交易方，而他很快就掌握了这一技能。

2001年，亚尔金飞往坦帕湾参加一个期权研讨会。休息时，他排队等待午餐。在他的面前站着一个身材匀称、秃顶、胡子黑白杂混的男人——塔勒布。两个人开始交谈，拿好餐盘后，在一张桌子旁坐了下来。像往常一样，大部分时间是塔勒布在讲话。

回到纽约后，亚尔金结识了安皮里卡资本公司及其首席交易员斯皮茨纳格尔。他很快意识到安皮里卡资本公司会是一个理想的客户。在接下来的几个月里，亚尔金不断地向斯皮茨纳格尔念叨，请他来为安皮里卡资本公司处理交易指令。他俩很合得来，喜好相同的东西，比如自由主义政治哲学和滑板运动。不久，他们便一同在中央公园险峻的小路上冒险，与疯狂的出租车司机较量。亚尔金随即成了安皮里卡资本公司最大的经纪人。

塔勒布和斯皮茨纳格尔在2000年的开局令人印象深刻，就好像他们是上帝保佑的幸运儿一样。当互联网泡沫以惊人的方式崩溃时，他们却赚得盆满钵满。在此期间，他们几乎每天都在盈利，在许多对冲基金表现不佳的情况下，截至年底他们的回报率接近60%，这样的表现相较于其他表现不佳的对冲基金，可谓戏剧性十足。苏斯曼是当时安皮里卡资本公司唯一的投资者，他对自己的小实验非常满意。

他们的办公室位于格林威治郊区，很小，有一个小交易室，可以俯瞰一片树林。附近韦斯特切斯特机场的飞机嗡嗡作响，与巴赫、马勒和瓦格纳的古典旋律交织成一片白噪声。角落里挂着一台经常静音的电视，播放着美国消费者新闻与商业频道的节目。墙上基本没有东西，除了一块巨大的白板上面密密麻麻地写满了难以辨认的数学公式，还有一幅卡尔·波普尔的小水墨画，格拉德威尔在《纽约客》杂志的专访中将其恰如其分地描述为安皮里卡的守护神（乔治·索罗斯也是波普尔的追随者）。

可证伪性是哲学家卡尔·波普尔最重要的理论思想之一，他认为科学的发展不是通过证明理论正确，而是通过证明理论错误来推进的。因此，当水手在澳大利亚发现黑天鹅时，欧洲人认为所有的天鹅都是白色的信念就被证明是错误的。正如波普尔在他1934年的著作《科学发现的逻辑》中写的："无数次看到白天鹅不能证明所有天鹅都是白色的。哪怕只看到一只黑天鹅也可能推翻它。"

这一理论实际是谨慎性提示，特别是对一个涉足复杂衍生品（被巴菲特称为"大规模杀伤性武器"的东西）的交易员来说。你可能认为自己对周围的世界了如指掌，知道它将走向何方以及为什么会这样。可证伪性表明，事实并非如此——黑天鹅可能潜伏在角落里，随时准备证明你错得有多离谱。

为了解释这个理论，塔勒布喜欢用感恩节火鸡举例。他称之为火鸡问题。火鸡一生中的每一天都是由农民喂养的。这只鸟（一种特殊的具有抽象思维能力的鸟）想当然地认为这种情况将永远持续下去，因为农夫非常爱火鸡。直到感恩节，火鸡迎来了它的黑天鹅事件——它被屠宰了。英国哲学家伯特兰·罗素也用了同样的比喻，尽管他选择了一只鸡作为他心中终有一死的鸟。更为悠久的是极度怀疑论者苏格兰人大卫·休谟的论断，他断言没有人能绝对肯定明天太阳会升起，这一论断后来在哲学上被称为"归纳问题"。这种看待事物的方式降低了我们预测未来事件的能力，从100%下降到更低的概率。例如，我们可以声称，基于过去所有早晨太阳升起的事实，我们相信太阳明早升起的概率是99.9999%。但我们永远不能百分百肯定地说太阳会升起。谁知道呢，也许一个疯狂科学家在实验室里制造的黑洞会在一纳秒内吞噬整个太阳系。

受到归纳问题和火鸡问题等哲学论点的启发，安皮里卡资本公司非常像一个实时运行的实验室，塔勒布和斯皮茨纳格尔在损失可控的前提下寻找利润最大化的最佳策略，从危机中获利，极具探索性。该公司通过名为“Igor”的计算机程序，每晚都会下载数十万份期权合约。第二天，该程序会推荐一系列交易。塔勒布和斯皮茨纳格尔在大型机构的传统订单中寻找对投资有利的突破口，并且知道各种交易商的头寸方向，这为确定交易价格提供了参考。通过跟踪交易员的交易趋向，斯皮茨纳格尔可以找出最佳交易时机。例如，高盛有客户想卖出价值 100 万美元的标普 500 指数看跌期权，斯皮茨纳格尔在华尔街的联络人，即知道他总是在市场上买入这类看跌期权的人，就会提醒他这一潜在的交易。对冲基金和其他投资者向银行卖出看跌期权有很多原因，但主要是因为他们想通过卖出看跌期权赚钱。对基金来说，卖出看跌期权是一种可靠的赚钱方式（只要市场不崩盘）。这些卖家简直不敢相信他们的运气，“这些傻瓜是谁，什么白痴会买这些垃圾？”他们想，“市场不可能在下个月暴跌 20%。”安皮里卡资本公司正在成为一个可靠的白痴，在那些愚蠢的交易中担任交易对手方的角色。

“这是一个探索发现的过程，这是一个实验室，我们在摸索中前进，”斯皮茨纳格尔回忆说，“我们的行动无处不在。”斯皮茨纳格尔负责交易，塔勒布研究数学问题，并会见投资者。

在与经纪人电话敲定交易时，斯皮茨纳格尔有时会恢复他疯狂交易员的形象。当被告知一篮子期权的价格比他了解的情况多得多时，他会红着脸大骂对方，接着警告对方："一个星期内不要再给我打电话。"然后怒气冲冲地挂断电话。

安皮里卡资本公司采取的策略是投资股市崩盘，同时结合其他策略，以达到平衡公司风险的目的。在股市风险较大的情况下，采用安皮里卡策略进行调整。实际上，这并非单一策略，但人们不愿将全部资金投入像安皮里卡这样的对冲基金，并长期闲置等待市场崩盘。

安皮里卡的策略独具特色。在几个月，甚至几年的时间里，这种策略可能看起来都是失败的。就像克里普说的，你必须看起来像个傻瓜，感觉自己也像个傻瓜。然后，突然之间，这种策略就会获得巨大的成功。斯皮茨纳格尔把它比作一位钢琴家，原本只能弹奏筷子圆舞曲，却在一夜之间就变成了拥有拉赫玛尼诺夫那样的技巧的演奏家。

塔勒布和斯皮茨纳格尔的交易方式截然不同。斯皮茨纳格尔完全按规章行事，遵循他们煞费苦心制定和测试的精确系统——黑天鹅保护协议。相比之下，塔勒布更多的是随心所欲，有时根据直觉而不是既定的公式进行交易，希望能抢在波动率激增之前进行操作。塔勒布在彭博机前坐下时可能会这样问自己："我今天有多悲观？"当斯皮茨纳格尔弹奏他最喜欢的作曲家马勒的曲子时，塔勒布会变得焦躁不安，并抱怨道："马勒对波动率不利。"

大厅尽头，苏斯曼资助的一家新的对冲基金公司——不凋花（Amaranth Advisors）正在筹备成立。安皮里卡资本公司和它在一个楼层，共用一间洗手间。6 年后，不凋花因在天然气上的错误押注而破产，在几天内损失了近 70 亿美元，当时这家公司的倒闭是现代金融史上最大的交易崩溃事件，超过了长期资本管理公司的史诗级破产事件。对苏斯曼来说，幸运的是，他几年前就放弃了该基金，原因是这家公司的规模过于庞大了。

塔勒布继续在纽约大学教书。下课后，他经常在翠贝卡区的时尚餐厅奥德昂举行座谈，与亚伦·布朗和尼尔·克里斯等朋友分享数学、哲学、国际象棋、诗歌和物理学方面的观点。斯皮茨纳格尔曾参加过一次座谈，但并不喜欢。对他而言，这些对话太过理论化，充满猜测和哲学观念，而不是基于冷酷、硬核的现实，这很难真实反映世界运转规律。

2000 年，安皮里卡资本公司破纪录的业绩，迅速在华尔街各个场合传开。该基金的表现在全球市场逆境中独树一帜，展现出对冲基金应有的灵活性和敏锐度。这是一家真正意义上的纯对冲基金，外部投资者纷纷表达出强烈的投资意愿。塔勒布是一个特别奇怪的管理人。他的一个怪癖就是对自行车运动的狂热。如果天气允许，他几乎每天都会从拉奇蒙特的家骑大约 10 英里到格林威治的 Paloma Partners 公司办公室。他通常不会把自己的紧身自行车短裤换成西装，更不用说牛仔裤了，即使是在会见潜在投资者时也是如此。有一天，亚尔金带了一群来自比利时联合银行的人。塔勒布穿着自行车短裤，胡须上沾满面包屑。当他们问起他的策略和市场预测时（这是任何投资者在考虑给基金经理数百万美元时都会问的常规问题），塔勒布变得恼怒起来。

"谁在乎，"他厉声说道，"不要问这种愚蠢的问题。"

显然，这些人并未选择安皮里卡资本公司。

随着养老基金等机构投资者的大量涌入，对冲基金迎来了巨大的发展机遇。长期以来，对冲基金一直被视为投资界的"狂野西部"（蛮荒之地），由乔治·索罗斯或保罗·都铎·琼斯等枪手经营，他们根据直觉就可以押下数十亿美元的赌注。但随着新型量化交易员的兴起，他们制定的数学交易策略使对冲基金获得了华尔街那些稳健投资者的认可。1999 年，对冲基金管理的资产只有 1 890 亿美元。到 2008 年全球金融危机爆发前夕，对冲基金管理的资产达到 2.3 万亿美元（2022 年的总额为 5.1 万亿美元）。

尽管新机构开始垂涎对冲基金，但 2001 年，安皮里卡资本公司的引擎开始出现问题。市场重新站稳脚跟，恢复了稳定，波动性大幅下降。日复一日赔钱的压力压在塔勒布身上。他和斯皮茨纳格尔就深奥的数学理论展开了前所未有的激烈争论，比如帕累托－利维分布的含义，这是一种测量极端现象的量化方法。然而，这些争吵并没有影响他们日益增长的友谊和相互尊重，两人经常会在校园外的树林里散步，交流改进安皮里卡的交易策略的想法。

在“9 · 11”事件发生前一周，塔勒布出版了他的第一本面向大众的著作《随机漫步的傻瓜》。这本书融合了行为心理学、统计学、哲学、历史等多个领域的短篇论文，其核心内容直指华尔街那些自诩为“宇宙主宰”的金融大佬所编造的故事。这个故事最基本的形式是，我们比你聪明，把你的钱给我们。在近 250 页的篇幅中，塔勒布都在谴责，他们说的都是胡扯。这些所谓的天才大多数只是运气好，是随机性的受益者。在超过 50% 的时间内，硬币都向对他们有利的方向落下，然而这种趋势最终会结束，在此过程中将投资者的钱烧成灰烬，而那些对冲基金经理则乘坐私人游艇逃往巴哈马。市场是随机的，那些自以为发现了某种盈利模式并据此交易的人都是傻瓜（塔勒布从来没有说过投资者没有任何技能，只是说大多数投资者都没有）。

马尔科姆·格拉德威尔曾说："这本书对传统的华尔街智慧的冲击，就像马丁·路德的《九十五条论纲》对天主教会的冲击一样。"这本书在众多对冲基金经理和交易员中悄然走红，其中大多数人认为他们是真正有技能的人，而不是只有愚蠢的运气，直到他们也爆仓了。

塔勒布所著《反脆弱》的众多特点之一，是引入了两个虚构的角色——胖子托尼和尼罗·图利普——代表交易的两种不同方法。胖子托尼是在布鲁克林出生的交易员，他靠直觉行事。他凭借自己的直觉和经过实战检验的识别假话的能力，屡屡击败那些沃顿毕业并拥有华丽豪宅的商学院精英。他倾向于迎合华尔街坚韧、肮脏的一面，有点像戈登·盖柯[①]，又有点像阿尔·卡彭[②]。

尼罗·图利普，一位不露痕迹的模仿者，与塔勒布有着相似之处。图利普是一名擅长统计学的数学家，和塔勒布一样，他成了芝加哥期货交易所的一名场内交易员，随后去了纽约的一家投资公司，也有着早年发迹的光辉历史。同时，他也在纽约大学开设关于"概率思维"的课程。

图利普的交易风格也与斯皮茨纳格尔的"立即止损"策略非常相似。塔勒布写道："尼罗在预期亏损后迅速退出交易。"图利

① 戈登·盖柯：电影《华尔街》中的角色。——编者注
② 阿尔·卡彭：美国20世纪二三十年代最有影响力的黑手党头目。——编者注

普称："我喜欢承受小额损失。"

在胖子托尼的身上，同样存在着塔勒布的影子。这位擅长街头智慧的角色，与学院派的图利普形成鲜明的对比。与塔勒布如出一辙，胖子托尼同样讥讽那些盲目自信能预测市场走势的交易员，且乐于站在他们的对立面，投注于市场的崩溃。

塔勒布还提到安皮里卡资本公司的应急策略。

他写道："在市场上，有一类交易员拥有反转低概率事件的能力，对他们来说，波动往往预示着利好。这些交易员经常赔钱，但数额很小，盈利时刻有限，但数额很大。我称他们为危机猎人。我很高兴成为他们中的一员。"

一个星期二的下午，塔勒布在伦敦转机期间，与一位朋友共进午餐时接到了斯皮茨纳格尔的电话。斯皮茨纳格尔告诉他："一名业余飞行员刚刚驾驶飞机撞向了世贸中心。"9 月 11 日早上，人们起初普遍认为基地组织的恐怖袭击是一次意外。

在首次袭击发生后的 17 分钟，紧急救援人员正火速赶往现场，然而，第二架波音 767 飞机再次撞击世贸中心的南塔，这并非一起意外事件。到上午 10 点 30 分，双子塔已成为一片废墟，金属和玻璃破碎不堪。现代世界历史的一个新阶段——恐怖时代——开始了。对大多数美国人来说，它是黑天鹅中的黑天鹅。

在袭击事件发生后，市场几乎立即关闭，并持续关闭了一周。这意味着安皮里卡无法兑现当早飙升的头寸。当纽约证券交易所于 9 月 17 日星期一重新开放时，股市崩盘。道琼斯工业平均指数下跌 684 点，创下当时单日最大跌幅。截至周末，道琼斯工业平均指数下跌了 14%。据估计，当时有 1.4 万亿美元的市值蒸发了。

市场状况似乎对安皮里卡极为有利，但对下一场恐怖袭击的恐慌情绪仍在蔓延。包括 Paloma Partners 公司在内的一些投资者出于对安全的考虑，不愿意此时套现。原本安皮里卡有机会通过保护投资者免受巨大损失而大赚一笔，但最终未能如愿。面对市场的突然崩盘，塔勒布和斯皮茨纳格尔选择保留期权，以迎接可能发生的再次袭击导致的市场全面崩溃。然而事实证明，这一决策是错误的，因为随后人们对恐怖袭击的担忧逐渐消退，市场迅速反弹。当时，投资组合的规模似乎并不重要。美国在小布什政府的领导下，正在为对抗恐怖主义的持久战争做准备。

尽管如此，塔勒布和斯皮茨纳格尔仍在为下一次崩溃做准备，无论它何时发生。他们不断修改交易策略，从中吸取教训。

在“9·11”事件和《随机漫步的傻瓜》出版之后，塔勒布作为一名打破传统的交易者和怀疑论者开始获得更广泛的赞誉。11 月 23 日，他接受了美国消费者新闻与商业频道的采访，这是他首次在全美性电视节目中露面。主持人罗恩·英萨纳介绍了塔勒布。

“他经营着寻找危机的安皮里卡对冲基金，还著有一本新书《随机漫步的傻瓜》。”

英萨纳似乎对塔勒布的独特市场见解感到困惑，他询问道：“大多数人都被意料之外的波动打了个措手不及。你试图利用这种波动，并为你的客户提供一种应对意外事件的保障。你能详细说明一下你是如何做到这一点的吗?”

谈及交易策略，塔勒布阐述：“其实并不复杂。简单来说，从波动中获利非常直接。你可以观察标准普尔或道琼斯工业平均指数的移动。标准普尔移动超 20 点，道琼斯工业平均指数移动超 200 点，那就意味着市场存在波动。但问题在于，这样的日子并不多。”

英萨纳问塔勒布他如何预测这些重大事件。

塔勒布说：“你并不能预测。耐心是第一法则，不能急于求成，需要极度耐心，每天都会经历一些挫折，就像每天掉一块皮一样。你必须稳如泰山，这是一个长期的波动策略，流血不可避免。”

塔勒布将这一策略比作拥有一家礼品店，但不知道圣诞节什么时候到来。他说：“圣诞节是随机到来的，但你要日复一日地支付房租。”

“简而言之，你喜欢买保险。”英萨纳说。

塔勒布回答说：“这是一种超越传统的保险，更积极进取的保险方案。”

在 2001 年岁末的一天，塔勒布亮相纽约某广播电台。在电台办公室，他与作家苏珊·桑塔格邂逅。有人告知她，演播室内那位外貌独特、蓄着胡子的绅士撰写了一本关于随机性的著作。好奇心驱使她走近塔勒布，然而在得知他是一名交易员后，她表达了她对市场体系的反对立场，并在塔勒布尴尬得语无伦次时愤然离去。

那天晚些时候，塔勒布遇到了一个他很快就开始崇拜的人——本华·曼德尔布罗。这位特立独行的数学家、分形几何的发明者、混沌理论的先驱，在纽约大学柯朗数学科学研究所做了一场演讲，主题是两个看似不相干的话题——分形和金融。塔勒布对此很感兴趣。他不知道金融怎么会和分形几何有关系。

经过数十年的探究，曼德尔布罗证实了分形几何无处不在。在科学、工程、云团、花卉以及冰雪等领域，都能发现分形几何的身影。分形几何的核心在于自相似性（或称自仿射性）这一理念。1967 年，曼德尔布罗以一个问题阐述了这一概念："英国的海岸线有多长？"从飞机上俯瞰岩石海岸，或借助放大镜在地图上细致观察，你会发现相似的锯齿状边缘不断起伏。因此，这个问题的答案实则取决于你所使用的尺子的大小，尺子不同，测量的结果就不同，就好像在不同尺度下，树枝如树木，岩石似山峦，等等。

分形几何是由幂律决定的，是非线性的数学表达式。当你从叶子移动到树枝再到树时，你的测量尺度发生了巨大的非线性跳跃。

这对金融模型来说是个坏消息。几十年来，曼德尔布罗一直认为，金融领域中使用的传统模型依赖于正态分布曲线，但其存在严重缺陷。正态分布曲线（也被称为高斯分布）被 19 世纪数学家约翰·卡尔·弗里德里希·高斯用于天文测量，现已被广泛应用于金融和经济模型，例如风险价值模型。它测量的现象具有平滑的连续变化的特征，大多数样本落在正态分布曲线中间的置信区间内。

在分形世界中，正态分布曲线无法捕捉到潜在的极端波动性——这个世界充满了幂律、突然跳跃、疯狂跳跃。曼德尔布罗的大部分研究都是由幂律驱动的各种现象，从棉花价格到收入分配，再到城市人口密度。与符合正态分布曲线的线性加法（1＋2＋3＋…）不同，受幂律控制的变量可能会让正态分布曲线的尾部产生戏剧性且意想不到的波动。

在纽约大学的演讲台上，曼德尔布罗的身影给人留下深刻印象，他有着一副大耳朵、秃顶的脑袋，犹如篮球大小，在一台苹果笔记本电脑的映衬下，闪闪发光。他正在向在场的量化分析师、交易员和金融学教授，深入剖析一个世纪前巴黎一位神经质的法国经济学家的研究，阐述着正态分布曲线如果能准确捕捉股市真实情况，那么像“黑色星期一”这样的市场大崩盘就永远不会发生。

曼德尔布罗以浓重的法国口音强调说：“物价的波动起伏，无疑是众所周知的事实，人们对此有各种诠释。1900 年，一位杰出的人才深入研究了这一问题，他就是路易斯·巴舍利耶[①]。巴舍利耶的人生历程颇为坎坷，长时间未受到应有的关注。然而，令人惊叹的是，他在 1900 年撰写了一篇关于数学的论文，题为《投机理论》(The Theory of Speculation)。该论文主要探讨了股票市场和债券市场的投机行为。巴舍利耶首次将布朗运动[②]原理运用于金融市场，提出了有效市场、股价随机漫步等思想原型。”

“现在，巴舍利耶的观点或多或少地认为价格是随机变化的，

---

① 路易斯·巴舍利耶：法国数学家，现代金融数学领域奠基人，他在去世多年后才享有崇高的学术声誉。——译者注

② 布朗运动：源于 19 世纪苏格兰植物学家罗伯特·布朗的观察，即花粉在液体中的运动是一个随机过程。——译者注

无法预测。这就好比抛硬币，正面朝上则价格上涨，反面朝上则价格下跌，如此往复。后来，基于巴舍利耶的模型，一个完整的股票市场理论应运而生。价格变动的幅度被称为波动率，该模型假设波动率保持恒定。”

曼德尔布罗展示了一张图表，显示了金融价格的一系列历史变化，其中一些是真实的，一些是基于他创建的简单模型生成的。他表示：“这些现象都有一个非常奇怪的特性，它们都有很高的峰值。这些峰值并非自然产生，它们是在非常剧烈的波动中出现的，随之是波动率非常低的时期，有时波动率会突然变化。在尝试捕捉这些序列中的波动率时，无论是真实的还是测算的，我们都发现波动率是非常难以捉摸的。实际上，它是无法被捉住的。”

曼德尔布罗表示：“根据正态分布曲线，如此剧烈的波动率跳跃应该永远不会发生。”他强调：“但如您所见，实际情况中这类剧烈波动频繁发生。所以人们经常会陷入一种思维陷阱，即相信大概率的事件强烈地主导着一切。”

曼德尔布罗接着说：“在过去的10年里，只有10天的收益和损失是真正重要的。巨大的财富是在短短几天内创造的，溃败也发生在短短几天之内。因此，人们陷入一种非常不安的境地。换言之，在这种情况下，仅有极少数重大事件具有决定性意义，其余的事件几乎都不值一提。”

塔勒布深感着迷。曼德尔布罗正在阐述他作为一名交易员的亲身经历，塔勒布回想起来，确实只有少数几个关键时刻具有决定性意义。演讲结束后，塔勒布向曼德尔布罗介绍了自己，并问曼德尔布罗为何要在金融这个世俗的世界里费神，塔勒布认为这只是个赚钱的地方，文学、理论和哲学领域才是更高的境界。

曼德尔布罗微笑着说："数据，金融领域是数据的金矿。"

塔勒布的职业生涯一直专注于研究不确定性、波动性及其对期权价格的影响。他为此撰写了一本书。然而，他从未意识到肥尾与分形几何之间存在关联，也未曾了解过这一领域中令人着迷的数学原理。现在，他意识到自己拥有一种全新的思维方式来思考随机性和黑天鹅事件。

塔勒布很快就和曼德尔布罗成为亲密的合作伙伴，曼德尔布罗住在离他在拉奇蒙特的家只有几英里远的地方。2006 年，他们共同撰写了文章《聚焦证明规则的例外》（A Focus on the Exceptions That Prove the Rule），这篇文章是《黑天鹅》中主要思想的缩影。他们写道："传统的正态分布曲线看待世界的方式是从关注普通事物开始的，然后把例外或所谓的异常值作为辅助来处理。但还有第二种方式，它以异常值为起点，并以从属的方式处理普通事物——仅仅是因为那些所谓的'普通'情况后果不那么严重。"

通常情况下，他们的谈话不仅关于不确定性和黑天鹅的本质，更多的是围绕着文学、历史、艺术，以及曼德尔布罗在他漫长的职业生涯中遇到的各种引人入胜的人物展开（玛格丽特·米德、诺姆·乔姆斯基、罗伯特·奥本海默、斯蒂芬·杰·古尔德和约翰·冯·诺伊曼等）。曼德尔布罗于 2010 年去世，他对《黑天鹅》这本书做出了巨大贡献。事实上，这本书是献给他的。

塔勒布关于市场崩溃中分形几何的见解，尽管具有创新性，但在对他至关重要的安皮里卡资本公司中，并未得到充分应用。

安皮里卡资本公司遭遇重创，2001 年跌幅达 8%。随后的两年里，在波动不大的股市中，它艰难挣扎，无法扭转局势。美联储在格林斯潘领导下，为应对“9·11”事件，向金融体系注入大量廉价资金。尽管经济未见大幅增长，但在全美房地产泡沫的推动下，经济出现回暖迹象。然而，这也为即将到来的全球金融危机埋下了伏笔。

在日复一日的亏损和持续的失血中，塔勒布疲惫不堪。斯皮茨纳格尔告诉他：“不要把注意力放在每日盈亏上，这只是衡量基金部分增量成功或失败的指标。”然而，塔勒布却一直紧盯着这一指标。斯皮茨纳格尔一遍又一遍地劝说：“你必须喜欢亏损。”

斯皮茨纳格尔回忆说：“塔勒布在一切顺利时会欣喜若狂，而在状况不佳时则深感沮丧。这对他的健康非常不利。”

还有另一个刺激因素折磨着塔勒布。客户或潜在客户一直在问他，为什么他不能与另一家声称同样拥有尖端期权交易策略的交易公司——伯纳德·麦道夫投资证券有限责任公司的成功表现相匹敌。

客户会问：“你如果这么聪明，为什么不能取得麦道夫那样的业绩呢？为什么他能做到，而你不能呢？”

随后，他们会向他展示麦道夫的业绩——每月 15% 或 20% 的惊人回报率，日复一日，年复一年。塔勒布尝试在他的电脑上复制这种策略，看看这种策略能否带来不可思议的收益。然而，他未能成功。

他会回答客户："这样的回报率是不可能实现的。"

"你只是嫉妒。"他们会反驳道。但实际上，回报率确实是虚构的。麦道夫经营着史上最大的庞氏骗局，2009 年他进了监狱，并在那里度过了余生。

塔勒布和斯皮茨纳格尔继续修补他们的策略，但塔勒布逐渐失去兴趣。马尔科姆·格拉德威尔在《纽约客》上发表了一篇关于塔勒布和安皮里卡资本公司的长篇专题文章，题为《爆炸：纳西姆·塔勒布是如何将不可避免的灾难变成一种投资策略的》，这篇文章引起了人们对该基金的兴趣，也抚平了塔勒布受伤的自尊心。这篇文章把他定位为华尔街的"反英雄"，捕捉到那个时代紧张不安的时代精神。就在几年前，互联网革命似乎让世界变得更好，美国经济全速前进。到 2002 年，这一切变了。互联网泡沫破灭了，恐怖分子让美国陷入低谷，美国在阿富汗发动了一场复仇战争，小布什政府对伊拉克发出武力威胁。经济正在缓慢地走出衰退。这里有一个似乎能解释这种疯狂的人——事情总是爆炸，而且没有人能预测它！那些华尔街的肥猫专家呢？他们只不过是被随机性愚弄的江湖骗子。

随机性让你自我感觉良好。

在 2004 年的罗马，塔勒布在一次金融家满座的演讲中，直截了当地指出他们对所面临的最大风险一无所知。这种风险正是他在《随机漫步的傻瓜》中提出的黑天鹅概念。他望向观众，拭去额头上的细汗，明显感到观众对他的言论并不买账，甚至有些不悦。演讲结束后，会议主席宣布没有对发言人的提问环节。塔勒布离开讲台时，神情紧张地环顾四周，担心主办方会将他逐出会场。

下一位演讲者，普林斯顿大学的心理学家丹尼尔·卡尼曼登上了讲台，他与阿莫斯·特沃斯基论证了人类在不确定性下做出决策时存在各种奇怪偏见。因其开创性的研究，他们在 2002 年获得了诺贝尔经济学奖。卡尼曼的研究与亚当·斯密长期以来的经济学假设背道而驰，后者认为人类是受自身利益驱动的理性决策者。卡尼曼和特沃斯基表明，人们实际上对很多事情都很困惑，经常根据（通常是错误的）对公平的感知、对随机数字的过度依恋、对损失的厌恶等因素做出非理性的决策。例如，当人们被告知一项手术有 90% 的成功率时，人们会做出积极的反应；当被告知手术有 10% 的失败率时，人们则会做出消极的反应。

塔勒布对被逐出会场的担忧很快就缓解了，因为卡尼曼的第一个声明是，他将详细阐述上一位发言者提出的观点，而且他完全同意这位发言者的观点。

塔勒布和卡尼曼很快就成为好朋友，他们在咖啡馆或在卡尼曼位于格林威治村的公寓里碰面，还一起长途开车。有一次，他们驱车 5 小时前往特拉华州，途中迷路，后来还被一名愤怒的司机一路追赶，因为塔勒布曾在驾驶过程中对该司机竖中指。卡尼曼和特沃斯基开创的行为金融学领域，对塔勒布这样怀疑人类理性的学者而言具有极大的吸引力。塔勒布深信，大多数成功的专业交易员更多的是凭运气，而不是凭技术能力，尤其是在极端风险的领域。人们对损失的本能厌恶，对死在手术台上的 10% 风险的厌恶，帮助解释了为什么大多数交易员宁愿冒着崩溃的风险，每天获得少量的增量收益，也不愿意承担大量的小额损失（喜欢亏损）来博取罕见的巨额收益。

2004年11月，塔勒布向五角大楼主办的风险会议提交了一篇论文。该论文题为《黑天鹅：我们为什么不学习我们学不到的东西?》(The Black Swan: Why Don't We Learn That We Don't Learn?)，文中指出："历史是由重大且不可预测的事件所驱动的，即异常值。我们预测改变历史的大规模偏差的能力接近于零。我们无法预见异常值的到来，因为我们把对未来的预测建立在过去的事件上，就像驾驶员通过后视镜来导航道路一样。"

那年早些时候，塔勒布曾目睹了一件即将发生的黑天鹅事件。当时，一位叫亚历克斯·贝伦森的《纽约时报》年轻记者带着一份为政府支持的抵押贷款巨头房利美撰写的绝密风险报告走进他的办公室。这份报告是贝伦森从一名房利美前雇员那里获得的，报告显示：如果突然加息1.5个百分点，将导致该公司损失约一半的市值。该报告还显示：房利美的杠杆率为50∶1，也就是说，它每拥有1美元，就有50美元的债务，这是一个爆炸性的杠杆率。如果不是因为利率保持相对稳定，房利美的模型可能已经引发了该机构风险合规官员的恐慌。

塔勒布告诉贝伦森："这简直是胡说，它们过去没有爆炸并不意味着它们未来不会爆炸。而且这个数字肯定是伪造的。"

5年后，房利美和它的兄弟公司房地美在美国次级住房贷款市场崩溃时得到了美国政府的救助。它们的失败并不是因为利率的急剧上升。相反，随着全美房价暴跌，全美各地的人都在拖欠抵押贷款，这是模型没有预见到的情况。

虽然塔勒布作为一名打破传统的交易员声名鹊起，但作为一名资金管理者，他陷入低谷。2003 年，眼看着股市一路高歌猛进，安皮里卡却持续亏损，客户纷纷愤怒地致电抱怨。虽然客户能够理解安皮里卡的交易策略，但他们在心理上很难接受亏损。他们所能看到的只有损失的资金，以及如果这笔钱投入市场或另一家对冲基金，他们可能获得的收益。

塔勒布突然想到了他从卡尼曼那里学来的一个概念——锚定效应。它是这样运作的：假设你在亚马逊上购物，看到一件羊毛夹克售价 500 美元，你会觉得这件夹克太贵了，然后当你看到一件相似的夹克售价 1 500 美元时，突然间那件 500 美元的夹克似乎没那么贵了。零售商家正是利用这种认知偏差，通过提供折扣来吸引消费者。例如，一件原价 1 000 美元的夹克，以 5 折的价格出售，就会让人觉得很划算。

塔勒布决定让客户给他一个数字，告诉他愿意在一年的时间内承受多大的损失，这就像是为防范风险所支付的保险费。随后，他给客户提供了报告，显示公司的实际表现远优于预期。他后来写道："这是一种神奇的药丸，客户变得兴奋不已，他们将未损失的资金当作利润对待。"

为了改变现状，安皮里卡搬到了曼哈顿上东区的一间小办公室，这让塔勒布从拉奇蒙特骑车上下班变得更加惊心动魄。斯皮茨纳格尔重拾他的滑板，并喜欢从他在六十八街和中央公园西路交叉口的公寓滑到办公室。有一天，一辆出租车闯了红灯，就在他穿过一个十字路口快速下坡的时候。他惊慌失措地从滑板上跳下来，沿着马路蹦蹦跳跳几下才摔倒在地上。出租车疾驰而去，斯皮茨纳格尔从地上爬起来，掸去身上的灰尘。

"伙计，你差点就死了。"站在他旁边的一个骑自行车的人说。

出租车的一个轮子离他的头只差几厘米。幸运的是，斯皮茨纳格尔只是肩膀脱臼，手表摔碎了。

也许是为了克服在安皮里卡养成的对极端风险的厌恶习惯，斯皮茨纳格尔竟爱上了高危运动。每个周末，他都会飞往洛杉矶，他的妻子在那里从事演艺事业。在那里，他会进行他最喜欢的消遣活动：滑翔。他驱车前往沙漠，跳上一架没有引擎的滑翔机，由另一架飞机拖着滑翔机飞向天空。一旦释放，它就会在内华达山脉上空的沙漠热气流和上升气流中上下摆动并编织出宽大的圆形轨迹。斯皮茨纳格尔喜欢那种在似乎完全失控的情况下仍能控制局面的感觉。

塔勒布本人则非常讨厌这种感觉。他在安皮里卡越来越强烈地感受到这种痛苦。每日的亏损带来无尽折磨，而等待的崩溃却显得遥遥无期，这使他近乎疯狂。他也开始担心压力会损害他的健康。癌症会复发吗？2004 年夏天，他在新办公室与斯皮茨纳格尔进行了交谈。

“我需要离开安皮里卡，马克。”他说。

“你疯了吗？”斯皮茨纳格尔气急败坏地说。因为他真的相信这个策略，认为它有巨大的潜力。“你难道不知道我们能用这个做什么吗？我不敢相信你想要离开这一切。”

一切都结束了。经过将近 5 年的并肩作战，塔勒布和斯皮茨纳格尔交流了关于交易、哲学、统计和生活等方面的想法。然而，这段友谊完全是出于工作的需要，他们从来没有一起做过与工作无关的旅行。斯皮茨纳格尔竭力远离塔勒布五花八门的社交圈。然而，他会怀念那些日常头脑风暴的热烈讨论、在曼哈顿街头长时间的漫步，以及那些挥舞手臂的激情辩论。

很快，塔勒布开始策划他的下一步行动。他开始着手撰写另一本书。他将这本书命名为《黑天鹅》，以纪念并推广他的观点：未来是不可预测的，而大规模的、压倒性的事件决定了历史和投资组合的表现。

然而，并非所有人都认为市场是一台随机的、难以捉摸的轮盘。在瑞士苏黎世，一位杰出的科学家声称他发现了导致市场崩溃的秘密力量，他掌握了一枚水晶球。

第七章　龙王猎人

复杂性理论学家、经济物理学家、股市预言家迪迪埃·索内特骑着他的川崎忍者 ZX-12R 摩托车，在洛杉矶的一条高速公路上狂奔。那是 2006 年，这位加州大学洛杉矶分校的教授正在寻找自己的极限，当他以 100 英里 / 时的速度超过一辆 18 轮大货车时，他的速度达到了峰值，在开阔的高速公路上疾驰，油门全开，速度一度攀升至 125 英里 / 时、150 英里 / 时，直至 175 英里 / 时。

索内特喜欢冒险。更重要的是，他喜欢驯服风险，从而掌控风险。他在法国南部长大，他的父亲是法国电力巨头法国电力公司（EDF）的雇员，他和父亲一起驾驶直升机，培养出对冒险精神的兴趣。他父亲的工作是用安装在直升机上的红外摄像机监控输电线。这需要极度精准的控制和大胆的操作，使他离致命的输电线只有几英寸。为了展示他的技术，他曾经让迪迪埃站在地上，在空中举起手，然后小心翼翼地把直升机的起落架放在他小儿子的指尖上。

早年，索内特就表现出不可思议的数学天赋。1977 年，20

岁的他进入巴黎高等师范学院，这是法国顶尖的数学和物理学院。四年后，他获得了物理科学学位，并很快在法国国家科学研究中心（CNRS）获得了终身职位。不久之后，在法国军队服役期间，他进行了关于水中湍流如何影响潜艇的研究，这是他第一次接触到动态系统和混沌理论背后令人费解的数学。

20 世纪 90 年代初，索内特与法国国有航空航天制造商法国宇航公司合作，开始研究探测和预测欧洲阿丽亚娜火箭上凯夫拉压力罐破裂的时点。阿丽亚娜火箭的设计目的是将通信卫星送入轨道。为了测试火箭的韧性，索内特和他的同事对压力罐施加不断增强的压力，并使用声学测量仪来探测凯夫拉内部的微小震动。在某一点上，震动迅速放大，造成灾难性的破裂。索内特运用他在学习曼德尔布罗的分形几何学时掌握的方法，在声音发射中识别出微小震动的数学规律，从而预测了某些故障。

经过多年对火箭压力罐和湍流的研究，索内特发现金融危机的爆发往往与市场泡沫破裂相伴随。他开始意识到，这些复杂系统都遵循着相似的数学规律，这些规律可以从微观到宏观不同的尺度上来进行推算，并且有可能成为灾难的早期预警信号。为了论证这一观点，索内特巧妙地运用攀登者使用的绳索来比喻。随着攀登者的上升，由于其体重或某种摩擦力的作用，绳索上的细小纤维会逐渐断裂。然而，攀登者往往忽略这些微小的裂缝，直到绳索突然断裂导致其坠落。若攀登者能及时察觉这些细小裂缝，便能提前做好安全防范措施。

在索内特研究压力罐的同时，法国国家科学研究中心的另一位物理学家让 – 菲利普 · 布肖也对金融产生了浓厚的兴趣。1992 年离开该研究中心后，布肖创办了一家名为“科学与金融”

（Science & Finance）的公司，这一名称恰好捕捉到物理学与金融市场的交汇点。1995 年，索内特加入该公司，两人合作撰写了一篇论文，将他的崩溃检测公式应用于股市。这篇题为《股市崩盘、前兆和复制品》（Stock Market Crashes，Precursors，and Replicas）的论文，揭示了一种正反馈循环的模式，在这种模式中，以越来越高的、不可持续的加速度来购买复利组合，将导致泡沫和崩盘。他们写道："这个模型基于交易员相互模仿的纯粹投机行为，当一系列购买订单出现时，需求就会加速增长，这是一个自我强化的过程。然而，这种加速无法无限期地持续下去，当达到某一阈值时，崩盘将终结这一系列事件。"

几年后，索内特离开了科学与金融公司。2000 年，它与资本基金管理公司（Capital Fund Management）合并，后来成为世界上最大、最成功的对冲基金之一。

在将崩溃模型应用于市场的同时，索内特开始研究另一种灾难性现象：地震。这始于在加州大学洛杉矶分校与地球物理学家莱昂·诺波夫的一次偶然相遇，诺波夫是地震研究的先驱。索内特对地震令人困惑的物理现象和预测地震的难以捉摸的挑战越来越着迷。他想知道他用来预测凯夫拉压力罐破裂的分形方法能否应用于地震预测。诺波夫对他的工作很感兴趣，邀请他到加州大学洛杉矶分校。于是，1996 年，索内特收拾行囊，搬到洛杉矶，成为该大学的统计物理学教授（同时保留着他在法国国家科学研究中心的职位）。南加州激发了索内特的狂野本性。他以自杀般的速度骑摩托车，经常沉迷于风帆冲浪，还飞到夏威夷去冲浪。

在20世纪90年代，整个美国似乎都沉浸在股票的热潮之中。随着互联网泡沫的膨胀，股市持续上涨，短线交易成为全美热潮。索内特回忆起他与布肖在科学与金融公司的合作经历，开始对金融危机进行深入研究。他与加州大学洛杉矶分校安德森管理学院的一组金融专家（包括奥利佛·莱多特和地球物理学家安德斯·约翰森）合作，撰写了一系列关于崩溃和泡沫结构的研究报告，如《利用离散规模不变量预测金融崩溃》（Predicting Financial Crashes Using Discrete Scale Invariance）和《对数周期前兆对金融危机的意义》（Significance of Log-Periodic Precursors to Financial Crashes）等令人瞩目的文章。

1997年夏天，索内特注意到一些奇怪的事情——股市的危机模式，看起来非常像凯夫拉压力罐破裂前的信号。他给莱多特打了电话，索内特说，市场即将崩盘，这是一个相当吸引人的说法，因为尽管股市在短线交易热潮和新兴的互联网泡沫的推动下出现了一些波动，但似乎相对平静。更值得注意的是，索内特表示崩盘将在几个月后到来，大约10月底。莱多特告诉索内特，人们应该记住他的预测。与地球物理学家约翰森一起，他们三人撰写了一份专利申请，详细介绍了这个模型（后来被称为约翰森-莱多特-索内特模型，简写为JLS模型），并向法国专利局提交了专利申请。

随后，索内特和莱多特认为他们也可以尝试在崩盘中赚钱。在10月中旬，他们以低价购买了价值3万美元的看跌期权（与环宇资本购买的合约完全相同）。他们随之等待着，市场一直保持平静。然后在10月27日，股市突然崩盘。道琼斯工业平均指数下跌554点，创下有史以来的第三大跌幅。这次是来自亚洲的金融危机，同样的崩溃让斯皮茨纳格尔赚得盆满钵满。

索内特和莱多特赚了一笔，很快他们就赚了300%的利润。他们本可以赚得更多，因为他们只卖出了部分头寸。索内特预测后面还会有更大的崩盘，一个会带来百倍收益的崩盘。他们坚持着，等待着更大的动荡。然而这并没有发生。事实上，市场在第二天就出现了反弹，10月27日的异常波动很快就成为遥远的记忆。

经过深入研究，索内特发现他还可以用他的方法来预测市场反弹，即寻找熊市中市场反弹的低点，他称之为“反泡沫”的非理性低价。1999年1月，他预测日经指数将很快从14年的低迷中复苏，到年底反弹50%，实际情况也确实如此。

经过一系列的金融市场研究，他于2003年完成了著作《股市为什么会崩盘：复杂金融系统中的关键事件》。这本书在金融市场分析方面展现出了令人惊叹的高度，它将复杂系统理论、分形几何、网络理论、行为经济学、进化生物学、混沌理论以及地震学等领域的概念应用于泡沫和崩溃的研究。正如他在1995年与布肖合著的论文中所强调的，泡沫是从理性开始的，投资者购买他们认为未来会实现收益增长的公司的股票。随着更多的买家进场，更多的人加入购买行列，竞相推高股票价格，导致非理性的羊群效应（从众效应），进一步吹大了泡沫。股票（或更广泛的市场本身）与潜在的基本面脱钩，泡沫迅速膨胀。索内特声称，他的模型可以探测到这种现象的后期阶段，即出现崩溃的征兆。

想象一个气球，未充气时用针刺很难扎破。稍微充气后，它仍然难以被针刺穿。然而，当它被大量充气时，即使是最微小的针刺也会让它爆炸。这就是索内特模型所检测到的动态变化。当金融泡沫过度膨胀时，它随时都可能爆炸，只需要很小的压力就能导致市场崩溃。

约翰森－莱多特－索内特模型背后的数学原理最初是索内特在20世纪90年代发现的，当时他正在诊断阿丽亚娜火箭上压力罐的临界破裂点，并研究一种预测地震的方法。这种现象与曼德尔布罗的分形理论所描述的相似，索内特表示，这种现象超过了标准的幂律——它是一种超幂律，其上下振荡的速度之快令人无法观测。

这位法国物理学家声称发现了一个幽灵（幻影现象）。根据当时流行的经济和金融理论，这种现象是不可能存在的。巴舍利耶在1900年首次提出“市场的行为就像随机漫步”的理论，巴舍利耶是曼德尔布罗口中的神经质的法国数学家。该理论有时被称为“醉鬼漫步”，它声称市场（包含所有的市场）是完全随机的，因此是不可预测的。想象一下，一个醉汉摇摇晃晃地离开了灯杆，每一次摇摇晃晃都朝着不同的方向，有时朝着路灯的光走去，有时则远离它。通过计算，我们无法预测今晚结束时他会离灯杆多远。对于投资者，这意味着永远不要试图预测市场走势，因为在任何有意义的时间段内，不可能预测市场是上涨还是下跌。你无法确定下一次抛硬币的结果是正面还是反面，始终是50%的概率。随机漫步理论是有效市场理论的另一面，这一理论曾让杜克大学的亚尔金感到沮丧。由于市场总是立即将所有已知信息纳入价格中，其下一步走势就像抛硬币一样，完全无法预测。

索内特认为，在大多数情况下，随机漫步理论适用于市场。但他又认为，有时候预测未来走势是有可能的，最重要的条件是当市场处于泡沫之时。他称这些事件为“可预测性的口袋”。标准模型无法捕捉到崩盘中出现的极端走势，比如 1987 年 10 月的“黑色星期一”。这些模型通常声称，从统计上看，这种崩盘的可能性极小，发生的概率是十亿分之一（甚至更低）。这意味着这些模型虽然在大多数交易日表现良好，但在崩盘时无法发挥作用。索内特在《股市为什么会崩盘：复杂金融系统中的关键事件》一书中写道：“如果最大的下跌是异常值，我们必须考虑这样一种可能性，即比较小的市场波动可能具有更高程度的可预测性。”

尽管有这么多花哨的数学模型，但很少有人相信索内特已经破解了泡沫密码。你怎么知道这是泡沫？也许价格准确地反映了人们对未来可观利润的预期。大多数经济学家认为，只有在泡沫破裂后，你才能知道它是不是泡沫。美联储前主席格林斯潘曾表示，在泡沫膨胀的过程中，我们无法识别泡沫。2002 年 8 月，他在怀俄明州杰克逊霍尔的一次演讲中提到互联网泡沫时说：“随着事件的发展，我们认识到，尽管我们有所怀疑，但在泡沫破裂证实其存在之前，很难确定泡沫是否存在。”

华尔街一直不乏有远见的人，他们声称发现了市场运转中隐藏的规律。20 世纪初，会计师拉尔夫 · 纳尔逊 · 艾略特提出了艾略特波浪理论，声称可通过精确预测价格和投资者心理的极端情况来判断市场周期和趋势。该理论认为，可识别的波浪形式上下晃动代表周期下的泡沫和崩溃。索内特本人也表示，他的模型在某些方面与艾略特波浪理论相似。

尽管技术分析有时在短期内取得了成功，但从长远来看，几乎没有证据表明投资者可以利用它来准确预测市场。索内特则声称，他的方法更为严谨，基于物理学中的先进方法，并且可以通过客观、可测试的数据进行证明。然而，其他科学家多年来也尝试用同样的方法进行预测，但都失败了。索内特在2002年做出一个预测，即美国股市将在未来几年继续陷入熊市，但实际上那几年处于牛市，这个预测没有增加他的理论的说服力，但这也没有阻止他继续探索隐藏在泡沫和崩溃内部的秘密信号。

2005年，索内特受邀参加瑞士联邦理工学院的研讨会，这所学院通常被称为苏黎世联邦理工学院，被誉为“欧洲的麻省理工学院”。研讨会结束后，几位苏黎世联邦理工学院的教授邀请他共进晚餐。在餐桌上，他们告诉他，研究所最近有一个职位空缺，并询问道：“你要不要来申请这个职位？”几个月后，索内特收拾好行李，离开洛杉矶，搬到了苏黎世，从此定居下来。

凭借创业风险教授这个不同寻常的头衔，他继续专注于优化他的模型。他开始用对数周期幂律奇异性（LPPLS）来描述他的模型。2007年10月，他在斯德哥尔摩豪华的格兰德酒店举行的对冲基金名人聚会上发表主题演讲。他演讲的题目和他的著作一致，即《股市为什么会崩盘》。

他在演讲中做了一个惊人的预测。根据LPPLS模型的结果，中国股市在过去几年里的涨幅超过300%，存在泡沫。在场的听众持怀疑态度。但到2009年10月，上证指数已经从高点下探80%。

索内特于2008年8月在苏黎世联邦理工学院成立了金融危机观察站，以开发更多的定量方法来检测金融泡沫，并试图预测它们何时破裂。他对人们没能预见到全球金融危机的来临而找的借口感到恼火——不管是那些耸着肩的银行家，还是那些挠着头的经济学家，或是那些装作没看见的对冲基金经理。就在三年前，索内特发表了一篇论文，判断美国房地产行业存在巨大泡沫，并准确预测到2006年年中泡沫将破裂。虽然他没有预料到房地产市场的崩溃会通过一个隐藏的衍生品爆炸而蔓延到整个金融系统，但他确实指出了引爆炸弹的导火索（还有其他许多人也都预测到了）。

索内特在那个时候开始对塔勒布的黑天鹅理论感到越来越不满。《黑天鹅》提出，极端震撼性事件是无法预测的，而索内特认为整个概念是极具误导性的。它导致人们放弃努力，不再试图去弄清未来或了解过去。索内特表示："黑天鹅的概念是危险的，这让我们回到了科学出现之前的时代，那时候闪电和风暴都是众神愤怒的表现。"

索内特很早就熟悉塔勒布，并且一直保持密切的联系，在塔勒布撰写《黑天鹅》一书时还提供了丰富的资源。事实上，塔勒布在书中也对他表示了感谢（"迪迪埃·索内特总是一个电话就能找到，他不断发给我各种不为人知但非常有用的统计物理学课题的论文"）。索内特很快为超极端领域构想了自己的奇异生物——龙王，这个词是他在2009年发明的，目的是与塔勒布的狂暴水鸟（黑天鹅）相抗衡。他说，龙王是具有特殊性质的异常值，在极端情况下可以被探测到——那些导致大规模破裂的微小震动，可通过LPPLS模型识别出来，并可预测它们何时可能爆炸。

“龙王”一词又是一个双重隐喻，意为某一事件不仅规模空前巨大（如一个国家的国王，拥有该国绝大部分财富），而且又有着独特起源（如神秘的龙）。极端事件的发生机制与普通事件截然不同，它们需要特定的放大过程，使其达到临界状态，才会最终产生破坏力巨大的现象，这个临界状态正是一个以毁灭性的力量破裂和爆炸的奇点。索内特指出，2008年的金融危机就是龙王现象的一个突出例子，它席卷全球，对世界经济产生了深远影响。

在应对这一挑战时，我们的目标是驯服这些可怕的野兽。索内特在金融危机观察站使用他的LPPLS模型，开始扫描世界各地的数百种金融资产，以寻找龙王的迹象。随着他的怪兽新说开始传播，他在瑞士媒体上被称为“龙王猎人”。

第八章　黑天鹅与环宇资本

斯皮茨纳格尔在惠斯勒山的滑雪坡上疾驰而下，他的滑雪板轻盈地在雪上滑行，雪是刚积的，又松软又厚。在安皮里卡资本公司关闭后，他和妻子艾米正在享受一场环球滑雪狂欢。他们游玩了不列颠哥伦比亚省的惠斯勒、美国的阿斯彭、斯阔谷，以及奥地利和瑞士的度假胜地。在决定孕育下一代后，他们进行了最后一次尽情放纵，享受自由自在的生活。

斯皮茨纳格尔与索内特骨子里都喜欢冒险，尤其是身体上的冒险。索内特也喜欢滑雪和冲浪，还喜欢在洛杉矶的高速公路上飙车，速度达到 175 英里 / 时（斯皮茨纳格尔更喜欢玩惊险刺激的滑板或在山间无动力滑翔）。塔勒布不一样，他讨厌摩托车，觉得骑摩托车极其危险。塔勒布是都市人，钟情咖啡馆、书店和音乐厅。他喜欢自称为“flâneur”，这个法语词既可以解释为悠闲者、漫步者、梦想家，也总是与丝巾和漆皮鞋相关联。而斯皮茨纳格尔从不会自称为“flâneur”。

2005 年年中，斯皮茨纳格尔在结束了他的环球滑雪之旅后回到纽约，与曾处理过安皮里卡交易的比利时联合银行经纪人亚尔金见面。他们立刻开始讨论基于安皮里卡尾部对冲策略启动一个新的对冲基金计划。

斯皮茨纳格尔还有另一个投资方案——电影余值（投资收益权剩余份额）。电影余值是当电影盈利时支付给演员、导演等的定期款项。大多数电影都无法实现盈利，余值份额就变得充满风险，且无法带来回报。如果一位投资者能够提前购得这些剩余份额，尽管面临一定的风险，却有可能从一部热门影片中获得巨额的回报，那情况会怎么样呢？

这个计划的成功概率与安皮里卡购入的虚值看跌期权相似，只是方向相反。大多数虚值期权到期时都会毫无价值，导致小额损失，但在市场崩盘时，它们可能获得惊人的收益。而剩余份额期权则只在极少数大片成功时才能实现回报。就好比每一百部《地球战场》[①] 中只可能出现一部《侏罗纪公园》[②]。

演员和导演当然深谙其中的风险。斯皮茨纳格尔认为，有些人可能更愿意选择获得有保障的预付款，而不是去冒险追逐那一次的巨额利润。

他是在与电影制片人林伍德·斯平克斯相遇后得到的这个想法。斯平克斯以《绝岭雄风》《恶灵骑士》等电影而闻名。他们在比弗利山的艾维餐厅进行了一次漫长的午餐，那是一个名人经常光顾的地方。在 2004 年，斯平克斯与一位新兴的电影融资人瑞恩·卡瓦劳格联手创办了一家名为相对论传媒（Relativity

① 《地球战场》：一部 2000 年的科幻电影，也被批评为史上最差的电影之一。——译者注

② 《侏罗纪公园》：一部 1993 年的科幻电影，此电影在当时创下全球电影票房最高纪录。——译者注

Media）的公司。卡瓦劳格正试图通过一个噱头将华尔街与好莱坞联系起来，这个噱头让他在华尔街的数学专业人士中颇具吸引力。他使用了一种被称为蒙特卡罗模拟的方法，通过进行数千次模拟来预测一部电影的成功。例如，假设一家制片厂计划拍摄一部由约翰·特拉沃尔塔主演、史蒂文·斯皮尔伯格执导的科幻史诗片。该方法将分析斯皮尔伯格和特拉沃尔塔的票房回报，以及近期科幻电影的成功和失败情况。根据结果，卡瓦劳格可以估算出一个制片厂应该投入多少资金，或者是否应该提供投资。

卡瓦劳格正穷尽方法在华尔街寻找资金来源，斯皮茨纳格尔对此也颇感兴趣。亚尔金则开始在纽约和洛杉矶之间来回奔波，为一只基金筹集资金，这只基金打算采用斯皮茨纳格尔完善的期权定价模型来估算电影余值。一切似乎进展顺利，直到斯皮茨纳格尔突然退出（亚尔金和斯皮茨纳格尔很幸运地与卡瓦劳格分道扬镳，虽然卡瓦劳格曾一度有望成为好莱坞顶级制片人之一，与《妈妈咪呀！》《社交网络》等重磅影片联系在一起，但他最终因众多的欺诈指控而导致其公司破产）。

与此同时，一次更为理想的机会浮现。纽约大学教授尼尔·克里斯，曾在1999年将斯皮茨纳格尔和塔勒布引介在一起的人，向他透露了一个机密职位，这个职位属于摩根士丹利旗下一个神秘的自营交易机构。这家公司名为“过程驱动交易”，即PDT合伙公司（Process Driven Trading，简写为PDT），虽然名字平淡无奇，但拥有一个惊人的秘密。尽管很少有人听说过PDT，但它却是华尔街有史以来最赚钱的交易公司之一。

PDT是顶尖的量化交易公司之一，团队成员包括拥有博士学位的数学家、电气工程师、计算机程序员和物理学家。它于20

世纪 90 年代初创立，起源于一位古怪而聪明的数学家兼扑克爱好者彼得·穆勒的想法，他想验证自己纸上谈兵构思出的交易策略能否在实际市场中取得成功。该公司采用了一种名为统计套利的复杂策略。套利是一种古老的投资技术，利用相同或几乎相同资产的价格差异来赚钱。19 世纪，纽约银行家杰伊·古尔德曾巧妙运用这一技术在黄金交易中大赚一笔。如果纽约黄金价格低于伦敦，他会在纽约购买，然后在伦敦出售，这是一种几乎没有风险的交易。

PDT 运用这一策略在股票市场上进行高频操作。它的电脑模型在市场中搜寻各家公司股票之间的关联性。比如，当通用汽车股价上涨时，福特的股价通常也会上涨——这表示美国人正在大量购车。但它们并不总是完美同步的。因此，如果通用汽车股价迅速飙升，而福特的表现较差，PDT 可能会购入福特的股票，预计它会很快迎头赶上。当然，PDT 的模型比这要复杂得多，而且并非所有交易都能成功。由于它们的执行频率非常高，每天执行成千上万次，因此几乎每天都能获利，就像在轮盘赌上下注那么多次，从长远来看是几乎不会亏本的赌局。

到了 20 世纪 90 年代末，PDT 已经成为摩根士丹利最赚钱的交易公司，有时其业绩甚至能与许多人认可的有史以来表现最佳的对冲基金巨头——位于长岛的文艺复兴科技公司（Renaissance Technologies）相媲美。PDT 连续多年没有月度亏损。穆勒非常成功，他的收入甚至超过了摩根士丹利的首席执行官，为了防止模仿者效仿其策略，他对这个秘密守口如瓶。在公司内部，许多高管甚至都不知道这个交易机构的存在。他甚至不让当时在摩根士丹利担任风险经理的亚伦·布朗了解任何与这一策略或潜在风险相关的信息，还称曾有一名风险经理窃取了他的部分代码。

1999 年，穆勒从 PDT 的全职管理职位上退了下来，但他继续担任顾问。在经历了一连串表现不佳的时期后（对 PDT 而言，表现一般是指获得丰厚的利润，但不是非常惊人的利润），他于 2006 年决定再次执掌大权。他正在寻找可以提升业绩的新策略。PDT 专注于股票交易，尚未涉足其他市场领域。那么，期权交易呢？他的朋友尼尔·克里斯向他介绍了一位出色的期权交易员，该交易员所在的公司安皮里卡最近刚刚倒闭。

经过与穆勒的几次会面后，斯皮茨纳格尔最终同意加入 PDT。一开始，他的加入就显得有些奇特。PDT 散发着一种近乎狂热的氛围，团队成员会飞往树林或偏远的岛屿进行团建。许多人早在 20 世纪 90 年代初团队创立时就已经加入。穆勒戴着金项链，常常在格林威治村的小酒馆里唱民谣——这显然不是斯皮茨纳格尔的风格。有时，穆勒甚至会走进城市破旧的地铁站，弹唱歌曲，像是街头歌手一样。

2006 年年初，斯皮茨纳格尔加入 PDT 后的数月，有几名 PDT 的资深员工纷纷跳槽至一家作为竞争对手的对冲基金公司。对穆勒来说，这是一种背叛，更为糟糕的是，这对他是一种威胁。多年来，他和团队开发的模型就像肯德基的秘方，是极具价值的商业机密。为了防范机密泄露，他决定要求每位员工签署竞业禁止协议，这意味着在规定的年限内，他们不能透露在 PDT 使用过的任何策略。

这对斯皮茨纳格尔来说显然是不适用的。他的交易策略并非在 PDT 学到的，而是与塔勒布一同创立的。尽管如此，穆勒还是坚持要求其签署竞业禁止协议，结果不到一年的时间，斯皮茨纳格尔就离开了，甚至还没有完全启动他的交易计划。

这并不重要。一直以来，他一直与亚尔金商讨着要启动自己的基金，将在安皮里卡多年积累的策略付诸实践，保留有效部分，舍弃无效部分，并在此基础上将其不断完善。即便在当滑雪爱好者的日子里，斯皮茨纳格尔仍会熬夜在笔记本电脑上进行编程，调整模型并分析数据。这是一种执着。现在，他开始有一种预感，认为实施黑天鹅策略的时机已经成熟。美国房市泡沫正在膨胀，股市创下历史新高。他不想错过这个千载难逢的机会。在一个漫长的午后，他和亚尔金一起在中央公园以飞车般的速度滑滑板，商讨着计划的细节。然后他们漫步于公园的小路，在公园的长椅上讨论着不同的要素，如办公空间、人员配置、保险、主要经纪人、期货结算协议等，涵盖了专业交易业务的方方面面。

斯皮茨纳格尔将公司命名为环宇资本，灵感来源于这样一个观念：肥尾（和黑天鹅）是金融市场的一种普遍特征，这是曼德尔布罗和其他数学先驱所发现的现象。这一洞察的推论是，大多数投资者都对此视而不见。为凸显公司与华尔街狭隘的集体思维相距甚远的哲学理念和实践，他们决定在加州的圣莫尼卡设立办公室。在此设立办公室有一个好处是，斯皮茨纳格尔和他的妻子已经搬回纽约，他们可以在曼哈顿之外的另一个城市抚养他们 9 个月大的儿子，因为他们对曼哈顿已经感到厌倦。考虑到地震的可能性，斯皮茨纳格尔选择了一座较小的弓形桁架建筑，其中设有他的私人办公室和俯瞰下方交易大厅的会议室。

环宇资本于 2007 年 2 月低调启动，几乎所有资金都来自两家投资者：一家捐赠基金和一家养老基金。几个月后，贝尔斯登的两只充斥着数十亿美元次级抵押贷款资产的对冲基金崩盘了。

这标志着一场震动全球经济的金融危机爆发了。

斯皮茨纳格尔心里疑虑重重，他在思考自己是否犯了个大错。他一直在学习擒拿，这是一项古老的中国武术技巧，核心是通过锁定对方的关节和肌肉，让对方动弹不得。斯皮茨纳格尔被道家思想中“以柔克刚”的理念深深吸引，他迷恋着用几根手指就能制服对手的神奇之处。为了学习这种技艺，他聘请了一位中国功夫大师，每周到办公室来亲自传授。然而，现在他自己却动弹不得了，他的身体仿佛被定格在原地，令他困惑不已。怎么会这样呢？更离谱的是，他的对手竟然是一位年迈的老人。斯皮茨纳格尔正在圣莫尼卡环宇资本新总部的阁楼会议室里练习，这次痛苦的教训让他认识到，一个比他年长几十岁的人居然能够完全掌控他的身体，这虽然非常难以接受，却是事实。

他还在经历另一个难受的教训。除了最初的两家投资者，其他人对环宇资本的产品并不感兴趣。在创立公司后，斯皮茨纳格尔和亚尔金就开始为他们的新基金筹资。他们将这个策略称为“黑天鹅保护协议”。然而，事情进展得并不顺利。

黑天鹅保护协议策略的一个核心原则是，在市场一个月内急速下跌 20% 的情况下获得最爆发性的利润。然而，问题在于，近些年市场只出现过一次这种情况——那就是 1987 年 10 月 19 日“黑色星期一”，当时道琼斯工业平均指数暴跌 22.6%（也是塔勒布赚得第一桶金的时刻）。

他们听到一遍又一遍的回答是，“黑色星期一”是不可能再发生的。那已经是发生在另一个时代的罕见事件了。即使在互联网泡沫破裂时，市场也没有那么大幅的下跌。

许多投资者对美联储的力量有坚定的信心，深信它能够保护投资者抵御金融危机。在经济困难时，美联储通过降低短期利率使借款更加容易，从而刺激经济。在格林斯潘的时代，这种保护措施被称为“格林斯潘对策”，意指股市下跌时获益的看跌期权。后来伯南克成为新的美联储主席，又产生了“伯南克对策”。在养老基金和华尔街机构的心目中，有了强大的美联储支持，谁还需要环宇资本呢？

另一个阻碍在于华尔街盛行的观念，即市场和经济正处于长期低波动的时期。伯南克于2004年在华盛顿特区发表演讲后，这一时期被称为“大稳健”，它给投资者带来了信心，认为大规模崩盘和经济衰退已经成为过去。有人形容这种状态为“金发女孩经济”——既不太热，也不太冷。伯南克在演讲中提到，也许是偶然的好运带来了这种经济的变化，不过他认为这也不全是凭运气。相反，他宣称，是央行行长们（如他自己）助力创造了平静的水域，让所有船只都得以顺利航行。伯南克宣称：“我认为，货币政策的改善虽然不是唯一因素，但可能是导致‘大稳健’的一个重要原因。”

“如果经济正逐渐进入一个不太热不太冷的长期缓和时期，”投资者说，“那我为什么要把钱交给一个生存和发展与经济崩盘相攸关的公司呢？”

斯皮茨纳格尔还受与安皮里卡有关的一些传言的困扰。如果这个策略真这么好，为什么要关闭安皮里卡呢？是不是有投资者撤资了？是不是爆仓了？但斯皮茨纳格尔觉得这并不重要，尽管他知道安皮里卡倒闭只是因为塔勒布受够了每天的亏损，再加上出于对健康的考虑。环宇资本是他的基金，而不是塔勒布的。

其他持怀疑态度的人还默认了另外一个心照不宣的事实：如果市场下跌 20%，那么所有人都将遭受同样的灾难，而这恰恰是他们能接受的。他们说："我只需要关注同行的表现。"不幸的是，事实确实如此。通常情况下，基金经理的业绩好坏并非取决于他们为投资者赚取了多少利润，而是与同类基金经理的基准表现相比如何。如果一家科技基金经理亏损了 10%，但基准下跌了 12%，他将获得不错的奖金——因为他少跌了两个百分点！对投资者而言，不利之处在于，基金经理往往倾向于模仿彼此，呈现出羊群般一致的从众行为。从众行为固然安全，但在经济下行期间，他们几乎不存在采取冒险行动的动力，即便这可能使某位基金经理脱颖而出。斯皮茨纳格尔认为，绝大多数职业投资者实质上不过是伪装成狼的绵羊。

换句话说，这些经理告诉斯皮茨纳格尔和亚尔金，他们的基金策略毫无价值。实际上，这只是一个令人头痛的项目，在大多数年份里没有取得预期的回报，使他们的整体表现看起来更差，尽管在经济困难的一年里可能会显著改善他们的业绩。

更多时候，潜在的投资者甚至无法理解这个基金的运作方式。斯皮茨纳格尔会在宽敞的深色橡木会议桌前告诉他们："我们进行尾部风险对冲，黑天鹅保护协议基金购买深度虚值看跌期权，在市场崩盘时能获得爆炸性回报，也就是所谓的肥尾现象……"

尾部风险？期权？黑天鹅？

投资者一脸茫然。

好像他们在说一种外语。

亚尔金回忆道:“我曾不得不坐下来向那些管理着数以百亿美元资产的人解释这几个问题，大多数负责管理各类资金的人并不具备基本的数学知识和风险管理技能。我得向他们解释可转债中期权的运作原理。这些家伙可是在管理数十亿美元的资金。”

斯皮茨纳格尔和亚尔金面临的另一个障碍是，他们的策略不符合华尔街常规的风险和回报衡量模型。这个模型通常被称为“现代投资组合理论”，其核心理念是一个简单而看似常识性的原则：不要把所有的鸡蛋放在一个篮子里。这一理念是由20世纪50年代美国经济学家哈里·马科维茨首创的，它主张通过投资组合分散化，降低受到单一公司或行业负面消息影响的风险。这种做法被一些人认为是经济学中唯一的免费午餐——最大化回报。比如，你同时持有福特汽车和埃克森美孚的股票。油价上涨可能会对福特的股票（人们会减少购买油耗大的汽车）不利，但你会在埃克森美孚的股票上获得可观的利润。在华尔街，现代投资组合理论不仅仅是一种理论，它更像是一道教皇敕令，由全美头部商学院和大学颁发。捐赠基金、养老金基金、共同基金、大型对冲基金——所有都向现代投资组合理论顶礼膜拜。不屈从于此者即为异端，而环宇资本就是最大的异端分子。

简单来说，现代投资组合理论建议投资者购买一篮子分散化的股票。市场的最佳代表是标普500指数，该指数涵盖了美国交易所市值最大的500只股票。作为全球最大的基金管理公司之一，先锋领航通过引导投资者低成本投资标普500指数投资组合而成为一家巨头。对大多数投资者来说，这是合理的选择。他们没有足够的时间、技能或经验去挑选个股。实际上，根据大量有关股票投资者的研究，几乎所有投资者都是如此。

这样的投资组合原本看似简洁明了，但是华尔街的金融工程师并不满足于如此简单的事情。他们开始设计一系列投资组合方案，提供不同水平的潜在回报和风险。通过调整他们所创设的虚拟按钮，投资者可以增加风险，从而提高理论上的回报率；或者减小风险，降低回报率。当然，这些都是需要付费的。

通常，降低风险的方式是投资债券，因为债券通常比股票的波动小得多。事实上，当股票下跌时，债券通常会提供一些收益，尽管这并不多。这样的投资组合通常运转得相当平稳，就像一辆经过精心维护的凯迪拉克，在道路上行驶得毫无颠簸。

斯皮茨纳格尔传递的信息是，抛开那些执念，你不需要凯迪拉克，你需要一辆法拉利。如果你持有大量的债券，在市场上涨时就等于白白地浪费钱，而市场几乎总是在上涨。为什么不把所有的钱都投入股票，比如97%，然后把剩下的给我们。当市场崩盘时，我们会给你提供支持，保护你的利益。那些小波动，如5%、6%的跌幅，无关紧要。重要的是崩盘——黑天鹅事件。如果你在一个月内亏损20%，你需要达到25%的回报率才能回到原点。亏损50%，你需要达到100%的回报率才能持平。相反，如果选择环宇资本，你在崩盘中可能不会亏钱，甚至会赚到钱。这就像为你价值50万美元的房子购买火灾保险，当房子被大火吞噬时，你却得到了500万美元的赔偿。

听起来不错。但它不符合现代投资组合理论的框架。首先，环宇资本的回报率波动极大，有可能数年都没有盈利。从现代投资组合理论的角度来看，这简直是一场噩梦。现代投资组合理论喜欢那些波动平稳的投资组合，能够实现稳定、可靠的增益，而且那些每年都要紧盯年化回报率排名的投资组合经理也是如此，连续两三年的亏损可能是致命的。

投资者权衡了增量机会成本——资金流失的代价，然后纷纷摇头而去。

斯皮茨纳格尔和亚尔金在2007年安排了数百场会议，辗转全美进行推介。然而，尽管他们推介了一次又一次，却没有一个新的投资者对黑天鹅基金产生兴趣。

尽管环宇资本可能不那么受欢迎，但塔勒布的理念仍在传播，跨越了华尔街对冲基金交易员、量化分析师和风险管理者这个紧密相连的圈子。《华盛顿邮报》专栏作家大卫·伊格内修斯在2004年2月的一篇名为《黑天鹅》的社论中，用“卓越”一词称赞塔勒布2003年发表的文章，并将其运用到小布什政府在伊拉克犯下的错误上。他写道：“伊拉克就像长期资本管理公司，聪明人自信满满地冲向潜在的灾难，以为他们知道自己在做什么。”

但同时塔勒布也成了众矢之的。《纽约时报》的资深财经记者约瑟夫·诺塞拉在2005年10月的一篇评论中提到，他对《随机漫步的傻瓜》的看法是：“对我来说，问题并不在于塔勒布的分析是否正确，而在于他根深蒂固的虚无主义。他的逻辑非常极端，而塔勒布似乎很愿意这样。他的立场强烈地表明，试图预测股票价格或经济趋势甚至毫无意义。他似乎在说，我们不应该费心进行风险管理，因为我们总是错过最终真正重要的大事。在这两点上，我认为他的观点完全站不住脚。”

尽管预测股票价格或经济趋势可能存在一些问题，但诺塞拉表示，完全放弃预测是不现实的。他写道："我们应该尽量不被随机性迷惑，但不应该像《随机漫步的傻瓜》作者那样持怀疑态度，这真是太疯狂了。"

当然，说塔勒布对风险置之不理是荒谬的。他在安皮里卡的整个投资策略都是围绕风险管理展开的，只是与华尔街其他人从根本上有所不同。没错，他认为人们无法预测那些将塑造未来的震撼性事件。谁能预见到"9·11"（除了恐怖分子本身）？谁能预见到"黑色星期一"？谁能预见到第一次世界大战及其后果？但这并不意味着"盲目飞行"。塔勒布认为问题在于我们过于自信地进行预测，承担了太多的风险。他提醒我们黑天鹅蛰伏在阴影中——务必小心！

2007年春，美国各地的书店迎来了《黑天鹅：如何应对不可预知的未来》的上市。这本书一经推出，便迅速登上《纽约时报》畅销书榜的第5位。其中一章名为"随机的美学"，是对法国数学家本华·曼德尔布罗的赞歌。曼德尔布罗的分形几何深刻影响了塔勒布对极端事件和肥尾效应的看法，他将这一领域称为"极端斯坦"。相对而言，那些落在正态分布曲线中间领域的平庸事件，他称为"平均斯坦"——曼德尔布罗已经证明了那种温和的高斯世界在金融市场这个狂野的摇滚舞台上并不适用。

星辰、行星和物质构成的宇宙是平均斯坦，被大数定律所支配（你反复投掷硬币的次数越多，结果趋向50∶50的概率就越大。因此，随着样本规模的增加，结果会集中在曲线的中间）。

在极端斯坦的世界中，金融领域受幂律、大幅波动、肥尾、泡沫和崩盘的支配。如果世界上最高的人加入一个100人的队伍，他并不会显著改变平均身高——这就是平均斯坦。然而，如果杰夫·贝佐斯走进一个有 1 000 人的房间，平均收入会显著提升，就像一个身高 100 英尺[①] 的人（尴尬地）走进房间一样。这就是极端斯坦。假设把 1 000 名作者放在一间屋子里，计算他们的销量平均值，然后再让斯蒂芬·金[②] 走进来。这是极端的赢者通吃的地方。如果两个人的平均财富是 500 万美元，很可能其中一个人拥有 999.9 万美元，另一个只有 1 000 美元。尾部事件成了核心，甚至是最重要的事情，其他的都是噪声。形象地说，是尾巴让狗摆动，而不是狗摇动尾巴。

一位评论家在《华尔街日报》中指出："塔勒布先生坚持认为，问题在于我们大部分时间都处于幂律分布的领域，却并不自知。例如，我们用于管理风险的策略，包括现代投资组合理论和布莱克－舒尔斯模型期权定价公式，很可能在最糟糕的时刻失效……因为它们通常（而且错误地）建立在正态分布曲线的假设之上。"

塔勒布的书成了文化中的一个标志，"黑天鹅"一词成了广泛使用的代指，用以描述意外的不好的事情发生。在该书出版前的 14 年中，"黑天鹅"在道琼斯路透商业资讯（Factiva）搜索中出现了 16 569 次（通常是指柴可夫斯基芭蕾舞剧《天鹅湖》中的"黑天鹅双人舞"舞蹈编排）。而在书出版后的 14 年中，这个词出现了 92 561 次。黑天鹅充斥在人们的视野中。新冠疫情过后，

---

① 1 英尺 ≈ 0.31 米。——编者注

② 斯蒂芬·金：美国畅销书作家、编剧、专栏评论、电影导演、制片人以及演员。斯蒂芬·金作品累计销售超过 3.5 亿册。——译者注

劳合社[①]提出了一项供政府购买的“黑天鹅”保险计划，以保护其免受大流行病等极端事件的冲击。《普氏日报》评论指出：“尽管2020年受到新冠疫情黑天鹅事件的影响，不确定性持续蔓延，但美国废钢价格却在全年表现得十分坚挺。”在《电讯报》上，兰诺·丝维佛评论道：“特朗普是一个典型的黑天鹅事件。”社会上出现了一款名为“黑天鹅”的葡萄酒，一家名为“黑天鹅”的出版社，一种名为“黑天鹅”的瑜伽，甚至还有一部极为古怪的漫画，叫《黑天鹅人》（*Black Swan Man*），其中将塔勒布描绘成一个强壮、身着戏装的形象，与比特币和美联储等邪恶势力进行搏斗，并抛出“我们必须时刻警惕归纳问题”之类的建议。

究竟什么是黑天鹅？人们的一些误解一直让塔勒布备感煎熬。有人问：“‘9·11’算不算是黑天鹅？”“是的，对身处世界贸易中心的人来说是，但对恐怖分子来说不是。”“那全球金融危机呢？”塔勒布否认：“那完全是可以预测的（是一只灰天鹅）。”事实上，塔勒布和斯皮茨纳格尔多年来一直在预测信贷引发的大崩盘，只是他们不知道会在什么时候发生。

专家们抱怨，塔勒布没有给他们提供任何新东西。《纽约时报》的一位评论员傲慢地指出：“其他人早就研究过这个问题了。”他们说，每个人都知道肥尾现象。对量化分析专家来说，这大体上是公认的事实。但是塔勒布从未声称他是这个概念的发明者。他清楚地了解到在金融市场中，类似曼德尔布罗等前辈已经发现了幂律和肥尾现象，并在其著作中有所提及。他的观点是，尽管华尔街众多量化分析专家可能对肥尾和黑天鹅心知肚明，但

① 劳合社：全称为劳埃德保险社，是英国伦敦市一个保险交易所。——译者注

他们往往选择忽视，专注采用基于正态分布曲线的模型，比如风险价值，还有期权定价的主要模型——布莱克 - 舒尔斯模型，仿佛极端风险并不存在一样。

亚伦·布朗表示，塔勒布最重要的贡献并不是宣称金融领域存在肥尾现象，而是坚持认为长期结果主要由尾部事件主导。他说："每位量化分析专家都明白，令人惊讶的大事会时不时发生，充分考虑这些事件至关重要。但在塔勒布之前，每个人都认为如何处理日常事件才是最关键的。只有在你把这些搞定之后，你可能才会把大约 5% 的注意力投入'异常值'。塔勒布证明，如果你能正确应对这些异常值，你就能表现得很出色，反之，如果你在这方面出错，你就无法活到你的业绩亮眼的时候。"

《黑天鹅》中的另一个关键概念是后见之明偏差（hindsight bias），是指人们在发生黑天鹅事件后倾向于声称他们一直能预见到这一事件。政治学家菲利普·泰特洛克在他 2016 年的著作《超预测：预见未来的艺术与科学》中也生动地阐释了这个概念。他回顾了 1988 年的一个情景，当时苏联总统戈尔巴乔夫正在推行一系列重大改革，如公开更多社会信息，他请专家们估算苏联共产党在未来 5 年内失去对苏联掌控的概率。几年后，苏联解体，他请同样的专家回顾当时的估算。"平均而言，他们回忆的数字比实际正确数字高了 31 个百分点。"泰特洛克写道。一个曾将解体概率估计为 20% 的专家回忆说，当时他的预测是 70%。

在塔勒布的《黑天鹅》中，隐含着一种令人不安的矛盾，却又无法回避。黑天鹅的本质是难以被定义、无法被归纳、难以被理解、无法被预测、不确定、混乱、随机、疯狂、失控的危机。通过给这种现象命名、描述、定义，塔勒布试图去做他自己深知不可能的事情——将黑天鹅装进一个盒子，讲述一个关于它的故事。这其实有点违背塔勒布在书中所述的一个重要概念——叙事谬误（narrative fallacy）。他写道：“我探讨的角度是叙事对我们周遭世界的简化，我们对黑天鹅和极度不确定性的认知也受叙事的影响。”人类大脑渴望秩序，也需要秩序。正如琼·狄迪恩在《白色专辑》中所言：“我们讲述故事是为了生存下去……我们，尤其是作家，完全是通过将零散的影像赋予一个叙事线索来生活。”因此，我们不断地将模式、结构以及脆弱的框架强加于一个更混沌的世界中。塔勒布写道：“你总结得越多，你为其赋予的秩序就越多，其中的随机性就越少。因此，正是那种促使我们简化认知的条件，让我们误以为这个世界比实际更有秩序。”塔勒布认为，这是新闻记者和经济学家经常犯的错误，导致他们在深度不确定的领域做出强烈的假设。

同样，印度小说家阿米塔夫·高希在他2016年的非虚构作品《大紊乱：气候变化与不可思议》（*The Great Derangement: Climate Change and the Unthinkable*）中提到，现代文学小说无法将全球变暖这样的极端事件融入一个引人入胜的叙事中。文学小说追求情感细腻、精心构建的因果故事。它摒弃了那些难以理解的事物——那些无法预料的、不太可能发生的灾难，它们被排斥到奇幻和科幻等不那么受尊敬的文学类型中。文学小说的关注点是人类平凡的生活，中产阶级人物的日常琐事和凡尘小事，如福楼拜笔下的包法利夫人和詹姆斯·乔伊斯笔下的利奥波德·布鲁姆（当然，也有一些例外，如《战争与和平》和《白鲸》这样的史诗作品）。高希写道：“这一理念的核心信条是，‘任何变化都不会超出当下所观察到的变化方式’，或者简而言之，‘自然不会跃变’。然而问题在于，如果自然没在跃变，它也确实在剧变。”

黑天鹅事件屡见不鲜，但要针对这种事件进行讨论或思考确实相当困难。英国哲学家蒂莫西·莫顿为类似现象创造了自己的术语——超体（the hyperobject）。这些难以捉摸的实体，如全球变暖问题，其时空范围之庞大让传统的人类思维望尘莫及。然而，人类却对这些现象着迷，这在一定程度上有助于解释《黑天鹅》一书的巨大成功，该书销售量达数百万册，在《纽约时报》畅销书榜上停留了36周。这番成功让塔勒布声名鹊起，彭博社宣扬他为“小名人”，他的演讲费也飙升至每场6万美元或更高。“一夜之间，塔勒布从孤独的荒野异论者和喋喋不休的疯狂理论家变成了现代的伟大先知。”《卫报》如是评价。

然而，他的突然走红并未说服投资者在2007年为环宇资本的黑天鹅保护协议投入资金。

不过，事情很快迎来转折。

第九章　穿越幽暗隧道

焦躁不安，汗流浃背，在过去的 30 分钟里，斯皮茨纳格尔已经第 20 次查看他的黑莓手机。当时是 2008 年 9 月 29 日，他被困在芝加哥郊外一所大学的捐赠基金管理人员会议中。他密切关注着新闻、电子邮件和市场动态。美国和欧洲的金融系统正持续恶化，也可能拖垮全球经济。雷曼兄弟倒闭，房利美和房地美破产（就像塔勒布几年前预言的那样），银行流失大量资金，汽车制造商也濒临破产。时任美国财政部长汉克·保尔森匆忙拼凑了一个价值 7 000 亿美元的金融救助方案，试图弥补这个巨大的漏洞。

国会正针对救助方案进行投票，而投票结果尚不明朗。在美国东部时间下午 1：43，市场突然大幅下跌。美国众议院否决了这项救助计划。惊恐的投资者纷纷逃离，如同战场上四处逃窜的士兵。道琼斯工业平均指数在短短一分钟内暴跌 100 点。下午 1：45，跌幅已扩大至 580 点。在接下来的几个小时里，它一路下滑超过 700 点，在当天收盘时，日跌幅达到 7%，令人瞠目。

在圣莫尼卡，亚尔金正全神贯注地盯着屏幕上闪烁的数字。

环宇资本的交易室异常宁静。他心中涌上一阵不安，好像正在发生什么可怕的事情。他的视线越过桌子，望向墙上挂着的一幅著名的日本画作——葛饰北斋的《神奈川冲浪里》的复制品，画中是被狂怒波涛摧残的脆弱船只，这是斯皮茨纳格尔2007年挂上的。另一面墙上挂着比利时象征主义画家威廉·德古夫·德·努克斯的《黑天鹅》，也是一幅复制品。

市场的崩盘让斯皮茨纳格尔无暇顾及其他，只能匆忙离开会议，回到酒店房间。他接听着焦虑的投资者打来的电话，与圣莫尼卡办公室的交易员一同通过笔记本电脑管理基金的头寸。芝加哥期权交易所波动率指数（Volatility Index，简写为VIX）是一种被称为"恐慌指数"的波动性指标，也是衡量环宇资本利润的一种指标，飙升至其成立28年历史中的最高水平。环宇资本的基金价值迅速攀升，在这场金融市场的雷暴中，它是唯一带伞的人，而实际上环宇资本也正在为"保护伞"设定相应价格。

在市场收盘后，斯皮茨纳格尔急忙乘坐深夜航班赶回洛杉矶，准备迎接明天的挑战。自20世纪80年代克里普在芝加哥期货交易所教会了他接受亏损以来，斯皮茨纳格尔一直在为这一刻做准备。市场崩盘的风险不再是夜空中遥远而模糊的黑天鹅。环宇资本的黑天鹅保护协议在2007年3月首次获得新的外部投资，到了9月，它已经为10亿美元的资产提供了保险——也就是说，保护了投资者10亿美元的资产免受市场崩盘的冲击。到了国会引发市场崩盘的那一天，它已经为15亿美元的资产提供了保险。而且，更多的资金正在涌入。

截至10月8日，随着金融体系持续陷入停滞，美联储、欧洲央行和英格兰银行都进行了降息。美联储基金利率降至 1.5%，创下 4 年来的新低。第二天，股市在经历数周的动荡后似乎相对平静，或许是降息给投资者带来了信心？然而，在下午 3 点，市场再次崩盘，投资者纷纷抛售股票。纽约证券交易所当日成交量为 83 亿股，创历史新高。

谢弗投资研究公司（Schaeffer's Investment Research）的股票分析师理查德·斯帕克斯在接受《纽约时报》采访时说道："恐慌正在逐渐加剧并不断蔓延。"加州金融规划师特雷弗·卡兰表示："我们正目睹着全面的恐慌。"法国巴黎银行的布莱恩·法布里在接受《华尔街日报》采访时说道："我们正处在一个异常幽暗的隧道之中。"

2003 年以来，道琼斯工业平均指数首次跌破 9 000 点，彻底结束了持续 5 年的牛市光景。仅仅一周内，道琼斯工业平均指数暴跌 1 874 点，跌幅高达 18%，创下历史最差单周表现。作为市场最全面的衡量标准——道琼斯威尔希尔 5000 指数的成分股在短短 7 个交易日内市值蒸发了 2.5 万亿美元，市值整体较前一年创历史新高时缩水了 8.4 万亿美元。

截至 10 月 9 日收盘，标普 500 指数在当月累计下跌 22%。这正是斯皮茨纳格尔公司过去一年半一直告诫投资者的崩盘，他们能保护投资者免受这种崩盘的影响。然而，大多数投资者曾表示，这种情况不可能发生。

环宇资本此前以低价大量收购的虚值期权突然价值飙升。9 月底，当标普 500 指数在 1 200 点左右时，环宇资本买入了看跌期权，合约到期是在 10 月底前，如果在此期间指数跌破 850 就能获得回报——这意味着一种市场大崩盘，几乎不可能出现。大多数交易者对这类期权并不看好，以大约 90 美分的价格将其卖给了斯皮茨纳格尔。而如今，这些期权的价值已经飙升至 60 美元左右。环宇资本在高出 50 美元左右时平掉了大部分头寸。

那天交易结束后，亚尔金硬拉着斯皮茨纳格尔离开办公室，去附近的小酒吧喝啤酒，以纪念这个沉痛的时刻。在他们走向拐角处的小酒吧的途中，在阳光明媚的加州圣莫尼卡第二街大道上，一群人悠闲地漫步，仿佛什么都没发生，这让他们感到惊叹。他们即将进行的畅饮仪式绝非庆祝，因为他们深知世界正面临危机。在举杯祝酒之际，斯皮茨纳格尔说："许愿要慎重。"

突然间，大量资金涌入环宇资本公司。当时，没有人能预测市场究竟会恶化到何种程度，人们只知道股市一直在下跌，而他们迫切需要一个降落伞（不过，通常在你跳下飞机之后才开始寻找降落伞是于事无补的）。

在交易所摸爬滚打 12 年后，斯皮茨纳格尔终于崭露头角，成为像芝加哥期货交易所赫赫有名的交易精英（如鲍德温）那样的大人物。然而，这场辉煌的胜利却难以掩盖他内心的忧虑与空虚。多年来，他和塔勒布一直在警告市场中存在不良行为，而现在这些行为致使全球经济陷入困境，这给人们带来真实的利益损害。此刻，他无暇用豪言壮语去宣扬胜利。塔勒布接受一家英国报纸的采访时坦言："如今，我并不关心金钱，我对自己的立场得到证实而感到非常悲伤。”

然而，对环宇资本公司而言，这笔巨额资金意义非凡。在全球金融危机初期，该公司从其头寸中获得了大约 10 亿美元的收益，与其他亏损数十亿美元的对冲基金形成鲜明对比。公司除了收取 1.5% 的管理费，还收取 20% 的盈利份额，这意味着除了能收取 1.5% 的管理费，在 10 亿美元的巨额收益中，公司还赚了约 2 亿美元。

截至 2008 年年底，环宇资本的黑天鹅保护协议正在保护着高达 40 亿美元的资产，其中大部分是新投资者的资金，而不是通过黑天鹅交易获得的利润。环宇资本将大部分收益返还给投资者，为了让投资者能够将这些收益储备起来以备不时之需，或者对于那些更大胆的投资者，可以利用这笔意外之财低价抄底受挫的股票。

在圣莫尼卡，记者们突然对这位神秘的黑天鹅交易员产生了浓厚的兴趣。几乎每篇文章都提到《黑天鹅》的作者塔勒布，让人以为环宇资本就是塔勒布的基金公司（至少斯皮茨纳格尔是这么认为的），一直都是塔勒布在做投资决策，而斯皮茨纳格尔只是搭便车而已。一开始，斯皮茨纳格尔很享受这种默默无闻的感觉，愿意让塔勒布站在聚光灯下。后来，他开始担心投资者可能会产生误解。事实上，塔勒布对环宇资本的影响微乎其微，除了他们一起研究肥尾现象的数学原理，或者游说对环宇资本感兴趣的听众。

总的来说，斯皮茨纳格尔及其团队在 2008 年取得了 115% 的投资收益率，而标普 500 指数则下跌了 39%（环宇资本的交易头寸实际收益率高达数千个百分点）。一位投资者年初在标普

500 指数中持有 100 万美元，年末只剩下 61 万美元。要让这位投资者收支平衡，该指数需要增长 64% ——这是一个近 4 年都无法实现的目标。而同样的 100 万美元在环宇资本的基金中则变成 215 万美元。

当然，没有投资者会将他们百分之百的财富投入环宇资本，而是只投入一小部分（环宇资本建议为 3%）。以这样的资金配置方案，投资者在 2008 年整体上的损失约 8%，远远好于标普 500 指数遭遇的 39% 的重创。

模仿者纷至沓来，涌入了被华尔街媒体称为“黑天鹅基金”的领域。这个策略在塔勒布和斯皮茨纳格尔于 1999 年创建安皮里卡之前根本不存在，却突然间成为金融界最热门的产品之一。这无疑是一种赞美，这两位非传统派的创始人创造了一个全新的资产类别。有多少交易员能够做到这一点？但这令人感到困扰，因为斯皮茨纳格尔现在必须与其他基金经理竞争，他确信这些基金经理在交易方面不如自己，但他们可能在华尔街的另一项重要技能上更为娴熟——推销。

当然，环宇资本并非唯一在全球金融危机中赚取数十亿美元的对冲基金。一小群机会主义交易者找到了一种做空美国房地产市场的方法。高盛的对冲基金经理约翰·保尔森喜欢在并购交易上大举下注，他在 2007 年通过与房地产有关的投机赚取了 150 亿美元。迈克尔·贝瑞本是一名神经学家，转行成为对冲基金经理，他通过做空与美国房地产相关的衍生产品，实现了近 500% 的收益率。由于几乎没有人认为美国房地产市场会崩盘，因此在崩盘开始之前进行这种投注是非常便宜的。

在某种程度上，这些交易和环宇资本的策略相似，都是对波动率的投注，只不过这里的波动率是指房价。像保尔森这样的交易者所利用的金融工具被称为信贷违约互换，可以将其类比为抵押贷款的保险，如果抵押贷款人违约（或者说一万名抵押贷款人中有人违约），这个合约就会赔付，就像看跌期权在股票价格下跌到一定水平时会产生收益一样。

保尔森和贝瑞发现了美国房地产市场存在系统性弱点，并巧妙地设计了一种在崩盘时获取利润的策略。相比之下，斯皮茨纳格尔和塔勒布发现的是整个金融系统的弱点。衍生品的广泛应用、风险价值等风险管理工具的误用、杠杆激增、美联储宽松的货币政策，以及投资银行转变为野蛮的对冲基金赌场，所有这些都使得全球金融系统宛如一座纸牌屋，一触即溃。由于他们的观点鲜有人认同，因此他们能以低成本进行投资决策交易，就像保尔森和贝瑞一样。

不同之处在于，保尔森和贝瑞的投注是一次性的巨额收益。当房地产市场崩盘时，他们赚得盆满钵满。然而，他们未能再次复制这样的业绩。实际上，在随后的几年里，保尔森遭受了巨大的亏损。他们的投注类似于比尔·阿克曼在2020年年初进行的交易，那次交易获得了巨大的成功，同样是利用廉价的互换合约投下市场崩盘的一次性、无法重复的赌注。

相较之下，环宇资本则能不断下注，永无止境。

塔勒布在面对一众私人银行家时表示：“金融系统已经极不稳定了。资本主义岌岌可危，随时可能崩溃。”

随着环宇资本声誉的飙升，塔勒布的声望也水涨船高。全球金融危机似乎成为黑天鹅理论的典型案例（尽管塔勒布声称这是完全可预测的“灰天鹅”）。他备受追捧，而他正充分利用这个机会。

2008年年末，他登上纽约市东59街的法国机构的主要场馆——佛罗伦萨·古尔德礼堂。一如往常，他没有系领带，身穿褐色裤子和蓝色夹克，仿佛是一位时髦的先知，宣称厄运即将来临，而那些愚蠢的肥猫（暗指华尔街的交易员）正在被赶出庙宇。就在一周前，股市因国会关键的救助投票而崩溃，雷曼兄弟于一个月前倒闭。厄运弥漫在空气中。

他以平静而稳定的语调发表他的末世言论，偶尔用手一挥向人群示意。金融市场，以及整个世界，比许多人想象得更加动荡不安，大型机构纷纷倒下，如同多米诺骨牌。他强调，他对于黑天鹅的关注不仅局限于金融市场，还延伸至科学方法本身。不可预测的混乱事件随时都有可能发生，而华尔街的金融天才却无法察觉。他们复杂的模型只关注过去，依赖于正态分布曲线。实际上，黑天鹅可以在眨眼间摧毁整个投资组合，甚至整个银行业。

在雷曼兄弟破产的余波继续在市场上荡漾之际，塔勒布加大了对华尔街金融工程师的抨击力度。

他以严肃的语气对着一群银行家发表讲话：“我们面临一个问题，就是幻想能够掌控世界。我们以为世界可理解、可预测。但实际上，我们并不了解未来。”

他继续说：“在股市中，过去50年间最动荡的10天，其收益占据了50年市场累计收益的50%。而在过去20年的衍生品市场中，仅一天就占据了市场总收益的90%。就是那个‘黑色星期一’。”

塔勒布告诫在场的银行家，近期发生的事件已将金融体系推向了极端，华尔街数万亿美元的信贷崩盘结束之时，全球银行业赚的所有钱将化为乌有。

第二部分

肥尾效应

第十章　美梦与噩梦

2009年1月，世界顶级金融家、政策制定者和所谓的精英思想家齐聚世界经济论坛所在地瑞士达沃斯，试图弄清楚这一切为什么会出错，以及接下来该如何修正。在新晋精英中，塔勒布尤为耀眼。

在星期三晚上的论坛上，塔勒布与英国著名历史学教授、畅销书作家尼尔·弗格森①、"末日博士"努里尔·鲁比尼②、诺贝尔经济学奖得主丹尼尔·卡尼曼③共同出席，他们就雷曼兄弟破产的成因、警示及后期影响展开了深入探讨。

大多数人都认为，雷曼兄弟破产加剧了市场环境的恶化，但金融行业的系统性问题远比这要复杂。弗格森预测，世界正在

---

① 尼尔·弗格森：英国最著名的历史学家之一，他是极少数能横跨学术界、金融界和媒体的专家之一。——译者注

② 努里尔·鲁比尼：美国著名经济学家。他在2006年全球经济看似仍在增长之时，就开始预言一场危机正在酝酿，因此被媒体冠以"末日博士"的称号。——译者注

③ 丹尼尔·卡尼曼：2002年获诺贝尔经济学奖，是因为"把心理学研究和经济学研究结合在一起，特别是与在不确定状况下的决策制定有关的研究"而得奖。——译者注

步入“全球失去的十年”。他进一步强调:“美国的情况将尤为严重,‘美国霸权的黄昏’或将变为现实。”

随后,塔勒布又抛出一个话题,瞬间引爆全场。

塔勒布调侃道:“雷曼破产时我很高兴。”他通过环宇资本在雷曼破产事件中盈利颇丰,他回忆起当听闻雷曼兄弟破产时,自己兴奋地跳起了吉格舞。塔勒布强调:“我讨厌交易员。”

前雷曼交易员无法理解他的“幽默”。一位交易员为收购雷曼的巴克莱银行工作,他在给一位客户的信中写道:“交易大厅的交易员对这些言论感到愤恨……我们真想把他的脑袋卸掉。”《华尔街日报》评论道:“塔勒布或许需要增加安保措施。”斯皮茨纳格尔试图化解这场纷争,他向《华尔街日报》表示,这正是环宇资本策略令人遗憾的一面,这种策略往往在别人受苦时赚钱。

斯皮茨纳格尔发现自己在进行着一场史无前例的战斗:他要对付的是本·伯南克和美联储这个超级组合。为了应对金融危机,伯南克和美联储可谓使出了浑身解数。美联储的刺激手段就像打开了潘多拉的魔盒,一发不可收!美联储将短期利率降低至零附近,然后搞起量化宽松(QE)。这听起来很复杂,其实本质上就是美联储出手购买了数十亿美元的债券,包括抵押债券、国债。此举不仅能够刺激经济增长,还能够化解银行的风险,让银行无须再持有这些债券,缓解了资产负债表的压力,同时使企业更易于获得贷款,美联储此举可谓是“一箭三雕”。截至2009年6月末,美联储购买的债务已逾2万亿美元。

众多经济学家对量化宽松的政策给予了高度评价,认为它是防止金融体系崩溃的必要举措。甚至有学者将当时的经济比作手术台上的病人,急需电击疗法来治疗心搏骤停。

斯皮茨纳格尔表示，患者或许能够存活，但病情必将加剧。他在《华尔街日报》一篇时评类的文章中写道："在利率降至零的情况下，货币引擎会以前所未有的方式嗡嗡作响……我们将再次拥抱政府扶持繁荣和债务的新时代。"斯皮茨纳格尔信仰奥地利经济学派，该学派反对政府干预经济。他们的观点与英国经济学家约翰·梅纳德·凯恩斯的学派形成鲜明对比，后者主张政府出资实施财政刺激，以助力经济从衰退或萧条中复苏。

路德维希·冯·米塞斯和弗里德里希·哈耶克等经济学家阐述的奥地利学派观点，对企业失败问题提出了严肃且深刻的见解。他们主张，根本无须采取救助措施。斯皮茨纳格尔指出："让所有有缺陷的企业破产——不需要救市措施。必须消除扭曲现象，否则系统必然崩溃的代价将越来越大。"

斯皮茨纳格尔认为，所有刺激措施都伴随着一个重大的风险，就是引发持续通胀，特别是诸如股票这些资产。2009年夏天，针对投资者对这一风险的担忧，他发行了一只新的基金，该基金的策略是从物价上涨中获益。他买入商品看涨期权，这些期权的价格会随着玉米、原油和黄金等大宗商品的增值而上涨，因为这些商品通常在通胀下会有很好的表现。这个策略还包含做空国债，因为随着利率飙升，国债价格将不可避免受到很大冲击。

斯皮茨纳格尔并非唯一预见通胀会螺旋式上升的人，沃伦·巴菲特同样对物价上涨表示忧虑，并指出国债市场正面临巨大的泡沫风险。2010年，这位奥马哈先知警示道："不仅在美国，全球范围内严重通胀的趋势正日益增加。"此外，塔勒布预测到严重通胀即将到来。

然而，他们都错了，通胀未能如期爆发并失去控制。虽然物价存在一定程度的周期性上涨，但这类波动通常都是短暂的，或仅限于部分高速增长的经济体。当时中国每年 10% 的经济增速势不可当，与此同时，带来的市场需求引发了所谓的大宗商品超级周期，将铜、钢和铁等金属价格推至历史新高。

关于为什么通胀在很大程度上仍受控制，有一种观点认为，全球金融危机是由金融体系崩溃引起的，而非制造业等其他经济部门的疲软所致。所以金融危机的影响使公众普遍倾向于囤积现金，从而使得刺激消费变得十分艰巨，银行贷款的发放也愈加困难。这也解释了为何有些经济学家，如保罗·克鲁格曼（《纽约时报》评论员，塔勒布频繁抨击的对象）说，美联储未能实施充足的刺激政策，奥巴马政府也未投入足够资金以救助病患。克鲁格曼在 2009 年 5 月的一篇评论文章中指出："银行并未将过剩的准备金用于放贷，而是将其闲置。"

通胀保持相对温和的另一个原因是，在经济增长缓慢的环境下，大部分美国人的薪资水平未能取得实质性增长。失业率较高，招聘市场疲软，企业无法提高薪资以吸引员工，因此也就没有点燃通胀的星星之火。所谓的工资—价格螺旋，即高收入群体因购买力增强而推动商品价格上涨，进而引发对更高薪资的需求（这是 20 世纪 70 年代高通胀的一个重要原因），在当前并未出现。自 20 世纪 80 年代起，工会成员数量减少和劳动力力量削弱，工资—价格的反馈循环收缩，进一步遏制了通胀。此外，来自中国的竞争是通胀保持温和的另一个因素，美国制造业以前所未有的速度将生产外包至中国。据经济政策研究所的数据，2000—2010 年美国薪资几乎没有增长。皮尤研究中心指出，"2015 年美国中等收入家庭的年收入为 70 200 美元，与 2000 年水平相当，15 年的收入增长停滞，是过去 50 年来颇为罕见的现象”。

金融危机之后，实体经济受到重创，工资与房价都受到冲击，股市却一路飙升。大量投资股票的家庭收益颇丰，至少在账面上是这样。然而，伯南克所预期的资产价格膨胀对实体经济的传导并未如期而至，或者其速度远低于预期。由此导致的财富差距在美国引发了深刻的社会矛盾，社会对精英阶层的怨恨情绪与日俱增。许多家庭、小镇及挣扎在社会边缘的劳动者陷入绝望。

因此，斯皮茨纳格尔的新通胀基金大概率成了个“哑弹”（几年后他解散了该基金），但他关注的焦点是，宽松的货币政策和财政刺激蕴含着实质性的副作用，如资产价格膨胀主要惠及富人。更重要的是，在通胀率持续处于令人费解的低位的 10 年（2000—2010）里，美联储从未关紧水龙头，反而一直实行低利率和量化宽松政策。新冠疫情暴发之后，各国纷纷采取刺激政策以应对经济困境。然而，在这场盛宴落幕之后，一场规模空前的“宿醉”在所难免。2022 年，随着美联储开始加息以抑制通胀，许多人开始担忧是否需要提前备好缓解疼痛的阿司匹林，或是更强效的药物来缓解糟糕经济带来的阵痛。

当塔勒布的出租车拐进火箭路 1 号时，一个广阔的仓库映入眼帘——Space X，埃隆·马斯克在洛杉矶的火箭研发基地。那是 2009 年 7 月 24 日下午的晚些时候。塔勒布查看了他的电子邮件，他的工作经纪人兼会议组织者约翰·布罗克曼写道：“欢迎

来到洛杉矶!”以下是关于议程的具体内容:

星期五晚上

6: 00　鸡尾酒会——阁楼层

7: 00　晚宴——阁楼层（展厅 5）

星期六上午

7: 30　早餐——阁楼层（展厅 4）

8: 30　乘坐巴士前往 Space X（20~30 分钟）

为了照顾克雷格·文特尔的行程，如果可能，我将把埃隆·马斯克的演讲和工厂参观安排在下午 4 点，而不是午休时间。

7: 30　晚餐——Spago

地址：加州比弗利山北佳能街 176 号，邮编 90210

随着《黑天鹅》大获成功，塔勒布得以跻身美国顶层精英的知识圈子——布罗克曼创办的边缘基金会（Edge Foundation）。这个非正式的圈子汇集了科学家和思想家（主要为男性），如理查德·道金斯、史蒂芬·平克、丹尼尔·卡尼曼、默里·盖尔曼（夸克的发现者）、谷歌创始人谢尔盖·布林和拉里·佩奇、亚马逊的杰夫·贝佐斯、微软的比尔·盖茨，以及日后声名狼藉的金融家杰弗里·爱泼斯坦等精英。这个圈子的创立目的很简单，汇聚一群才智卓越的人才深入交流，旨在孕育出独具创意的见解。借助亿万富翁的财力支持，或许想法就能落地开花。正如《卫报》所描述，这是一个汇聚了各领域精英，分享创新思想、独到观点的论坛。

在那一周，边缘基金会的成员汇聚于Space X及豪华的安达兹西好莱坞酒店，聆听哈佛大学医学院遗传学家乔治·丘奇、首次绘制人类基因组图谱的生物技术专家克莱格·文特尔等业界翘楚分享微生物学领域的最新进展。在此之前，布罗克曼已向塔勒布提供了大师级课程的主题清单，内容之丰富令人目不暇接，涵盖了生命本质、生命起源、体外合成生命、镜像生命等诸多领域，同时包括碳氢化合物与药品的代谢工程、计算工具、电子生物界面、纳米技术分子制造、生物传感器、实验室加速进化、工程化个人干细胞、抗多种病毒细胞、人源化小鼠以及灭绝物种复生等前沿科技。

在Space X工厂，丘奇发表了题为“美梦与噩梦”的演讲。与会者包括风险投资家肖恩·帕克（Facebook的原始股东）、谷歌的拉里·佩奇、行为经济学家理查德·塞勒、《全球目录》杂志的创始人斯图尔特·布兰德、白宫官员以及一群杰出的科学家。埃隆·马斯克时不时凑过来聆听。塔勒布自称为风险工程学教授，但他说该称号“无法解释我的工作”。

丘奇，犹如一位魔法师，满腮浓密的白胡子。他阐述了一个与主流相反的观点：遗传学家仍未绘制出完整的人类基因组图谱，这使得科学家在DNA层面探寻某些疾病（如精神分裂症）的成因时面临着不小的挑战（完整的人类基因组图谱最终在2022年完成）。

当天晚些时候，丘奇教授又发表了一场以“从化学物质中构建生命”为主题的演讲。

“我要描述一些可能会让你震惊的技术。我们真的知道自己在做什么吗？接下来提到的这些内容可能会在未来产生我们无法预见的后果。”

丘奇展示了一张幻灯片，上面写着：“预防原则。如果某种行动可能对公众造成严重或不可逆的损害，若缺乏科学共识，主张该行动的人应承担证明其合理性的责任。”

丘奇强调：“各位应坚持遵循预防原则。在对面临的问题缺乏充分认识时，我们容易不作为，这在某些情况下是可以理解的，但在其他情况下不合时宜。今天我们就不在此展开深入探讨了。”

接下来，丘奇提出了他所谓的全球地形改造方法来应对气候变暖。他以“海洋施肥”为例，即在海洋中投入低成本的铁元素，以吸收二氧化碳，从而促进藻类繁殖。他解释道：“虽然有人担忧这会引发大规模的水华现象，而且未必能治理全球变暖，但问题的核心在于，无论我们是否采纳这项技术，全球变暖的风险都客观存在，那我们就没有理由不去尝试。”

下一个主题是关于利用廉价的 3D 打印机合成 DNA。丘奇表示：“借助此类设备，人们可以一次性制造出与天花病毒一样大小的微生物。这也意味着有可能制造出具有耐药性和耐疫苗的天花病毒，这可不太好，因此对这项技术需要谨慎对待。”

随即，边缘基金会的成员爆发了一场讨论，对于这项技术是否会在几年内发展到可以在高中实验室合成致命病原体的问题争论不休。

丘奇指出：“这无疑是事关全球生存风险的重要问题，因为病原体可以持续不断地复制。核辐射会随着扩散而逐渐衰减，但病原体会复制。”

塔勒布举手发言：“现在面临的问题是，当你提到‘核辐射’时，人们都会害怕。但它不会倍数增长，而且误差可控制。

没有什么比以指数级传播的病毒更具倍增性了，它更像是一个怪物。”

“说得太对了！”丘奇说。

“从统计学角度分析，若概率分布尾部出现较高概率的极端事件，可能导致市场出现较大波动，进而引发异常状况。此类现象即为肥尾效应的直观表现。”

谷歌的联合创始人拉里·佩奇指出：“事实上，诸多因素会对世界秩序造成破坏，其中大部分还没有显现。为了预防某一极端事件，需要对所有潜在的威胁采取防范措施，但这并不现实。”

塔勒布回应道：“这与金融领域所面临的困境相似。在危机爆发之前，人们难以相信金融体系会变得如此紊乱且复杂。如今，在复杂系统中过于紧密相连的元素最终都将走向崩溃，除非是到太空去。”

经过连续数日关于解构、混合以及 DNA 切割等的讲座，塔勒布产生了巨大的心理压力。丘奇论述着自上而下的生命构建工程，以及可能终结人类的致命病毒。这次 Space X 之行，成为塔勒布首次也是最后一次参与的边缘基金会会议。从这以后，他开始担忧科学家篡改基因的行为，这种担忧后续演变为他对转基因作物的反对，最终导致他选择站在世界上某个领域最大公司的对立面。

第十一章　闪崩

美国东部时间 2010 年 5 月 6 日下午 2 点 15 分刚过，环宇资本圣莫尼卡办事处的交易员就向经纪商巴克莱资本公司下达了交易指令，在芝加哥期货交易所购入 5 万份看跌期权合约。如果标普 500 指数在 6 月份的任一交易日跌至 800 点（大幅度下跌），这些期权将获得收益。当时标普 500 指数为 1 135 点，环宇资本为此投入了 750 万美元。倘若标普指数在 6 月到期日前跌至 800 点，这笔交易的回报将高达 10 亿美元。

在短短不到半小时内，美国股市经历了史上最惊心动魄的时刻，金融媒体随后将其命名为“闪崩”。短短几分钟，道琼斯工业平均指数暴跌 1 000 点。这是“黑色星期一”以来最为突发且暴烈的市场大跌。

随着股市暴跌和波动率飙升，环宇资本在 4 月就以每份 2 美元的价格购买了看跌期权。当时标普 500 指数正处于 1 200 点的水平。一旦该指数跌破 1 100 点，这些看跌期权的价值将飙升。当市场指数跌至 1 066 点时，每份期权价值瞬间涨到 60 美元，环宇资本圣莫尼卡公司的交易员果断变现了这些看跌期权。与此同时，其他机构争相对冲损失，疯狂抢购这些高价合约。市场的起伏跌宕令人咋舌，下跌之后迅速反弹，机会转瞬即逝。斯皮茨纳格尔回忆道:“眨眼间便会错失千载难逢的良机。”

据报道，环宇资本在短短一个下午的交易中就赚了10亿美元。

不久之后，芝加哥期货交易大厅里就流传着这样的传言，环宇资本在市场极度脆弱时大规模押注看跌期权，可能引发了市场的连锁反应。看跌期权的卖方不得不卖出股票以对冲期权的损失。最终人们发现崩盘并不仅仅是环宇资本造成的，还受大量的抛单以及证券交易所和经纪公司的技术故障等因素影响。随着混乱的蔓延，大量高频交易公司关闭了交易（由计算机算法给出高频的交易策略，平时在别人卖出时买入，在别人买入时卖出，充当做市商以平衡市场）。这使得市场大量买单被撤销，如此市场形成一个无底的真空，像黑洞一样吸入了卖单。

闪崩事件让环宇资本的暗箱操作成了大众关注的焦点。当天标普500指数下跌接近30%，环宇资本在闪崩当天通过巴克莱资本买入的750万美元看跌头寸赚了10亿美元。环宇资本在4月份买入每份2美元的合约在几分钟内飙升至60美元，这正是斯皮茨纳格尔所说的环宇资本提供崩盘保护的意义所在。

那年夏天的一天，斯皮茨纳格尔夫妇前往他们在密歇根州北港角购买的第二套房子中。这个宁静的小城见证了斯皮茨纳格尔童年的成长。偶然间，他们发现家对面的海湾有一大片空地，经过考察，他们决定以100万美元的价格购置这片占地200英亩的农场，农场内散布着高高低低的樱桃树，还有一些破旧的建筑。

随后，他们夫妻二人决定在这片农场实施一项重要计划。他们意图从土地中生产并加工出人类生活的必需品，以此对冲金融体系和全球经济的崩溃。斯皮茨纳格尔内心深处有着深刻的危机意识，他创建基金正是为了应对突发混乱与灾难。初期，他们确实考虑过开展酿酒业务。然而，经过对农场实际情况的综合评估，他们决定生产羊奶奶酪。为深入了解这一领域，他们参观了位于美国加州和法国的羊奶奶酪制造基地，包括世界一流的奶酪制造商米勒鲁道夫。不久，他们开始培育优质山羊，最终拥有了数百只山羊，逐步建立起自己的羊奶奶酪生产加工基地。最终，田园农场这一品牌应运而生，并成功跻身为美国最佳羊奶奶酪制造商之列。

塔勒布也开始寻找地方安置他在环宇资本和《黑天鹅》出版中积累的丰厚资金。2010 年夏季，他回到故乡黎巴嫩北部考察橄榄园。在阿米翁祖宅时，他接受了《华尔街日报》的采访，表明了自己的投资理念："真正稳健的投资应投向生活必需品，而非购买平板电视等。股票投资并不稳健，务必确保自己拥有一片能够结出果实的园子。"

塔勒布飞往世界各地演讲，品尝世界顶级美食，陶醉在名利场中，而对环宇资本的日常事务则不甚参与。他热衷于飞到西部参加环宇资本的聚会，频繁出行也并非易事，有时会让他感到疲惫。曾有一次，他参加了环宇资本的圣诞狂欢活动，乘坐豪华轿车游览洛杉矶。整个狂欢，他倒在宽敞的后车厢中睡了一整晚。

斯皮茨纳格尔在非交易日里，以及不埋头于羊奶奶酪厂的日常运营时，他时常与全球顶级投资者打交道，包括知名的主权财富基金。这些基金经理已经开始认可黑天鹅理论的价值。此时，环宇资本正在与掌管 3 000 亿美元基金的中投公司交流，还有大型中东政府基金，以及伦敦、日内瓦等欧洲国家首都的富豪投资者，甚至美国各地的巨型养老基金。

环宇资本已经管理总值达 100 亿美元的风险投资基金，对斯皮茨纳格尔及其团队而言，这无异于一份从天而降的礼物。环宇资本的收费结构揭示了为何华尔街如此多的人渴望成为对冲基金领域的佼佼者。100 亿美元的基金，管理费按照每年 1.5% 计算，就是 1.5 亿美元。再加上环宇资本快速赚取的 2 亿美元，这家拥有大约 16 名员工的公司一年总共赚取了 3.5 亿美元（然而，高昂的费用也使得部分潜在投资者望而却步，他们不愿看到环宇资本从崩盘保险赔款中分走一大杯羹）。

斯皮茨纳格尔已然变得相当富有，过上了奢华的生活。他斥资 750 万美元购得了詹妮弗·洛佩兹与马克·安东尼在贝莱尔的豪宅。这是一座设有围墙和大门的法式别墅，周边环绕着小河，配备客房、游泳池以及带假山的花园。其中有一间房，面积相当于纽约的单间公寓，曾专门用于存放詹妮弗·洛佩兹的鞋子。这座豪宅距离斯皮茨纳格尔童年偶像罗纳德·里根的故居仅一街之隔。南希·里根仍居住在此，他时常幻想能漫步至她家门口，轻敲房门拜会。

诸多寻求借鉴斯皮茨纳格尔财富积累经验的基金经理，纷纷开始模仿他的投资策略。2010 年 8 月，《华尔街日报》一篇报道指出："越来越多的基金经理及金融机构纷纷推出旨在利用因黑天鹅事件引发大幅下跌的投资产品。"仅仅在过去的 18 个月里，大约 20 只"长尾对冲"基金相继问世。

让斯皮茨纳格尔感到惊恐的是，文章中写道，一些个人投资者正考虑在他们的日内交易账户中设立黑天鹅投资组合，并举了一位 30 岁交通工程师的例子，他想在“事情变得疯狂时赚到更多意外收获”。

2010 年 5 月 3 日，在苏黎世的一个宁静清晨，迪迪埃·索内特身着灰色双排扣西装，满怀自信地登上讲台。他向众多学者、金融家和记者公布了关于金融泡沫实验的研究成果，声称成功击败了三只凶猛的龙王。

2009 年年底，他利用 LPPLS 模型预测，未来 6 个月内将有 4 种资产形成泡沫。他当时并没有透露自己的预测结果，而是将预测结果提交给了一个名为 arXiv 的开放访问数据库，该数据库对预测结果进行时间标记和加密。现在他终于要公布结果了。

预测结果是巴西股票、美国债券指数、黄金及棉花市场可能存在资产泡沫。其中，三个市场的发展状况与预期相符。巴西股市和棉花市场在进入泡沫阶段后经历了超过 10% 的跌幅。美国债券指数在模型预测开始前就已经崩盘，表明在测试开始时，它已度过了泡沫阶段。

棉花的结果却大相径庭，棉花价格在大幅上涨后虽暴跌 10% 以上，但各项指标显示棉花仍处在泡沫之中。然而就在下一年，随着各类大宗商品价格的上涨，棉花价格飙升了 300%，掀起了一波上涨周期。经济学家称之为大宗商品超级周期，其主要原因是中国高度的经济发展带来了极大需求。（索内特在一篇详述研究成果的论文中说:“棉花过去和现在都处于泡沫之中，而且尚未展现出制度性变化。”）黄金价格也在短暂下跌后继续走高，索内特的系统确实捕捉到一些泡沫的存在，却未能准确预测出这些泡沫何时破裂。

这些不完整的误差凸显了 LPPLS 模型的局限性。1997 年 10 月，该模型曾预测到一次股市崩盘，但其预测的跌幅远超市场实际表现。尽管该模型能识别下跌风险，但在准确性上存在不足，无法判断是一轮暴跌还是一次微弱的下跌。

2009 年 12 月，索内特在美国旧金山举行的美国地球物理联盟会议上，发表了金融危机观察站的最新研究成果。当时正值一年一度的爱德华·洛伦兹讲座，该讲座旨在致敬这位混沌理论和非线性地球物理学的先驱。在 20 世纪 60 年代，洛伦兹因其对蝴蝶效应的阐述而闻名于世，在他的阐述中，南美洲一只蝴蝶扇动翅膀可能在美国得克萨斯州引发龙卷风（理论上）。

索内特首先攻击了他的宿敌——黑天鹅。

“证据表明危机不是纳西姆·塔勒布在其著作中所描述的黑天鹅，这些危机更像是龙王。黑天鹅是指那些发生前无法认知或预测的事件，其本质是未知的，甚至是不可知的。在这种理论框架下，一次大的地震不过是一次次没有停止的小地震，无法被预测和量化。就金融危机而言，没有任何线索可以提前判断，仿佛这就是上帝随机打的喷嚏，只有像环宇资本那样去购买保险才是唯一可应对的措施。”

索内特认为，龙王的情况与黑天鹅不同，它是可以被量化的。他说道:“危机存在一定程度的可预测性。”

研究表明金融危机呈现出独特且显著的数学特征，与典型交易时段发生的情况截然不同。索内特指出，一种可能将正常交易日转变为灾难性事件的是超指数增长与正反馈循环的结合。价格下跌就会导致更多的下跌，形成不断强化的下跌趋势，直至达到临界点，进而引发恐慌、崩盘和剧烈波动。索内特将这类事件称为有限时间奇点。他用幻灯片展示了具有类似正反馈特征的现象：黑洞生成、等离子体湍流以及大地震。

他用一张法国城市人口的相对分布图表解释道，所有城市的人口都分布在一条斜线上，这表明大部分城市都处于正常的边界内，即符合正态分布。然而，有一个城市明显地偏离了这个趋势，那就是巴黎，即法国的龙王。他强调："这就是巴黎，它的独特性和发展动力与其他城市截然不同。"

该设想的核心在于，通过剖析龙王内部的特殊机制，寻找关键影响因素，以实现对危机的预测。我们的目标并非试图预知未来的全部，这显然超出了我们的能力范围，而是要识别出"复杂性集中的可预测性区域"。如同在透明的水晶球中寻找裂痕，即使只是微小的痕迹，只要细心观察，仍能发现它们。

他总结道："这些都是我在追逐、捕获这些龙王时所遇到的一些例子。"

索内特和几名助手认为，若预测成果确实可靠，何不借此谋求利益——如同他在1997年10月成功预测市场崩盘那样？于是，他们注册了一个盈透证券的交易账户，并投入10万美元的自有资金。尽管索内特不愿公开投资成果，但他始终坚称这笔投资非常成功。然而，考虑到这项投资分散了他们的研究精力，他最终决定终止这一投资。他说："我们正在转型为一家对冲基金。"

索内特表示，他经常被问到这样一个问题："如果你这么成功，为什么不去经营一家大型对冲基金？”

他表示：“部分学生及同事问过我这个问题，这种提问意味着一个人的人生价值乃至终极追求便是创立一家对冲基金。然而，我更珍视当前的职业，这是一份堪称地球上最优渥的工作。每日，我有幸自由探索宇宙的奥秘，乐此不疲。”

他补充道，经营对冲基金的压力对人的健康非常不利——至少在这一点上，他与塔勒布意见一致。

2011 年 7 月下旬，斯皮茨纳格尔带着一位彭博社记者，驾驶着他的新航海玩具——一艘克里斯克公司的双引擎 Corsair-28 游艇，横跨密歇根州北部的大特拉弗斯湾，他们将游艇停泊在他前一年购买的农场附近的岸边。记者记录下这一切：“这艘豪华游艇时速超过 80 公里 / 时，尾流震撼人心。正是在这波涛激荡之中，环宇资本创始人斯皮茨纳格尔不断成长与蜕变。”

记者还在文章中写道：“投资者纷纷涌入末日黑天鹅基金，这些基金以危机爆发时可能获得的巨大回报为诱饵吸引投资者。”黑天鹅基金的资产管理规模从 2008 年雷曼兄弟倒闭前的 5 亿美元激增至 380 亿美元。

这 5 亿美元大部分投给了环宇资本。实际上，所谓的黑天鹅基金在环宇资本成立之前并不存在（安皮里卡资本公司除外）。许多成立于 2008 年金融危机之后的基金均在摸索前进。斯皮茨纳格尔花费了数年时间打磨投资策略，与华尔街的期权交易商建立合作，研究如何降低交易成本，构建复杂的计算机模型。环宇资本的一个显著优势在于，它实质上成了一家期权经纪商，类似于为投资者提供流动性（即出售期权的一方）的中间人。许多交易机构在谈及深度虚值看跌期权时，仅愿意卖出，因为这些期权通常在到期时价值归零。环宇资本则乐于以合理价格承接此类交易。斯皮茨纳格尔的复杂模型告诉他这些期权的预测价值，当然他也会在议价时非常强硬。

环宇资本策略中鲜为人知的一部分是构建崩盘时起保护作用的黑天鹅组合。斯皮茨纳格尔早在安皮里卡任职期间就采用了一种策略，那就是卖出行权价接近标的价格的期权（包括看跌期权和看涨期权）。假设微软股价为 100 美元，当股票价格上下波动 5 美元时，环宇资本可能会卖出行权价在此范围内的期权。斯皮茨纳格尔认为，这类期权的价值相对合理，也并不便宜，不像那些他每日交易的、疯狂的深度虚值期权。相反，这些实值期权甚至可能被高估，这意味着出售这些期权是有利可图的。他认为自己在期权交易方面胜于同行。他从这一策略所获得的利润为黑天鹅组合提供了资金。

他自诩环宇资本所提供的策略在华尔街上具有最佳的性价比。这是因为该策略有助于降低投资者为获得保护而必须支付的费用。举例来说，如果客户希望环宇资本为 10 亿美元的投资提供两年的保障，以防止 20% 也就是 2 亿美元的损失，客户仅需支付大约 3 000 万美元，占投资总额的 3%。值得注意的是，这 3 000 万美元并不会立即投入市场，环宇资本只会将部分资金投入市场，并利用剩余的资金在未来两年内随着期权到期来维持头寸。有时候，客户可能会花光 3 000 万美元，却无法获得任何回报，就像保险费一样。然而斯皮茨纳格尔坚信，当不可避免的暴跌来临——例如，客户的投资遭受重大损失，环宇资本将为客户提供应有的回报。

2012 年 3 月的一天，斯皮茨纳格尔夫妇在他们的贝莱尔豪宅中为得克萨斯州自由党议员罗恩·保罗举办一场 2 500 美元一餐的筹款活动，以支持他渺茫的总统竞选。保罗和斯皮茨纳格尔有一个共同的敌人——美联储。塔勒布说，保罗是他在竞选中唯一信任的候选人，他出席了活动并发表了简短讲话。当地一位专栏作家打趣道：“谁不想在詹妮弗·洛佩兹住过的房子里讨论一下货币政策呢?”

塔勒布与斯皮茨纳格尔因反对美联储和其他形式的政府干预而积极拥护保罗。塔勒布后来将《非对称风险》[①] 一书献给保罗以及他的政治对手拉尔夫·纳德。但遗憾的是，保罗在共和党的提名竞选中败给了米特·罗姆尼。斯皮茨纳格尔坚信美联储过度宽松的货币政策对经济造成了不可挽回的损害，同时政府官僚对金融市场的干预让他深感担忧。他常谈及投资者的时间偏好，认为无论投资者财富多少，如果着眼于短期获利，就会放弃等待长期更好的回报。如今，美联储通过降息刺激短期经济，就等于透支了经济长期增长的潜力。斯皮茨纳格尔认为，他已找到了实现收益最大化的投资策略，他将其称为“迂回投资”，即采取长远策

① 在这本书中，塔勒布在献词中写道：“献给两位勇敢的先驱，罗恩·保罗，拉尔夫·纳德。”——译者注

略以实现目标，而非短期投机。他常引用丹尼尔·笛福的小说《鲁滨孙漂流记》中鲁滨孙的例子，这位不幸遭遇海难的水手一边忍饥挨饿，一边用宝贵的时间制作鱼竿，但正是由于他能够忍受饥饿，最终得以生存。

这不仅是斯皮茨纳格尔从芝加哥学派那里学到的教训，也是他多年来研究奥地利经济学派（卡尔·门格尔、欧根·冯·庞巴维克、路德维希·冯·米塞斯、弗里德里希·哈耶克）的经验。简而言之，奥地利学派强调个人自由和自由市场，反对他们所说的中央计划者的暴政。相比之下，凯恩斯主义[①]的追随者认为，政府可以通过降低利率或增加支出将经济从衰退和萧条中拯救出来。想想20世纪30年代大萧条时期的罗斯福新政或2008年汉克·保尔森7 000亿美元的银行救助计划。他们认为，当市场无形的手无法发挥力量时，就会导致长期的经济和社会损害，如果市场机制失灵，就需要政府介入解决问题。

无疑，还有诸多细节值得关注。长期以来，奥地利学派因凯恩斯理论盛行而被忽视。然而，在20世纪80年代里根政府执政时期和撒切尔时代的英国，该学派崭露头角，逐渐受到华尔街的重视。在美籍俄裔自由市场倡导者安·兰德以及哈耶克《通往奴役之路》的影响下，交易员们对格林斯潘的政策产生怀疑（颇具讽刺意味的是，格林斯潘本人热爱兰德并赞誉奥地利学派），他惊人的利率措施使市场受到干扰。

斯皮茨纳格尔对凯恩斯主义及央行干预市场的诊断比交易员

---

① 凯恩斯主义主张国家采取扩张性的经济政策，通过增加需求来促进经济增长，这通常包括扩大政府开支和实行财政赤字，以刺激经济并维持繁荣。——译者注

对美联储的态度判断要更细致入微。如果说有任何迂回的投资策略，那便是环宇资本的“喜欢亏损”策略，总是在等待爆炸性的回报。这也很像塔勒布的黑天鹅理论，需要耐心等待市场的变化，寻找机会。

在斯皮茨纳格尔于2013年出版的著作《资本的秩序：在被货币和信贷扭曲的世界中迂回投资》中，他详细阐述了一系列深刻的观点。这部作品既是一部自传体文献，涵盖了芝加哥期货交易所的交易传说以及“喜欢亏损”的克里普效应，同时涉及历史、东方哲学、交易智慧、军事战略、经济理论，以及对鲁滨孙·克鲁索的批判，甚至还涉足深奥的林业领域。

该书出版不久，斯皮茨纳格尔和亚尔金决定大干一场。他们对加州的高税率感到不满，决定将环宇资本的总部迁至迈阿密，以享受那里更友好的商业政策（较低的税率）。2013年，斯皮茨纳格尔以1 000万美元的价格卖掉了詹妮弗·洛佩兹的豪宅，再次踏上了东海岸的征程。与此同时，他还在底特律的高档社区布卢姆菲尔德山购买了一套住宅，并让自己的两个孩子就读于米特·罗姆尼曾读过的私立学校克兰布鲁克。

斯皮茨纳格尔和他的妻子决定不在迈阿密定居（他将在靠近环宇资本办公室的四季酒店租下一间客房）。他们远离洛杉矶这样的大城市，选择搬至底特律，这座城市距离斯皮茨纳格尔成长的地方更近。在内心深处，他始终认为自己对中西部更保守、更踏实的特性有一种亲近感。某种程度上，定居底特律的想法与他一贯的叛逆心态相契合。毕竟除此之外，谁会想住在底特律呢？

斯皮茨纳格尔对底特律的破败景象感到不安，因此在2014

年夏天，他制订了一个计划，至少要解决其中一些问题。他从田园农场运来了 20 只山羊到底特律西北部一个犯罪猖獗的社区，进行了一次城市农业实验。斯皮茨纳格尔希望将其打造成一个大型慈善项目，为社区提供廉价的羊肉、羊奶和羊奶酪。他还希望这些山羊能啃食社区附近废弃房屋中丛生的杂草。

当地居民对山羊颇感亲近，然而，斯皮茨纳格尔从未向市政府申请许可，他认为政府会条件反射般拒绝。果然，政府很快就将他及他的山羊一并赶回了田园农场。

第十二章 混乱家族

塔勒布感到坐立不安。彼时是2014年5月，他正在拉斯维加斯贝拉吉奥大酒店赌场的大宴会厅后台，与亚尔金一起候场等待。投资界的大佬齐聚宫殿般的贝拉吉奥大酒店，参加一年一度的SALT会议，该会议由天桥资本主办。天桥资本是安东尼·斯卡拉穆奇（曾在特朗普政府中担任了11天的白宫通信联络办公室主任）的几家基金管理机构之一，设立于纽约，资产管理规模达110亿美元。

斯卡拉穆奇的SALT会议已成为金融界顶级、盛大的活动，活动汇聚众多寻求融资的基金与来自世界各地的主要投资者。以往的发言人包括对冲基金巨头约翰·保尔森和史蒂文·科恩，以及美国前总统比尔·克林顿和小布什。2014年的演讲嘉宾包括著名天体物理学家奈尔·德葛拉司·泰森、洛杉矶湖人队传奇球星魔术师约翰逊、英国前首相托尼·布莱尔和电影导演弗朗西斯·福特·科波拉。兰尼·克拉维茨则受邀在会议后的庆祝派对上为近2 000名银行家和基金大佬献唱《美国女人》和《飞去》等歌曲。

阿帕卢萨管理公司（Appaloosa Management）的大卫·泰珀

是 2013 年业绩表现最好的对冲基金经理，当年赢利高达 35 亿美元，他告诫大家在投资组合中要留有足够数量的现金。“现在不要做多，”他对听众说，“现在是紧张时期。”（结果当年股票又上涨了 10%。）

当天的主要看点之一是塔勒布与拉里·萨默斯之间的辩论。萨默斯是奥巴马时期的国家经济委员会主任，克林顿时期的财政部部长，世界银行的首席经济学家。斯卡拉穆奇主持了这场辩论（塔勒布是一位脾气火暴而且蔑视经济学家的人，他曾向斯卡拉穆奇保证自己会在辩论中表现得友善些，就好像萨默斯是一朵需要温柔呵护的小紫罗兰）。

亚尔金在这里见到了被塔勒布的名气所吸引的潜在投资者。出席此类活动已成为塔勒布在环宇资本的主要职责之一，他曾在 2013 年担任在新加坡举办的 SALT 会议上的主讲人。在类似 SALT 这样的大型会议上登台公开演讲，有助于向全球最顶尖的金融家宣传环宇资本。也许很少有人听说过环宇资本，但许多人都知道塔勒布是谁。

塔勒布身着粉色衬衫和蓝色外套，没有打领带。在他等待活动开始时，萨默斯走进后台等候区，这位毕业于麻省理工学院和哈佛大学的经济学家面无表情、神情冷漠，毫不理会塔勒布的存在。这预示着一场紧张激烈的智力碰撞即将拉开帷幕。

被朋友们称为“穆奇”的斯卡拉穆奇神采飞扬地大步走上舞台，向观众介绍起了两人。塔勒布和萨默斯分别在两旁的黑色皮椅上落座。

“纵观全球经济格局，有哪些令你喜闻乐见？又有哪些令你忧心忡忡？”穆奇问道。

萨默斯说："我认为现在判断金融已趋于稳定还为时尚早。即使波动性看起来已较低。"

塔勒布则看到了危险，导致2008年全球金融危机的问题仍然潜伏在冰山之下。"遭遇我们当年那样的危机，虽算得上是止疼良药可以暂时止血，但它并不能根治癌症问题，"他说，"我们缺少风险共担机制，比历史上任何时候都严重。"

这句话算是塔勒布当时正在制定的一个更全面的风险管理理论——非对称风险（这也是他于2018年出版的下一本书的书名）的早期体现。这一理论认为，至少对银行而言管理层需要对公司做出更深层次的个人财务承诺。如果银行倒闭会导致管理层个人破产，那么银行就会安全得多。然而目前的情况是，银行倒闭时，管理层几乎不会受到任何影响，如果有，也仅仅是当银行倒闭时，尤其是那些"大到不能倒"的银行倒闭时，它们会通过将风险转嫁给纳税人而使风险社会化。塔勒布说，这也是为什么银行现在庞大而又十分脆弱，倒闭的风险比以往任何时候都高。

萨默斯听后恼羞成怒。他是奥巴马时期金融体系救助方案和改革银行资产负债表方案的主要设计师。他说："主要金融机构的资本实力已极大增强，我们的错误是没有认识到，现在所做的一切仅仅是把这些碎片又重新拼凑了起来。"

塔勒布对此并不认同，和斯皮茨纳格尔一样，他反对对银行的救援。他认为如果允许更多的银行倒闭，让更多的银行家入狱，整个系统能更加健康。他指出，没有一家大银行的高管在危机中遭受损失，本该承担风险的人却获得了救生圈。因为他们没有共担风险，银行家把所在的公司变成高风险的赌场，他们获得所有上涨的回报，而下跌时承担的风险几乎为零。塔勒布后来将此称为“鲍勃·鲁宾交易”，是指克林顿时期财政部前部长罗伯特·鲁宾在全球金融危机期间，也就是花旗银行内部风险爆发之前的几年里中饱私囊，从花旗银行获得了1.2亿美元的报酬，而且没有被强制要求归还一分钱。鲁宾并没有“风险共担”，他也就没有动力去迫使银行降低风险。

塔勒布抱怨道：“这些人在利用这个系统，我们还不如回到过去银行简单枯燥的时候。”

萨默斯不同意没有人付出代价的说法，他指出几乎所有大银行的首席执行官都失去了工作（但他没提到他们丰厚的离职赔偿金）。萨默斯说：“我并非拥护由政府来管理金融机构。我拥护的是能让金融机构更有效地防止运转失灵，在失灵时能更安全的方法。而你拥护的又是什么？”

“我拥护惩罚。”塔勒布答道。

在贝拉吉奥大酒店与萨默斯对峙数周后，塔勒布又一次在曼哈顿市中心的纽约科学院与迪迪埃·索内特针锋相对。塔勒布身着牛仔裤和夹克，抱着手肘坐在观众席前，显得十分放松，热切地期待着辩论结束后的酒会。索内特则穿着较为传统的纽扣白衬衫和灰色条纹西装，显得有些紧张。辩论中，塔勒布对预测持极度怀疑的态度，而索内特则坚称他精巧的数学模型可以预测极端事件——黑天鹅与龙王。

塔勒布指着投影仪播放的一张瓷茶杯图片说：“这个杯子很脆弱，因为它不喜欢波动。它有着非常特殊的属性，即对波动非常敏感。”

他的意思是，不要成为茶杯。交易策略也最好不要像茶杯一样。他说人们在风险管理和概率论上容易犯的第一个错误是过于关注对未来的预测，例如利率走势、经济增长或货币价格，而不关注风险敞口（如交易头寸）的本质。塔勒布说：“人们倾向于研究随机变量，而变量和风险敞口之间存在着混淆。”

问题是，这个变量极难计算。塔勒布说：“与其把时间浪费在计算统计特性上，还不如调整我的风险敞口。”

当不可预测的黑天鹅事件让你或你的投资组合像瓷茶杯一样易碎时，衡量具体风险和进行预测都变得无关紧要了。面对这样摧毁性的事件，你得确保你面临的风险为零（或接近零风险）。风险敞口，也就是投资组合中各项投资的特质及其对极端事件的敏感性才是真正重要的。塔勒布说：“我不在乎风险，我在乎的是它对我的影响。”

他用幻灯片展示了他所谓的“混乱家族”：不确定性、可变性、零碎的知识、偶然性、杂乱、波动性、无序、熵、时间、未知、随机、动荡、压力源和错误。

“自然界万物在某种程度上都喜欢或不喜欢这些东西。”他说。

他展示的这些都来自他2012年出版的《反脆弱》。这也是一本畅销书，其中研究了一系列被混乱家族（极端波动性）破坏或改善的现象。塔勒布的新词“反脆弱”是指，当遇到无序、混乱和波动等情况时，事物反而会变得更加强大。与《黑天鹅》一样，这本书也来自塔勒布与斯皮茨纳格尔一起在安皮里卡开发的防崩盘交易策略。在该策略的理念中，所有价外看跌期权都喜欢波动性，波动越大越好。

塔勒布说完后，索内特从椅子上站起来，指着一张标题为“为什么？怎么样？什么时候？”的幻灯片，展示了一系列历史事件，包括法国大革命、1918年西班牙流感、1986年挑战者号航天飞机失事、2000年互联网崩溃和2008年全球金融危机。

索内特用浓重的法国口音说道：“这些事件有什么共同点？答案是他们都经历动态的过程，这使它们在某种程度上是可知的和可预测的。那这个潜在的过程是什么呢？我将通过我提出的术语‘龙王’来看待这个充满极端事件的世界。”

他解释说，龙王是一个动态过程，它向着大规模、不稳定的方向发展，即所谓的相变。他用一张水加热到100℃（沸点）的幻灯片来举例说明。

坏消息是，龙王出现的频率比传统统计模型所显示的要高得多。但好消息是，当一个系统接近他所说的分界点，也就是相变的突然转变点，即从水到蒸汽的跃迁时，这种行为是可以预测的。索内特说：“当接近分界点时，你就有了一扇可视的窗口，就像飞机冲破云层终见阳光那样。我从机制变化的角度来思考世界。”

另一张幻灯片则展示了全球金融危机观察站自2008年以来取得的成果。

他说：“我认为这类知识能够使我们进入下一阶段，即控制阶段。”他接着说：“我很高兴地向大家报告我们已经能够证明，在某些情况下，当我们了解系统的动态过程，当系统显示出龙王事件的幂律分布时，在适当的时刻进行非常微小的干扰，我们实际上就能控制并斩杀龙王。这将是一项非凡的成就！”

索内特说完，在塔勒布身边坐下，然而塔勒布咧嘴笑得像一只柴郡猫[1]。

塔勒布先是调皮地向索内特赠送了一本《黑天鹅》，之后向他提出了一个问题："你认为'9·11'事件是黑天鹅事件吗？"

索内特回答道："不是。"

塔勒布又问："对当时大楼里的人来说，它算是黑天鹅事件吗？"

索内特耸了耸肩。

塔勒布说："对飞机驾驶员来说，它是黑天鹅事件吗？我的意思是，对火鸡来说是黑天鹅，但对屠夫来说可未必。"

然后，塔勒布说了一些他知道会让索内特大吃一惊的话。据说，塔勒布几年前就提出了龙王概念。他把这种现象称为"灰天鹅"，即具有一定可预测性的极端事件（他声称金融危机就是"灰天鹅"事件）。他补充说，虽然他在一定程度上同意索内特的分析，但其致命缺陷在于，输入超指数模型时的微小变化会产生戏剧性的后果，原本每1 000万年才发生一次的事件，可能变成每600天发生一次。结果就是，虽然索内特的分析在数学上是严谨的，但它无法做出管理风险所需的精确预测。

塔勒布的主要观点与模型无关，也与黑天鹅、灰天鹅和龙王之间的区别无关。他认为问题的关键在于如何交易，用什么交易，以及如何管理对市场的风险敞口。

塔勒布说："我做了21年的交易员，刚开始的时候我还有头发。作为一名交易员，要学会一件事，那就是让你赚钱或让你破

---

① 柴郡猫是英国作家刘易斯·卡罗尔创作的童话《爱丽丝梦游仙境》中的虚构角色，形象是一只咧着嘴笑的猫，拥有凭空出现或消失的能力，甚至在它消失以后，它的笑容还挂在半空中。——译者注

产的并不是你的观点，而是你如何表达自己的观点。金融工具或策略远比你能否猜对重要得多。例如，如果你使用的期权凸性大，即使在 99% 的时间里都猜错了，也不会有什么问题。”（简言之，凸性的东西会从波动中受益。）

做预测是在浪费时间。真正的诀窍在于找出一种不依赖预测的交易策略。塔勒布说：“当你预测错误时仅承担较小损失，预测正确时会获得丰厚利润，你便可以将自己从相关资产的统计属性中剥离出来，这才是更重要的。而那些随便看看统计数据并认为这些数据直接与业绩挂钩的人并不会认识到这一点。”

索内特明显有些激动。他说：“或许你知道国王效应，在许多国家，国王家族的人数在人口数量中占比巨大，这就是国王效应。这不仅仅是灰天鹅，更是国王效应，或者说是‘龙王’。”

“这就是一个灰天鹅！”塔勒布坚持道。

索内特厉声说：“让我说！我允许你发言了，现在该我了。第一，龙，像动物，却是有着特殊属性的神秘动物。这正是龙王的特点，虽然它们属于异常情况，但可以预测。第二，对不起纳西姆，说些你不爱听的，但你混淆了幂律。你说的幂律是指统计学上的幂律，实际是指关于肥尾估计的脆弱性。而我说的是另一种预测模型，从根本上讲，它是动态的，而不是统计的。这是我所展示的一切的基础。”

索内特的意思是塔勒布的分析是基于错误的数学统计。他的黑天鹅是一瞬间的快照，是极端事件的单一静态图景。而索内特的方法是基于物理学的，是动态的。该方法随着系统从一个状态到另一个状态的加速变化而演变，并能够捕捉这些运动。塔勒布观察市场时只看到了肥尾，唯一的对策就是远离市场，购买大量保险。索内特则声称，他的模型展示了市场是如何从一种状态（稳定）转变为另一种状态（泡沫、超级泡沫和崩溃）的，而且他可以据此进行交易。

塔勒布对此并不买账。

塔勒布说："我告诉过你，从头发还浓密那会儿我就开始做交易了，后来我的头发掉光了。在此期间，我看到很多人都在努力适应动态……"

索内特调侃道："你看，我的头发还都在呢，而且我们仍在坚持做交易。"

尽管大卫·泰珀等投资者惶惶不安，但股市在当年余下的时间里依然保持了韧性。直到 2015 年夏天，灾难再度席卷而来，全球市场因中国经济放缓的报道而摇摆不定，因为中国是推动全球经济增长的重要引擎。8 月 24 日（周一），中国股市开始出现大量抛售，上证指数下跌 9%。纽约交易所开市后不久，道琼斯工业平均指数崩盘，在短短 6 分钟内下跌 1 089 点，超过了 2010 年的闪崩，创下历史最大的盘中跌幅。

环宇资本迈阿密办事处的交易员立即行动起来。在几天后，一切都尘埃落定时，环宇资本已获利 10 亿美元。斯皮茨纳格尔并不认为股市下跌与中国有多大关系。他坚信，股市正处于由美联储引发的不可持续的泡沫之中，投资者将承受更大的痛苦，这仅仅是个开始。

然而他错了。虽然 2015 年美股表现低迷，全年下跌约 1%，但2016年和2017年市场再次冲高。

但是，斯皮茨纳格尔有没有接到投资者愤怒的电话，大骂他浪费他们的钱（就像塔勒布在安皮里卡遇到的那样）？那倒也没有。环宇资本投资策略的一个重要特点是，它既能让投资者从市场上涨中获益，又能防止他们遭受巨大损失。据斯皮茨纳格尔说，他们的累计收益比世界上任何其他风险缓释策略都要好。2016年，他在《巴伦周刊》上发表文章，比较了普通长尾对冲策略与其他旨在降低投资者风险的策略，如投资黄金、10年期美国国债和瑞士法郎（一种从历史上看很安全的货币）的历史回报。

在长尾对冲策略的三种替代品中，黄金胜出。数据显示，1974年以来，当市场在一年内下跌超过15%时，黄金的回报率为5%~70%，平均为30%。问题是，在其他年份，黄金的回报率波动很大，从井喷式的125%到亏损30%，平均不到7%。此外，需要大量黄金才能提供足够的风险保护，大约是所持股票的三分之二。这意味着在市场上涨时，你要放弃一大笔收益。斯皮茨纳格尔指出："这就像跳伞时背着一个时灵时不灵的降落伞一样。"

当市场暴跌时，10年期美国国债和瑞士法郎的收益则微乎其微。也就是说，它们几乎不提供任何风险保护。

而当标普500指数在一年内下跌超过15%时，环宇资本的长尾对冲策略却赚了1 500%以上。更重要的是，由于该策略只需要投资者投入很小一部分资产，比如2%或3%的资金，因此与黄金、10年期美国国债或瑞士法郎的投资组合相比，能留出更多的资金用于购买股票或其他风险资产。例如，一个标准的股债对冲组合通常有 30% 或 40% 的债券头寸。

斯皮茨纳格尔的意思是，环宇资本的投资者也能在牛市中表现优异，因为与寻求国债或现金保护的投资者相比，他们能获得更多的上涨空间。

但这并非轻而易举就能实现。环宇资本的交易员发现，这份工作既辛苦又无聊。他们每天都来上班，且常年亏损。对交易员来说，工作激励主要来自年终奖，一般是按交易员在一个自然年内所获利润的百分比计算的，这才可以让交易员有勇气坚持每天到办公室，从事一项方方面面都压力巨大的工作。然而在环宇资本，往往没有利润。

交易员被告知要像私营科技公司的员工一样思考，他们拥有大量期权，只有公司上市才有价值。这可能要等上好多年，而一旦公司上市，你就发财了。

斯皮茨纳格尔习惯性地看空市场，他总是满怀期待地在等待另一场崩盘的到来。但这并不意味着他在择时或者在预测崩盘。如果他所期待的崩盘没有发生，他的投资者也不会遭受损失。环宇资本的投资者如变魔术般在牛市和熊市中都可以赚钱。毕竟，对冲基金公司是这么介绍自己的，这是对冲基金“对冲”两字的奥义，但是很多基金经理达不到。

2015 年 8 月，塔勒布来到马萨诸塞州的梅德福，也就是塔夫茨大学所在地，为该校的政治风险年会做了一场演讲。演讲结束后，东地中海研究专家纳迪姆·谢哈迪在台上问他，当今世界上哪些威胁最让他担忧，会担忧恐怖组织 ISIS 吗？伊拉克战争期间催生的残暴的 ISIS 彼时在叙利亚发动了战争。谢哈迪说："西方对从叙利亚返回的 ISIS 圣战者感到恐慌。"

塔勒布说："我对此尚无头绪，目前，这件事作为风险来源来看还比较轻微。"

报纸上对此类风险着墨颇多，但它们并不代表系统性的社会威胁。他说："如果你从我们每天所面临的风险角度去看，真正的风险不是 ISIS，而是埃博拉病毒。因为埃博拉可以传播和加速蔓延。我们将面临的下一个埃博拉，是史上首个能够搭乘英国航空公司航班的传染病病毒，当然还有达美航空和美联航。乘客可能在飞机上得到糟糕的食物，还有空乘人员的恶劣服务。这才是问题，并且是我们从未面对过的问题。因此，当人们跟我说，让我们来谈谈风险时，我谈论的第一件事就是流行病。ISIS 也许会加速它，它更可能自然而然地出现。"

第十三章　波动率末日

2016年夏天，环宇资本收到一封来自加州公共雇员养老基金高级投资组合经理罗恩·拉格纳多的邮件。拉格纳多很想进一步了解环宇资本是如何运营的，并希望安排一次电话会议。

加州公共雇员养老基金是美国最大的公共养老基金，在当时拥有超过3 000亿美元的资产。对环宇资本而言，即使只分得其中的一小块蛋糕，也将是一笔横财。而且，这将帮助环宇资本找到养老基金这一顽固且保守的世界的突破口。环宇资本的许多资产来自捐赠基金和私人财富管理公司，他们通常都是精明的投资者，能很好理解和掌握环宇资本的策略。然而，养老基金却往往谨小慎微，墨守成规。很少有人愿意偏离常规，采用那些看似试验性的策略。如果环宇资本能把加州公共雇员养老基金变成自己的客户，这个先例或许能让其他养老基金接受尾部风险策略，认同这种策略是可行的。对环宇资本来说，这是一个潜在的变革机会。

拉格纳多的老板泰德·埃利奥普洛斯是加州公共雇员养老基金的首席投资官，他最近听了塔勒布的一场演讲，对应用尾部风险策略增强基金投资组合抵御黑天鹅的能力产生了兴趣。养老基金界普遍认为，这种策略代价过高，不适用于养老基金这样庞大的投资组合。虽然有可能在暴跌时赚钱，但在顺境中流血是不值得的。埃利奥普洛斯开始思考，也许事实并非总是如此。

同时，埃利奥普洛斯开始感到不安。随着股票不断上涨，加州公共雇员养老基金越来越多地暴露在崩盘的毁灭性风险中。股票已经连续 7 年上涨。恰逢希拉里·克林顿对阵唐纳德·特朗普，一场决定美国前途命运的总统大选正在酝酿之中。

山雨欲来风满楼，为了自保，加州公共雇员养老基金的投资委员会做出了决定：出售价值 150 亿美元的股票，约占整个基金的 5%，以降低风险。包括拉格纳多在内的一些加州公共雇员养老基金内部人士认为此举过于疯狂。这显然是一种择时操作，如果未来几年股票上涨了怎么办？

因此，拉格纳多和埃利奥普洛斯对这样的想法变得越来越感兴趣：如果能用一种类似于保险的东西（如黑天鹅尾部对冲策略）来保护你的投资组合免受巨大冲击，你就不必减少对市场的风险敞口，甚至还可以增加敞口。

他们的直觉与许多投资者当时的感觉背道而驰。经济衰退后的长期牛市似乎永无止境。美国搭上了历史上最持久的经济扩张飞毯。越来越多的投资者开始认为，他们不需要继续投资尾部风险基金，许多人开始撤出这一策略。环宇资本的模仿者开始转向不那么激进的对冲策略。或者，它们干脆关门大吉。

尽管身处牛市，但像加州公共雇员养老基金这样的美国养老基金仍处于水深火热中。他们承诺给受益人的金额与资产负债表上的实际值之间存在着巨大差额，高达数万亿美元。各州养老基金的资产负债表显示，总资产约为欠款的 70%。一些人批评道：“这是基于对市场的美好预期而做出的过于乐观的估计。对依赖养老金的美国退休人员来说，这是一场迫在眉睫的灾难。”

在加州公共雇员养老基金内部，一些基金经理开始质疑其策略背后的基本假设，即作为现代投资组合理论基石的“不要把所有鸡蛋放在一个篮子里”的分散投资方法。加州公共雇员养老基金的业绩低于标准基准（标普 500 指数），每年约低 2%，因为其资产的一大部分投资了表现疲软的国债。加州公共雇员养老基金哪怕随随便便将所有现金都投入低成本的标普 500 指数基金中，业绩表现都能好得多。虽然每年低 2% 看似不多，但从复利的角度来看，这对养老基金的长期回报是毁灭性的。

必须做出改变。也许长尾对冲可以解决这个问题。埃利奥普洛斯把这个问题交给了他的二把手埃里克·巴格森。巴格森把任务交给了拉格纳多。

巴格森告诉他：“我不知道你是否听说过这些人，不过你可以去查查看。”

拉格纳多是华尔街的资深人士，20 世纪 90 年代在利兰 - 奥布莱恩 - 鲁宾斯坦联合公司（Leland O’Brien Rubinstein Associates）开启了他的职业生涯。该公司因创建投资组合保险而声名鹊起，投资组合保险正是 1987 年“黑色星期一”崩盘的一个关键因素。在 2014 年加入加州公共雇员养老基金之前，他曾在美国银行和纽约梅隆银行等银行工作。

拉格纳多曾对 2016 年旨在降低加州公共雇员养老基金风险而抛售 150 亿美元股票的做法提出警告。他抱怨说：“你或许会走运，但如果你一直在进行这种择时操作，总有一天你会出错。”2008 年，加州公共雇员养老基金曾在金融危机最严重的时候抛售了价值数十亿美元的股票。这意味着，当市场在次年开始反弹时，他们损失惨重。拉格纳多担心他们会重蹈覆辙。

在与斯皮茨纳格尔和亚尔金通过几次话后，2017 年 5 月拉格纳多和加州公共雇员养老基金的一队人马飞往迈阿密参加会议。这是一次形式上的会面，因为在这之前拉格纳多和他的老板已经同意投资，环宇资本通过了尽职调查。2017 年 8 月，环宇资本为加州公共雇员养老基金设立了一个 15 亿美元的市场风险保护组合。之后每 3~6 个月，这个数字就会增加一次。

在当年余下的时间里，股市持续上涨。到了 2018 年 2 月，市场再次经历令人大跌眼镜的崩溃。美股的波动率如火箭飙升，被称为“波动率末日”。华尔街无情的市场交易机器成了幕后推手。

随着金融危机后市场年复一年地持续走高，华尔街开发出了设计巧妙的交易产品，只要市场保持平稳，这些产品就能从中获益。在美联储看似无底洞的刺激政策下，美股波动率接近历史最低点。这些新产品反向挂钩恐慌指数（反映市场恐慌情绪的指数，会在市场崩溃时飙升）。换句话说，这些产品的投资者押注市场不会极端波动。

2 月 5 日（星期一），灾难降临到这些投资者身上。这些反向挂钩波动率的产品在一天之内贬值超过 80%。道琼斯工业平均指数创下有史以来最大的盘中跌幅。波动就像机枪扫射一样不断袭来。在那周余下的时间里，只有一天道琼斯工业平均指数的波动没有超过 1 000 点。一位交易员告诉《华尔街日报》：“感觉整个星期我都在被炮轰。”交易量骤增，交易员经常无暇上厕所。

当然，环宇资本大赚了一笔。

次月，斯皮茨纳格尔致信环宇资本的投资者，以纪念黑天鹅保护协议成立 10 周年。他写道："当我们敲响钟声，回顾我们走过的历程，我想起了一句俄罗斯谚语——沉湎于过去，会失去一只眼睛。忘却历史，会让你双目失明。"

正如《巴伦周刊》写的那样，信中斯皮茨纳格尔比较了 6 种风险缓释策略，包括黄金、债券、对冲基金，当然还有环宇资本自己的基金。过去 10 年，由 25% 的黄金和 75% 的标普 500 指数组成的投资策略的年复合增长率为 8.5%；由 25% 的债券和 75% 的标普 500 指数组成的投资策略的年复合增长率为 9.7%；由 25% 的对冲基金和 75% 的标普 500 指数组成的投资策略的年复合增长率为 8.2%。

一个仅含 3.3% 环宇资本基金，其余均为标普 500 指数的策略则产生了 12.3% 的年复合增长率。

斯皮茨纳格尔希望他的投资者知道，这个年复合增长率的数值意义非凡。因为这意味着环宇资本不仅在过去 10 年中的收益率表现比其他策略高出两个百分点以上，还意味着它每年都是如此（平均来看）。

这个影响是不可小觑的。如果 2008 年向环宇资本的策略（也就是由 3% 的环宇资本基金和 97% 的标普 500 指数组成的组合）投入 10 000 美元，放置不管，10 年后将拥有 31 700 美元。如果将同样的 10 000 美元投入表现第二好的债券策略，收益为 25 250 美元，这比环宇资本策略的收益低 20%。黄金策略的收益为 22 600 美元，对冲基金策略的收益为 22 000 美元。随着时间的推移，这些策略的收益差距会逐年扩大。

更糟糕的是，除了环宇资本策略，其他策略的表现甚至还不如标普 500 指数本身。

这为华尔街的巨大失败再添一次教训。有多少资金、脑力、花里胡哨的 PPT、永无休止的电话会议和各种线下会议，都花在了那些所谓的投资策略上？结果这些策略的收益甚至比不过老奶奶把所有钱都投入标普 500 指数基金所产生的收益。与其说是环宇资本有多么伟大，不如说是那些被巴菲特蔑称为“帮手”的华尔街投资顾问军团献上了一场毁灭投资者财富的哗众取宠的表演。在这些哗众取宠的人所打理的资产中，就有退休人员放在美国养老金账户里的 35 万亿美元。

巴菲特在 2007 年就赌定对冲基金并不尽如人意。当时许多专家都认为这位奥马哈先知赌错了，因为多年来对冲基金整体是跑赢市场的。巴菲特还与一家名为普罗蒂杰的公司打赌其挑选的对冲基金在 10 年内不会跑赢标普 500 指数。对冲基金在 2008 年表现较优，而此后每年都是标普 500 指数胜出，标普 500 指数的收益率达到 126%，而收取高额管理费的对冲基金的平均收益率仅为 36%。巴菲特在 2017 年致伯克希尔 – 哈撒韦公司股东的信中写道：“从中可以得到的教训是，投资并不需要超群的智商、经济学学位，也不需要熟悉华尔街的行话，投资者真正需要的是无视大众的恐惧与贪婪，把注意力集中在几个简单的基本方面。”

例如：不要亏钱。

斯皮茨纳格尔并不否认，有可能他只是一直以来运气好，是一个随机致富的傻瓜（当然他并不这么认为）。他在信中写道：“过去行之有效的策略，无法保证将来还会奏效。但是，如果一种策略在过去没有奏效，指望它在未来会奏效，这本质上是不是不太科学？”

他以豪言壮语收尾：“我们迄今为止的成就有目共睹，不言而喻。”

那年夏天，斯皮茨纳格尔、亚尔金和塔勒布飞往萨克拉门托，与加州公共雇员养老基金的高级管理人员会面。这是一次马拉松式的会面。他们在一间大会议室里待了 5 个小时，会见了美国最大养老基金投资团队的所有负责人及大批员工。房间里一度挤着 30 多个人。斯皮茨纳格尔做了大部分发言。2 月的“头彩”，也就是“波动率末日”帮他们证明了自己，因为那一周的收益已足以支付整个策略全年的费用，还能有一些剩余。

当时有一个问题被反复提及：如果市场没有崩盘，而只是持续小幅阴跌呢？那他们去做长尾对冲岂不是会浪费钱，并与巨额收益失之交臂？

斯皮茨纳格尔承认，在这样的市场环境下，环宇资本的长尾对冲策略是行不通的。这是环宇资本的氪石[①]。但他指出，历史上很少有这样的情况。相反的，熊市的特点是市场突然崩溃。甚至在牛市中也会出现崩盘——“波动率末日”就是一个例子。他说，有点自相矛盾的是，对投资者来说缓慢下行的市场是

① 氪石：超人故事里的虚构物质。在现实世界中，指代刀枪不入的英雄的弱点。——译者注

所有可能中的最好情景，因为投资者在此情景下可以自行退出交易。而崩盘时，投资者会被套牢。每个人都想立刻抛售离场。他问大家："为何我要阻挡这种可能发生在你们身上最好的情形呢?"

拉格纳多领导的加州公共雇员养老基金团队几乎评估了华尔街所有尾部风险策略。他们发现，没有任何一家公司能与环宇资本的过往业绩相媲美，也没有任何一家公司能与环宇资本管理策略的方式及其历史崩盘时期的高回报率比拟。这家养老基金希望斯皮茨纳格尔和他的团队成为其新的风险缓释策略的基石（他们将一小部分资产分配给环宇资本的竞争对手，一家名为长尾阿尔法的加州公司）。

随后，环宇资本团队在当地一家意大利时尚餐厅 Il Fornaio 与加州公共雇员养老基金的高级管理人员共进晚餐。斯皮茨纳格尔与埃利奥普洛斯和巴格森坐在一起，他们不停询问有关田园农场的问题（巴格森在密苏里州拥有自己的农场）。亚尔金对该基金新任高级投资官之一的伊丽莎白·布尔基印象深刻，她是一位来自瑞士的风险经理，拥有 20 年养老金资产管理经验，并在迪迪埃·索内特的工作单位苏黎世联邦理工学院获得金融数学博士学位。斯皮茨纳格尔认为她非常聪明，能很好地掌握环宇资本的方法。2019 年年初，他得知埃利奥普洛斯将离开加州公共雇员养老基金，布尔基很可能会接替他的位置。亚尔金、斯皮茨纳格尔和塔勒布都觉得这是件好事。

他们兴高采烈地飞回迈阿密。当时，加州公共雇员养老基金已将大约 50 亿美元头寸的股市风险交给环宇资本来保护，这个庞大头寸约占黑天鹅保护协议投资组合的一半。拉格纳多和巴格森表示，他们想把这个数字提高到150亿美元，甚至是250亿美元。

对环宇资本来说，岁月静好，前途一片光明。

2019年1月，环宇资本得到了一个令人震惊的消息。事情出乎他们意料，他们本以为埃利奥普洛斯离开后，布尔基将负责监督加州公共雇员养老基金的投资，但她突然辞职了。发给加州公共雇员养老基金员工的电子邮件没有做出任何解释说明：

> 早上好，
>
> 伊丽莎白·布尔基已提交辞呈，辞去加州公共雇员养老基金首席运营投资官职务，今日起生效。

就只写了这些。

这封邮件的作者是孟宇（Ben Meng），21世纪初他就在该养老基金工作过，并于当月重新加入。斯皮茨纳格尔和亚尔金此前从未听说过他。

孟宇在环宇资本不知情的情况下，在加州公共雇员养老基金内部独揽大权。他将接班埃利奥普洛斯，掌控基金的全部投资组合。一位熟悉加州公共雇员养老基金的人说："孟宇在幕后操纵，他操纵棋子，为自己攫取权力。"

很快，孟宇开始审查该基金的每一份头寸和策略。对一只在股市持续上涨的情况下拥有约4 000亿美元资产的基金来说，这是一项艰巨的任务。这确实也是明智之举。加州公共雇员养老基金多年来业绩表现不佳，亟须进行审查。2008—2009财年，该基金损失了近四分之一的资产，而那时仍处在全球金融危机后的恢复期，这给依赖该基金的城市、学校和州政府带来了压力。孟宇还聘请外部的分析师帮助审查这些策略。

在这些项目中他们标记了：环宇资本的长尾对冲项目。

他们认为环宇资本的成本过高拖累现金，是一项会影响投资账户绩效的项目。若加州公共雇员养老基金的巨大投资组合是一头巨兽，那它就是巨兽身上的一只蚂蚁。他们认为，若要它扩大到足以提高整个组合收益所需的规模，成本肯定高昂。

然而，其他加州公共雇员养老基金的顾问并不认同这种看法。威尔希尔联合公司的高管安德鲁·琼金在2019年8月的养老基金董事会上表示，环宇资本的策略绝对值得他们付出如此成本。

他指着一份有关该基金策略和业绩的全面报告，告诉董事会："这一页上的某些数字值得重视。"他向董事会提到了一个名为"风险缓释策略"的项目。公司在这些策略上投入了2亿美元，而它们的跌幅高达82%，令人瞠目结舌。

琼金说："这看起来很糟糕，但请记住这种策略的用途。它是一种尾部风险对冲策略。在正常的市场中，或者在轻微上涨、轻微下跌，甚至大幅上涨的市场中，这种策略都不会有好的表现。但总有一天，当市场大幅下跌，报告会显示风险缓释策略上涨了1 000%。有可能到了那一天，你会问自己，为什么当初没有多买点这些东西，这就有点像保险费，你在市场正常时花一些钱，然后当市场遭遇大量抛售时，它能帮助支撑基金的业绩。"

孟宇并不同意，他决定通过全面清除外部基金管理公司来扼杀这一策略。几个月来，环宇资本对此决定并不知情。然后，在11月，亚尔金接到了一个未曾联系过的加州公共雇员养老基金的人的电话，他觉得不太对劲儿。

他被告知："我们需要在下周安排一次重要的电话会议，别紧张。"

这让他感到十分不安。多年来，他和斯皮茨纳格尔一次又一次地遇到这种情况：客户对市场崩盘感到紧张，但年复一年，崩盘并没有发生。客户便开始认为这种策略是一种非必要的开支，会影响其整体收益。在电话中，拉格纳多的上司巴格森宣布了一个坏消息：加州公共雇员养老基金要退出了，并补充说他本人对这一决定感到失望。他看上去很尴尬。加州公共雇员养老基金要求在1月底之前赎回在环宇资本的全部头寸。

这给了环宇资本当头一棒。加州公共雇员养老基金是他们迄今为止最大的客户，占其管理资产的一半。在此之前，他们之间的唯一对话是加州公共雇员养老基金的头寸未来会有多大。200亿美元？250亿美元？加州公共雇员养老基金要求环宇资本平掉大量看跌期权，而这与该基金总是买入看跌期权的策略完全相反。

斯皮茨纳格尔告诉巴格森："我觉得我让你们失望了。我们该怎样做得更好？"他知道问题不在于业绩，也许问题出在向基金高层解释策略上。

"你们已经做得很好了，"巴格森说，"我们只是需要挽回很多管理者的心。"

亚尔金试图说服加州公共雇员养老基金让他们保有当前的头

寸。大部分资金原本是要持有到下一年9月的，但养老基金拒绝了。斯皮茨纳格尔别无选择，只能向公司困惑的交易员发出指令：清算加州公共雇员养老基金。

大约在同一时间，疫情袭来。

第十四章　这是我们生活的世界

哈佛大学流行病学家丁亮（Eric Feigl-Ding）博士在推特上写道:“天哪，这种新冠病毒是3.8级!”那是在2020年1月20日午夜前不久，丁亮根据一篇关于这种病毒尚未发表的新论文估计其R0指标，也就是说一名病毒携带者可传染3.8人。鉴于这种病毒的致命性，它可以与现代史上最致命的病毒相提并论。他说:“作为一名流行病学家，尽管我不想，但不得不承认这一点，我们可能面临着1918年西班牙流感以来，世界上前所未有的不受控的疫情。我们希望不会达到那个程度，但我们现在生活在比1918年传播更快的时代。世界卫生组织和疾控机构需要尽快宣布公共卫生紧急状态!”

在发出这条推文之后，丁亮受到来自流行病学社区的强烈攻击，指责他传播恐慌情绪，危言耸听。当然，现在回想起来，他的“过早”恐慌是完全正确的。在2020年3月的一篇关于丁亮的推文及其引发攻击的文章中，《纽约杂志》的大卫·华莱士－威尔斯指出，如果世界其他地区在早期以同样程度的恐惧和担忧应对新冠疫情，情况会好得多。威尔斯说:“就像我以前写的关于气候变化的文章一样，当新闻提出预警时，唯一负责任的反应就是保持警惕并提高警惕。就像失控的气候变化一样，经验丰富的专家多年来一直强调全球流行病的威胁，认为我们应该始终围绕预防原则制定公共政策，而不是等到十分确凿的证据出现表明有必要再采取行动。如果我们等那么久，那就太晚了。”

塔勒布是非常重视这一预测的人之一。他来到环宇资本的迈阿密办事处，参加该市的一个金融会议。塔勒布已经因为新冠病毒的消息而失眠了。

在酒店的室内游泳池游了几圈后，塔勒布对预测病毒传播的计算机模型感到困惑。在一份名为“流行病学模型”的文档中，他使用诸如“现在如果 f 是非线性的，那么 f 计算中的操作除不确定性之外还可能包括严重偏倚”和“技巧（脆弱性）：对分布 / 破坏性特征的尾部也这样执行”等命令，制作了交互式图表，让他可以在病毒的各种特征及其传播之间切换。他很快召集了环宇资本的定量团队进行预测，结果显示不容乐观。

一天，他与斯皮茨纳格尔和亚尔金一起在海滨散步，顺路去了趟办公室。途中，穿着职业夹克装的塔勒布在迈阿密 27℃的温度下汗流浃背，他在一条停着压路机的人行道上发现了一枚硬币，他捡起来一看，不禁笑出声来，因为有个行业笑话是：无视风险的对冲基金经理在压路机前争抢硬币。当天的晚些时候，他们在一家意大利餐厅 Brickell Key 共进晚餐，那里有百科全书式的酒单。他们一边品着尼格罗尼鸡尾酒和意大利面，一边就最佳对策交换意见。斯皮茨纳格尔担心政府过度干预。

他说：“政府想让问题变得更糟。”

塔勒布注意到该病毒的 R0 指标远远大于 1，他说病毒失控的风险非常高。这意味着政府会采取非常强硬的行动，像关闭边境、强制封锁等措施是必要的。

与此同时，股市波澜不惊。恐慌指数在 2 月中旬接近历史最低点。

并非所有人都沾沾自喜：两家新客户对新冠疫情越来越紧张，决定进行投资。其中一家在 2008 年全球金融危机爆发前夕进行了投资，但在获得巨额利润后退出。另一家公司已经与环宇资本洽谈了十多年，最终决定投资，希望能有一些下行保护。

当然，他们入场的时机非常偶然。因为大多数投资者都不担心风险，而波动率又接近历史低点。环宇资本得以在事情变得疯狂之前，迅速买入极其低廉的标普 500 看跌期权和恐慌指数看涨期权，以押注波动率上升。

2020 年 1 月 23 日，《原子科学家公报》将世界末日时钟移到离午夜更近 20 秒的地方，该刊物写道："我们比以往任何时候都更接近世界末日。"这距离人类毁灭只剩 100 秒了。该组织由阿尔伯特·爱因斯坦和其他参与制造原子弹的人于 1945 年创立。他们将气候变化、核威胁和网络信息战视为导致威胁级别提高的最主要因素。而此时是冷战初期科学家监督小组首次发布该指标以来，最接近世界末日的一次。

但报告中没有提到新冠疫情。

3 天后，塔勒布、巴尔－扬和诺曼发布了备忘录，警告新冠疫情会给人类带来巨大的风险。

到2月初，这种病毒已蔓延至23个国家，但在美国只有几十个已知病例，自满的情绪盛行。全球许多股票市场创下纪录。并购银行家出身的作家威廉·科汉对市场泡沫感到越来越紧张。股票价格高企，债券收益率接近于零，该何去何从？为了找到答案，他打电话给斯皮茨纳格尔。

这位对冲基金经理发出警告：凛冬将至，一切都归咎于美联储。他说："随便去看一块交易屏幕，这真是太疯狂了。大盘股、小盘股、信贷市场、波动率，太疯狂了，到处在追求收益率。"

斯皮茨纳格尔告诉科汉，他不知道这场狂欢何时结束。他说："这就是我们生活的世界，我们必须解决这个问题。"

与大多数外界人士对环宇资本的看法相反，作为一名熊市狙击者，斯皮茨纳格尔说："如果股市再也不会崩溃，他也会很高兴。"通过为投资者提供爆炸性下行的保护，他们可以"承担更多的系统风险"。因为他们可以更多投资于股票而不是将大量现金投入国债等标准的风险缓解资产。举例来说，尽管那些占尽天时地利的少数新投资者看起来很聪明，但如果他们在10年的长期牛市中投资了环宇资本，他们可能表现得更好。

科汉在《名利场》报道了这次谈话，他写道："我看到了斯皮茨纳格尔方法论的智慧。"他还提问小散户如何能从斯皮茨纳格尔的智慧中受益。

斯皮茨纳格尔回答道："每天都有人问我这个问题，每天都有。我应该为他们做点什么，但我手上的大客户太多了。如果我不是那么忙的话，我应该能做点什么。"

2月下旬，随着新冠疫情继续在全球蔓延，斯皮茨纳格尔和亚尔金飞往纽约会见客户。市场震荡已开始爆发，表明恐慌正在扩大。随着市场动荡，华盛顿的官员试图摆出一副勇敢的面孔。2月24日，道琼斯工业平均指数下跌超过3%。特朗普在推特上写道："在我看来，股市开始变得非常好。"

第二天，斯皮茨纳格尔在纽约接受了彭博社主播埃里克·沙茨克的采访。沙茨克开始发问："你的基金为投资者提供了保护，如果你愿意，这可以说是针对低概率结果的保险单。新冠疫情暴发是你一直为之做好准备的黑天鹅事件吗？"

斯皮茨纳格尔说："这很难说，我也不知道。我不认为有人真的知道它是不是，通常不会有怪物藏在床下，但有时候会。我们无法确定是否真的有怪物，直到最后发觉又已经太晚了。"

沙茨克说："很难把任何一件事称为终极黑天鹅，我能想到一些非常可怕的结果，我们可以回过头来称之为终极黑天鹅。但新冠病毒似乎就属于这一类。"

斯皮茨纳格尔回答道："预测和预报不应该成为你投资理论的一部分，如果是，你就该清楚你的投资有问题。"

沙茨克问道："如果是这样，为什么如此多投资者投入大量时间和精力来做预测呢？"

斯皮茨纳格尔说："问题不在于预测，而在于许多投资者试图通过分散投资来保护自己免受不可预测因素的影响。这是我们从现代金融体系中喝下的苦艾酒，分散化、降低投资组合的波动性也许将在某种程度上保护我们免受这种事情的影响。但事实上并没有。这样做最终只会让我们变得更穷，因为在我们需要的时候，它并没有提供足够的保护。”

当天晚些时候，斯皮茨纳格尔和亚尔金顺便去了塔勒布为“真实世界风险研究所”举办的研习班。该研习班由来自各行各业的约 1 000 人组成，其领域涵盖医学、军事、政策制定、风险投资、银行、复杂性理论、心理学等，讨论一系列与风险管理有关的话题。当天的主题是新冠疫情及如何应对。

市场再度崩溃。研习班结束后，斯皮茨纳格尔和亚尔金走在纽约市热闹的街道上。随着新冠病例开始在外围街区迅速出现，街道上的人们已经充满了恐惧。斯皮茨纳格尔开始讨论如果疫情恶化，办公室的应急计划。他们曾在洛杉矶工作过，地震的风险无时不在威胁他们，而他们现在所在的迈阿密，又是飓风的靶心，因此他们早就为应对突然事件做好了准备。环宇资本迅速关闭了迈阿密总部，其交易员居家办公。少数高级职员间隔着一个篮球场的距离继续在办公室开会。市场很快开始陷入史上最令人痛苦的波动时期之一，尽管相对短暂，但同样痛苦。斯皮茨纳格尔和他的家人飞往北港角的偏远木屋。在一次中型会议上，他警告交易团队随时准备好应对美联储的激进干预。

他说：“我们绝对应该期待看到美联储做出震惊所有人，甚至是我们的举动。”为了证明他的观点，并在如此严峻的时刻增添一丝幽默，他分享了一张动图，图的内容是 2000 年恐怖电影《美国精神病人》中由克里斯蒂安·贝尔扮演的华尔街疯子帕特里克·贝特曼慢慢撕下了面具，这是暗指美联储将引发“面目全非”行情。

没过多久，美联储就采取了行动，尽管令人脸红心跳的反弹还将持续一段时间。3月3日，美联储紧急降息0.5个百分点。美联储表示："新冠病毒对经济活动构成了不断演变的风险。"同一天，股市又下跌了3%。10年期美国国债基准利率首次跌破1%。摩根大通经济学家布鲁斯·卡斯曼认为，"人们质疑美联储的行动能否缓解病毒带来的相关冲击。降息无法阻止病毒传播，也无法抵消遏制措施造成的直接经济成本"。

特朗普告诉记者："我认为金融市场将反弹。"

3月12日，道琼斯工业平均指数暴跌2 352点，跌幅近10%，创1987年"黑色星期一"以来最大跌幅。银行家和监管机构开始担心，整个金融系统会不会像2008年那样崩溃。3月15日星期日下午5点，美联储宣布进一步降息并启动购买7 000亿美元债券的计划。然而，这一超预期的举措并没有使市场平静，反而引发了恐慌。投资者开始担心美联储采取行动的背后，可能存在着类似于2008年雷曼兄弟破产或银行倒闭的事件。利率衍生品的复杂交易限制了银行资产负债表的进一步扩张。突然间，银行无法购买债券，因为新的资产会增加风险。抵押债券以及持有它们的公司开始崩溃。市政债券被视为危险品。波动率激增，恐慌指数飙升至创纪录的82.69。

远在迈阿密的亚尔金认为，恐慌指数可能会达到100。在波动率创下纪录的同时，环宇资本的交易员如刚刚捕获满载黄金的西班牙大帆船的海盗一样狂欢。随着波动率疯狂地上蹿下跳，该公司系统化的量化程序为交易员提供了何时卖出突然升值的头寸，以及何时买入的信号。

其他人则在崩溃。此时一个流行的交易策略是押注亚洲地区的剧烈波动，因为这些投资者判断美国和欧洲波动平缓。这一策略假设新冠病毒将撼动亚洲经济，而西方将毫发无损。结果却相反，亚洲设法遏制住了病毒，而欧美应对失当。因此亚洲的波动率保持平稳，而美国和欧洲的波动率却激增。

那些靠系统性卖出波动率，也就是押注市场始终稳定的基金，正在自我毁灭。孔雀石资本（Malachite Capital Management）是由两位前高盛衍生品交易员创立的纽约对冲基金，多年来一直与环宇资本进行反向押注。在股市多年的悄然走高中，该公司一直在卖出标普500指数的看跌期权从而积累了两位数的年均回报，就像收割机一样赚得盆满钵满。但在恐慌指数创新高的第二天，孔雀石资本化为灰烬。它损失了150亿美元，是其资产的两倍多。它将亏损归咎于“近几周极端不利的市场环境”。

安联全球投资公司（Allianz Global Investors）为德国金融巨头安联集团打理资金，其管理的基金多年来一直回报稳健。多年来，它也与环宇资本进行反向押注，即卖出看跌期权，而这些期权可以在市场崩盘时提供保护。到2019年年底，这些基金的管理资产达到110亿美元。安联结构化阿尔法基金经理格雷格·图尔南特在2016年5月的营销视频中说：“我们如同保险公司收取保费，而当灾难发生时，我们可能不得不为此付出代价，这就像保险公司一样。”

保险公司努力确保灾难事件不会使它们一蹶不振乃至毁灭。但当2020年3月的市场灾难发生时，向投资者宣传存在一定下行保护的图尔南特策略，其背后的数学逻辑并没有成立。几天内，图尔南特的基金损失了惊人的70亿美元。其中一只基金全年下跌了97%，这就是赌徒毁灭的现实例证。养老基金因此遭受重创，一只来自阿肯色州的教师养老基金就这场灾难起诉安联，称其亏损高达 8 亿美元。雷神技术公司（Raytheon Technologies）也提起诉讼，称其养老基金在 3.75 亿美元的投资中损失了 2.8 亿美元（投资者于 2022 年年初与安联达成和解）。

联邦调查人员查出了内鬼。很快，除了其他指控，美国司法部称图尔南特在 2015 年年底重新调整了对冲策略，而未通知投资者。2022 年 5 月，安联全球投资公司承认欺诈罪，并同意支付约 60 亿美元的罚款和赔偿款给结构化阿尔法基金的投资者，以补偿该基金的损失。2014 年以来，图尔南特已经赚取了约 6 000 万美元，他在科罗拉多州被捕，并以 2 000 万美元的保释金获释。他的律师辩护称，对他的指控是企图将“2020 年 3 月由新冠疫情引发的史无前例的市场崩溃”定为刑事犯罪的无稽之谈。

当然，这是一场黑天鹅事件。没人能预见这一切。

第十五章　彩票

随着2020年年初市场的崩溃，加州公共雇员养老基金董事会成员玛格丽特·布朗对过去几年实施的新的尾部对冲策略的表现感到好奇。她在3月份的董事会会议上向加州公共雇员养老基金首席投资官孟宇提出了这个问题。

她问道："孟宇，我们的左尾投资表现如何？它们在这次经济衰退中的表现是否符合我们的预期？"她指的是环宇资本的赌注（曲线的左尾是崩溃的一侧）。

孟宇回答道："是的，对于你所说的任何左尾风险对冲策略，它们都应该在这种下行市场中表现良好，因为它们的设计初衷就是如此。据我们所知，大多数这些策略的表现都能达到预期效果。"

不久之后，布朗发现该养老基金在过去几年中投资的大多数尾部对冲策略已于2020年1月终止。她勃然大怒。她在Facebook上写道："孟宇先生的回应只字不提他已经放弃环宇资本的对冲策略，董事会必须追究首席执行官和首席投资官的责任。"

原来，孟宇所说的尾部对冲策略是指大量持有国债和一些风险较低的股票投资。在向加州公共雇员养老基金员工发表的视频讲话中，孟宇对取消环宇资本的投资决定进行说明，批评这笔投资过于昂贵，且无法扩大到足以提高整个组合收益所需的规模。他说：“购买明确的尾部风险对冲产品是不经济的，特别是考虑到这种保险策略的成本和缺乏可扩展性。”

他说：“因此，我们选择了更好的市场下跌保护替代方案，并且事实证明它们在最近的市场暴跌中表现更好，这两个风险保护产品为我们的风险缓释矩阵贡献了超过110亿美元。”

为了证明自己的决定，孟宇提到了AQR资本管理公司在2012年发表的一篇论文，这是由量化传奇人物克里夫·阿斯尼斯在格林威治创立的一家大型对冲基金。这篇论文由该公司的投资组合经理安蒂·伊尔马宁撰写，题为《金融市场是否奖励买入或卖出保险和彩票》（Do Financial Markets Reward Buying or Selling Insurance and Lottery Tickets）。这项研究认为，长期来看，卖出保险（从股票下跌中获利的看跌期权）和彩票（从股票上涨中获利的看涨期权）要比买入它们更好，而这一策略摧毁了像孔雀石这样的基金。

伊尔马宁写道：“卖出左尾（保险）或右尾（彩票）的波动率从长期来看是有价值的。相反，买入基于期权的尾部风险保险来抵御金融灾难，并持有类似彩票般高波动率的投资，会导致长期回报较差。”

伊尔马宁还写道：“这直接违背了斯皮茨纳格尔和塔勒布的策略，因为研究证据建议投资者在低概率事件上减仓而不是加仓。这种证据对塔勒布不利。”

毫不奇怪，塔勒布不以为然。在“赤裸裸的资本主义”网站上的视频中，他说："孟宇吹嘘的110亿美元收益忽略了持有那么多美国国债的机会成本。由于持有大量债券，该策略错过了股票市场的收益。事实上，我们认为通过简单的估算，这种风险缓释策略在前一年可能亏损了大约300亿美元，所以就算赚取110亿美元，这也不是一笔好交易。如果长期如此，在反弹中跑不赢市场，在回落中赚不到大钱，就不算是一种缓释策略。"

不久之后，克里夫·阿斯尼斯（他的公司多年来撰写了几份攻击尾部对冲策略的报告）和塔勒布在网上开启一场史诗级的骂战。塔勒布率先发难：

> AQR资本管理公司发布了有缺陷的报告，声称尾部风险对冲在理论上行不通，期权是昂贵的。然而，他们并没有透露：
>
> （1）他们自己的风险溢价策略赔了钱。
>
> （2）他们公开的其他垃圾策略表现不如市场。
>
> 这是对客户和现实世界的侮辱。
>
> 与此同时，环宇资本对冲基金的表现超过了标普指数，而AQR资本管理公司的垃圾策略和风险平价垃圾策略表现不佳。

阿斯尼斯进行了回击：

> 我已经很久没有和这个疯子吵架了，因为尽管他有时很聪明，但他经常错得离谱，显然他既是疯子又是一个世界级糟糕的人。我生活中不需要这种东西，但有时疯子就是

会找上你。

他继续暗示塔勒布“破防了”，充满“诽谤性的恶毒废话”和“邪恶的虚伪动机”：

> 辩论是好事。但显然，他无法在没有谎言、转移和指责的情况下进行这场辩论。他只是在试图用夸夸其谈、废话、恶毒攻击来碾压对方。

塔勒布再次指出了 AQR 资本管理公司的多只基金表现不佳。阿斯尼斯表示这无关紧要，且与尾部对冲策略无关。

塔勒布：

> 也许阿斯尼斯先生可以在事后告诉我们这些经验主义者，他希望我们选择一只表现好的基金展示给大家。顺便说一句，我对阿斯尼斯没有兴趣，甚至对 AQR 资本管理公司都没有兴趣，但他们不能否认对尾部风险的荒谬说法。

阿斯尼斯：

> 因时常说“坏事时有发生”而名利双收，然后在幸运时尖叫“看看吧”，即使你已经多次赔光，然后利用这个媒体诽谤和辱骂他人，这真是令人恶心。这就是我的看法。

塔勒布：

> 那些看出来阿斯尼斯先生暴怒并对我的上一篇帖子做出错误回复的小伙伴们：AQR 资本管理公司的主张是，基金不需要管理尾部风险，因为有更好的方法来做。而正如我们所发现的，AQR 资本管理公司的表现并没有显示出这一点。

争论还在继续。彭博社的头条新闻称："《黑天鹅》的作者与量化传奇人物在尾部风险对冲方面展开争论。"斯皮茨纳格尔觉得这让人尴尬。他不上推特，当然也不会与其他对冲基金经理公开争论。但他与塔勒布一样蔑视 AQR 资本管理公司的尾部对冲研究。AQR 资本管理公司无法达到环宇资本的回报，这难道是个意外吗？他已经完善了这项策略超过 20 年。斯皮茨纳格尔告诉《机构投资者》："环宇资本的 12 年业绩说明了一切，来自幼稚的研究人员的回测是一种不幸的干扰。"

最让斯皮茨纳格尔生气的是，AQR 资本管理公司的研究说服了加州公共雇员养老基金放弃了它在 2020 年 3 月本可以获得的意外收益，环宇资本在未来几年可能为养老金领取者创造的利润都化为乌有。2021 年，该养老基金正在执行孟宇制订的计划，即利用杠杆，也就是更多的借贷资金来增加分散化。这包括增加对私募股权基金的配置（同时减少股票的配置）。由于私募股权基金本身就存在杠杆（它们通常使用借来的钱投资），因此这是在杠上加杠。

随着环宇资本 3 月份为投资者创造了 4 144% 惊人回报率的消息被传播，想象一下 100 万美元的投入变成 4 100 万美元，孟宇放弃尾部对冲之举的确不太明智。负责监督环宇资本投资的拉格纳多愤然辞职，随即加入环宇资本担任研究总监。

孟宇受到了严厉的审查。他告诉《华尔街日报》，他对放弃环宇资本的对冲基金毫不后悔。他说："在我们的认知范围内，我们还是会做出完全相同的决定。"孟宇因错失环宇资本的巨额回报而受到批评，并于8月辞职。

加州公共雇员养老基金很可能因在最糟糕的时机放弃环宇资本而失去了20亿~30亿美元的回报。接下来的一年，它的业绩再次不佳。截至2021年7月27日的财年中，加州公共雇员养老基金的回报率为21%，回报源自股市历史性的反弹。加州公共雇员养老基金的表现是《养老金与投资》追踪的所有养老基金中的倒数第二名，仅略胜于得克萨斯州市政退休系统。它的姊妹基金加州教师退休基金，管理该州庞大的教师投资组合，回报率为27%。

与此同时，投资者纷纷涌向环宇资本，就像在2008年美国股灾后一样。斯皮茨纳格尔被加冕为最新的全球对冲基金大师。《华尔街日报》称他为"对冲基金之星"。《福布斯》评论说："斯皮茨纳格尔的数学世界观在某些方面与资本主义世界的终极乐观主义者巴菲特相似。毕竟，他放弃了即时满足，以换取远期的巨额回报，在崩溃中变现和获利。"

《福布斯》估计斯皮茨纳格尔的身家为2.5亿美元，但这可能低估了他的身家，并猜测他的成功会不会吸引模仿者，在竞争之下会不会使这种策略变得不那么有利可图。斯皮茨纳格尔告诉《福布斯》："应该会有这种情况的，但我会因此失眠吗？一分钟也不会。金融界一直存在着强烈的从众心理。"

到 2021 年年底，斯皮茨纳格尔和他的团队为大约 160 亿美元的股票组合提供风险保护，这比新冠疫情暴发时的 40 亿美元要多得多，甚至比加州公共雇员养老基金撤出资金之前还要多。

环宇资本并不是唯一从 2020 年 3 月的疯狂市场中受益的基金。阿克曼的潘兴广场赚了 26 亿美元。由前德意志银行交易奇才博阿兹 · 韦恩斯坦经营的萨巴资本（Saba Capital）的尾部风险基金，仅在 3 月份就靠押注垃圾债券赚了近 100%。加州公共雇员养老基金投资的另一家尾部风险管理公司——长尾阿尔法公司管理的基金获利近 1 000%（据报道，在市场崩溃期间加州公共雇员养老基金正在撤出长尾阿尔法公司的头寸，并可能只从该头寸中获得少许利润）。

与此同时，阿斯尼斯的 AQR 资本管理公司，像许多对冲基金一样，正在大失血。截至 2020 年 3 月 31 日，其管理资产已比 2019 年年底减少了 430 亿美元，从 2018 年的峰值 2 260 亿美元降至 1 430 亿美元。一位对冲基金经理告诉《纽约邮报》："事情很糟糕，但 430 亿美元是死亡信号。"

3 月以后的市场大涨也没有起到作用。到 2021 年年底，AQR 资本管理公司所管理的资产已降至 1 370 亿美元。当然，该对冲基金已经存在很长时间，并且在其他更持久的动荡如互联网泡沫崩溃和 2008 年全球金融危机中幸存，阿斯尼斯先生和他的公司很可能还会存续很久。

索内特骑在他的 S 1000 RR 宝马摩托车上，猛踩油门——

150、165、175 英里 / 时。在他急速冲向圣切萨雷奥镇时，罗马的景色被甩在身后。他那天早上离开苏黎世，试图在一天内完成通常需要两三天才能完成的任务：从瑞士家乡到意大利南部的那不勒斯，穿越整整 650 英里。

如有神助，他没有死。与在洛杉矶一样，索内特继续驾驶他的超级摩托车在欧洲进行惊心动魄的探险。他还在继续寻找泡沫，那个难以捉摸的龙王。

2020 年，他确信正在见证职业生涯中最大泡沫之一的形成——电动汽车制造商特斯拉。马斯克是一位擅长制造泡沫的大师，在 21 世纪初互联网泡沫破裂时成为亿万富翁。他是如何实现的呢？以 15 亿美元将贝宝（PayPal，马斯克是最大股东，持有约 12% 的股份）出售给易贝（eBay）。而特斯拉，正处于索内特所说的绿色能源泡沫（索内特认为，马斯克是这个泡沫的主要创造者之一）。马斯克还涉足加密货币，索内特认为这是另一个泡沫。

索内特在 2020 年 2 月的《全球泡沫状态报告》（Global Bubble Status Report）中指出："作为电动汽车公司的龙头，特斯拉让许多人相信它是未来十年的新'苹果'，其他燃油车公司都只是'诺基亚'。"该报告称马斯克是一位"聪明的首席执行官，拥有许多创造性的营销策略"，认为特斯拉类似于互联网泡沫股，并且"对做空者来说非常危险"。该报告还嘲笑了电动汽车制造商最大的股东罗恩·巴伦，因为他曾预测特斯拉市值将在 10 年内达到 1 万亿美元。

特斯拉处于泡沫中，但"从长期来看，这还是一个早期良性泡沫"。除了特斯拉，泡沫在整个绿色能源和电动汽车领域形成。

因此，技术调整是不可避免的。当调整来临时，“特斯拉的天价估值（缺乏合理的基本面来支撑股价）将成为最后一个刺破泡沫的匕首”。

此时，特斯拉的市值为 1 600 亿美元，索内特并没有呼吁泡沫将破。但到 2021 年年底，特斯拉市值已经涨至 1 万亿美元以上，这比巴伦预测的提前了 9 年。它的市值超过了世界上其他八大汽车制造商的总和。马斯克成为地球上最富有的人，《时代》周刊评选他为 2021 年的年度人物。

索内特看到了麻烦。他的 2021 年 11 月《全球泡沫状态报告》宣称：“我们的警报信号表明，特斯拉可能很快就会出现调整，警报信号无处不在。大型投资者在卖出，包括马斯克本人。首席执行官出售了大约 100 亿美元的公司股票。”

当然，苏黎世这位早熟的龙王猎人不是唯一对特斯拉发出警告的市场专家。大约在索内特发布他的报告的同时，传奇投资者杰里米·格兰瑟姆表示，特斯拉必须成为“资本主义历史上最成功的公司之一，才能满足投资者对其股价的预期”。随着全球各大主要汽车公司都涉足电动汽车领域，特斯拉很快将会面临激烈的竞争。格兰瑟姆说：“要达到预期的股价是不可能的。”事实上，两位市场专家都是有先见之明的，特斯拉的股价在当年 11 月触及 410 美元 / 股的历史新高。到了 2022 年年底，随着马斯克还在因收购推特失败而苦苦挣扎时，特斯拉的股价跌至 100 美元 / 股左右，投资者约有 8 000 亿美元蒸发。当然，马斯克也不再是全球最富有的人。

更广泛地说，格兰瑟姆表示，股市本身正处于一场史诗级的“超级泡沫”中，投资者的狂热程度超过了 1929 年和 2008 年的崩盘前。他说："这一次更多的人相信价格永远不会下跌，你所需要做的就是买入……这意味着当下跌来临时，它可能会比以往更大、更猛。"

龙王降临。

当时，索内特和几乎所有对金融稍有兴趣的人一样，对比特币产生了浓厚的兴趣，这是一种由计算机生成的加密货币。他和苏黎世联邦理工学院的一位教授在2020年的一篇论文中表示，比特币是"史上最大的投机泡沫之一"。他们称之为社会泡沫假说的现象推动了比特币的增长。在这种情境下，泡沫对创新是有益的，通过社会羊群效应和规模效应推动比特币的发展。随着投资者涌入比特币，将其总价值推高到2018年的3 000亿美元，比特币作为一种实用的金融工具的可行性也在增加。教授们写道："比特币泡沫是引导与推广协议和加密货币的必要条件。"

与格兰瑟姆一样，索内特预计会发生戏剧性的事件，但预计的规模完全不同。早在2001年，他在一篇研究全球人口增长率、全球经济生产和国际股市的论文中，发现了与泡沫和崩盘相似的长期模式。在这个看似疯狂的长期预测中，他认为人类正在进入一个新的"机制"，其特征是几个世纪（如果不是千年）的超指数级经济增长将在2050年左右结束。

他写道："在这方面，历史告诉我们，文明是脆弱的，不稳定的。我们目前的文明是相对新生的，继承了许多已经灭亡的文明。"过去造成文明崩溃的因素包括过高的复杂性、战争、瘟疫和环境灾害。人口过多和淡水短缺是灭亡的一个常见原因。因此，索内特写道，文明变得很容易受到环境压力的影响，比如长期干旱或气候剧变。

历史记录中充满了气候不稳定的例子，包括突然开始的长达几个世纪的干旱，摧毁了毫无准备的社会。这些事件是“极具破坏性的，导致社会崩溃。这是面对无法克服压力的一种适应性反应”。

当然，拥有复杂技术和看似无尽资源的现代世界与早期更简单的社会不同。我们能够弄清楚并通过技术手段摆脱即将到来的灾难吗？我们能够通过增长摆脱吗？索内特说：“也许可以，也许不行。”问题的一部分在于，推动增长的复杂性和创新性是导致未来不稳定的主要因素。他认为，不断加速的技术复杂性“孕育着自身崩溃的根源”。

他指出，一些复杂系统确实在面对大的扰动时发展出了一种稳健性，但它们也可能“对设计缺陷或罕见事件过于敏感”。生态系统对温度、湿度、营养和捕食等方面的巨大变化保持稳健，但它们也可能对诸如奇怪的基因突变、新的外来物种或新型病毒等微小扰动极其敏感。

社会在很大程度上受益于日益加速的技术竞赛，但索内特认为，这场竞赛是不可持续的，因为它正接近一个自我毁灭的超复杂水平。这就是文明“可能在这个需要不同动力系统的全球变化阶段变得脆弱”的原因。

2020 年以后，伴随着疫情、市场崩盘、政治混乱和街头抗议等一系列压抑的焰火，索内特更加没有理由放弃他的预判，即人类正在经历一场文明的阶段性变革。事实上，受到全球变暖、地缘政治不稳定、民主危机、AI 的快速发展、大流行病、新冠病毒的不断变异等的影响，他在 20 多年前的预测似乎非常准确。

第三部分

邪恶的问题

第十六章　此文明已终结

鲁伯特·里德——一位衣冠楚楚、金发碧眼的绿党政治家，牛津大学毕业的哲学家，环保活动组织“反抗灭绝”的发言人——在达沃斯普拉茨下火车时，深吸着阿尔卑斯山清新的空气。

他来到野兽之腹：瑞士达沃斯，世界经济论坛年度峰会的举办地。这里聚集了世界各地的精英、名流、百万富翁、亿万富翁以及政治家和政策制定者。那是 2020 年 1 月，里德为避免乘坐碳排放量大的飞机（从希思罗机场飞行一个半小时），从伦敦乘坐了 14 个小时的火车来到这个白雪皑皑的滑雪胜地。沿途的景色令他沉醉不已：风景如画的法国乡村，雾气缭绕的阿尔卑斯山峰，但毫无疑问，这是一次漫长的痛苦之旅。当他到达目的地后，他很快发现许多与会者都乘坐私人飞机来达沃斯。在他看来，私人飞机不应再存在于世界上，它们都应该报废。

里德，一位来自东英吉利大学的哲学教授，带着一个他自知或许并不现实的计划踏上了达沃斯之旅。在出发前，他怀抱一丝希望，倘若他能成功劝说这些亿万富翁，即使仅有少数人愿意将部分财富投入全球变暖的危机应对，其意义也远超举办数十场

“反抗灭绝”的抗议活动（他对抗议组织的未来心存疑虑，除非能够获得一笔足以颠覆格局的巨额现金，以扩大规模，否则该组织的前景堪忧）。抵达达沃斯后，里德对全球精英的奢华生活感到失望。他们拥有私人飞机、豪宅和豪华轿车，正是他们成了全球变暖的主要推动者，更不用说他们经营的大量消耗化石燃料的公司了。尽管如此，里德仍决定一试。他坚信，即使世界上的超级富豪中仅有一小部分人参与“亿万富翁反抗”行动，也可能凝聚成一股改变游戏规则的力量。

在由论坛能源转型委员会主席阿代尔·特纳勋爵主持的一次闭门会议上，里德向一些世界顶级实业家发表了演讲，其中包括一位石油巨头的高管。他警示道，若不立即采取措施大幅减少碳排放，文明将面临崩溃瓦解的风险。同时，他强调世界需要做好适应性措施的准备，以应对诸如超级风暴、海平面上升及农作物枯萎等破坏性灾害。他语气严肃地提醒在场人士：“时至今日，或许已为时太晚。我们需要进行大规模的财富再分配，以援助全球最贫困人口中那些极易受到即将来临灾难冲击的人群。”然而，聆听此言的石油巨头高管流露出一丝不悦。

达沃斯之行让里德备感失望，但这并非出乎意料。亿万富翁在阻止全球变暖的问题上口若悬河，但当谈及需要投入的真金白银时，每个人都开始面面相觑。会议氛围逐渐变得尴尬，尤其是当大家谈论到清洁能源的梦幻未来需要大量资金提供保障时。他对全球应对气候变暖的迟缓态度已习以为常。

数周之后，新冠病毒开始在全球肆虐，里德从美国银行业巨头摩根大通那里获得了一份秘密文件，摩根大通是全球最大的化石燃料公司的出资人之一，文件详述了摩根大通对全球变暖的日益担忧。这份于2020年1月14日发表的报告指出："我们不能排除人类生活受到威胁的灾难性结果。虽然无法做出精确的预测，地球明显正朝着不可持续的轨迹前进。如果人类要繁衍生息，就必须在某个时刻做出改变。"

怀疑论者或许会对里德这样的"卡珊德拉"[①]式疾呼文明即将落幕的行为嗤之以鼻，而此次却是声名显赫的摩根大通，它也在担忧生存风险和毁灭性问题。里德将这份报告泄露给了《卫报》，后者发表了一篇题为《摩根大通经济学家警告：气候危机威胁人类》的文章（《新共和》则有一个更吸引眼球的标题——《地球完蛋了，说这话的是那个坑过地球的银行》）。无须摩根大通的经济学家来告诉里德全球变暖是对生存的威胁，他在多年前就得出了这个结论。

2016年，他开始在英国各地发表一场名为"文明终结：该怎么办?"的演讲。这是对人类应对气候威胁的严厉警告，也是对世界在面对摧毁文明的气候灾害时仍依赖化石燃料的谴责。里德说，依赖化石燃料的文明正处于垂死挣扎阶段。2018年10月，他在剑桥大学丘吉尔学院向学生和教职员工发表了此演讲。

他开始说："我想对你们说的话有点直接。你们的领导辜负了你们，你们的政府辜负了你们，你们的父母和他们那一代人辜负了你们，你们的老师辜负了你们。而我也辜负了你们。我的意

---

① 卡珊德拉（Cassandra）：在希腊神话中，是一位献身于阿波罗神的特洛伊女祭司。因神蛇以舌为她洗耳（一说为阿波罗赐予）而有预言能力，特洛伊之战前，卡珊德拉曾说木马内有一支军队，但她的警告不被特洛伊人接受。在现代用法中，她的名字被用来比喻一个人的准确预言（通常是即将发生的灾难）不被相信。——译者注

思是，我们都未能充分警告和阻止即将到来或正在发生但肯定会变得更糟糕的危险气候变化。正因如此，我为你们感到担忧。我对你们的未来感到恐惧。我担心你们中的一些人可能无法茁壮成长。”

这一言论令人感到震撼，里德因此受到了很多人的指责，包括气候活动家同行，他们警告称这种“末日论”的言辞不能有效激励人们采取行动，可能会让人更容易放弃。甚至有人说这可能诱发青少年自杀。然而，也有一些人认为，里德严峻的警告并非表面上那般激进或耸人听闻。随着全球碳排放量持续上升，人们对实现《巴黎协定》所设定的最高升温目标 1.5℃的信心日渐丧失。事实上，2018 年，世界也出现自暴自弃的现象，特朗普政府退出了《巴黎协定》；巴西选出了右翼总统雅伊尔·博索纳罗，他承诺将亚马逊雨林开放给更多农业和工业。

里德的演讲在英国环保主义者中迅速传播开来。分子生物物理学家盖尔·布拉德布鲁克像里德一样，对地球变暖问题日益忧心，她听到了他在东英吉利大学对新生的演讲。布拉德布鲁克和一小群活动人士一直在讨论成立一个名为“反抗灭绝”的新型激进环保组织，它将使用甘地和美国民权运动开创的非暴力直接行动来提高人们对这场迫在眉睫的文明灾难的认识。他们希望里德能协助组建这个组织。

里德建议她，反抗灭绝组织应注重以具有哲学性的预防原则来引导气候行动。气候变化的怀疑论者、否认者以及企业常常利用科学性不足与其依赖的复杂模型的不确定性来抵制气候行动。即便是最优秀的模型，对于不断上升的排放量所带来的影响也存在许多不确定性。例如：温度会上升至何种程度以及何时上升？会产生何种影响，真的那么严重吗？由变暖大气层产生的云团是会加剧大气的升温趋势，还是会通过阻挡阳光而减缓它（不幸的是，它们很可能加剧）？他们认为，面对如此多的不确定性，为什么要实施如此激烈、昂贵且破坏经济的行动呢？例如，想在获取更多信息之前减少对化石燃料的使用吗？先想想那些依赖廉价电力的贫困人群吧！

预防原则实则为“见微知著，防微杜渐”。科学实验的结果可能并不精准，但面对过高的风险，包括大规模人员死亡和潜在的物种灭绝，不能原地踏步，必须提前采取行动。根据可靠的模型预测，根据目前的排放量，到21世纪末，地球的平均温度有10%的可能性比工业化前水平上升6℃，这是一个真正灾难性的结果。预防原则告诫我们，在世纪末日到来之前我们务必要采取行动，而非静静等待其发生。里德特别指出，鉴于气候模型的不确定性，风险可能远比预估的更为严重。气候模型中存在无法估量的毁灭性尾部风险，这是怀疑论者一贯忽视的。

里德和布拉德布鲁克首次会面是在2018年10月31日，那天是万圣节，在伦敦议会大厦前举行了反抗灭绝组织启动仪式。他们的口号是：“这是一场紧急情况！”和“我们完蛋了！”当时的新闻中充斥着令人震惊的洪水照片，威尼斯一半以上的地区被数英尺深的水淹没。

里德对未来并不乐观，未来让他感到恐惧。

里德在伦敦长大，自幼便喜爱前往远离城市喧嚣的湖区，那里有他母亲家族的居所。他经常花费数小时独自漫步在充满传奇色彩的山丘上，这片土地孕育了浪漫主义诗人威廉·华兹华斯、塞缪尔·泰勒·柯勒律治，以及《彼得兔》的作者比碧雅翠丝·波特。里德学习勤奋刻苦，成绩优异，最终成功考入牛津大学贝利奥尔学院。在学院期间，他结识了另一位贝利奥尔学子、英国未来首相鲍里斯·约翰逊。1987 年毕业后，他移居美国，在罗格斯大学获得哲学博士学位，专注于研究另一位颇具影响力的奥地利思想家路德维希·维特根斯坦的神秘著作。

美国让里德感到震惊——新泽西州北部工业污染肆虐，大气中的化学物质使日落色彩斑斓，贫富分化和种族歧视显而易见。他开始在政治上变得更加激进，并加入了反对宾夕法尼亚州黑金斯一年一度猎鸽活动的游行，试图阻挡在猎人和难逃一死的鸽子之间。他加入了加州的地球第一（EarthFirst！）和红木之夏（Redwood Summer）运动，抗议伐木活动对古老森林的破坏（20 世纪 90 年代木材战争的一部分）。

20 世纪 90 年代中期，里德回到英国，在东英吉利大学哲学系找到了一份工作。学校所在的英格兰东海岸地区诺里奇正逐渐成为环保主义者的热点区域。2004 年，里德当选为诺里奇绿党议员。他参加了抗议三叉戟核导弹的非暴力反抗运动。为了得到更有效的行动结果，他直接打断英国议会的议事程序，以抗议在伊拉克使用集束弹药。作为惩罚，他在威斯敏斯特宫一间狭小的拘留室里度过了一个下午。

到了 21 世纪初，里德开始关注气候变化问题。他广泛阅读相关资料，偶然发现了欧洲环境署于 2001 年出版的《疏于防范的教训：百年环境问题警世通则》。这本书选取了一些环境、医学和化学方面的争议，从 19 世纪英国渔业到放射性活动再到石棉，并探讨了如何将预防原则应用于这些问题（几乎没有提及全球变暖，2013 年的后续报告将讨论这个问题）。里德开始研究预防原则漫长而复杂的历史，并确信它能提供一个模板，以应对日益严重的全球变暖威胁及其他迫在眉睫的风险和灾难。

2008 年全球金融危机让里德感到不安。他对银行和对冲基金的鲁莽行为感到震惊。他认为这是一个完美的例证，说明了预防原则的应用可能会阻止银行家把世界推向悬崖。也正是在这个时候，他第一次接触到塔勒布的作品。

2012 年 9 月，里德邀请了一批演讲者参加东英吉利大学关于哲学和全球金融危机的系列讲座。受邀的演讲者包括塔勒布，他发表了一场题为“不确定性、非对称和伦理”的演讲，这一讲题源自其著作《反脆弱》的相关内容。

讲座结束后，塔勒布和里德跑到当地的一家酒吧里，共同畅饮着单一麦芽威士忌。他们一见如故，认为世界上很多人都低估了黑天鹅的风险。里德陪同塔勒布来到附近的火车站。

里德问道：“你需要报销差旅费吗？”

塔勒布微笑着说：“鲁伯特，你知道我和银行对赌了吗？”他是指环宇资本的获利。“我知道他们没有认真对待尾部风险。因此，我不需要向大学申请差旅费。”

“当然，”里德笑着说，“还有一件事，纳西姆，在你离开之前，我不明白你为什么不谈谈预防原则。从我的角度和研究内容来看，你所谈论的正是这个原则。”

塔勒布紧皱眉头，思索了一会儿。“鲁伯特，你说得对，”他说，“我们应该合作把它写出来。”

回到美国后，塔勒布开始深入研究与预防原则相关的大量文献。他不记得哈佛大学医学院遗传学家乔治·丘奇在2009年Space X举办的布罗克曼边缘基金会会议演讲中提到过这一原则。但他确实回忆起当时会议上讨论的一些问题，如合成DNA以及在中学实验室里创造耐疫苗的天花病毒等潜在风险，他当时感到极为震惊和焦虑，甚至有一些紧张。他将这些风险称为“肥尾效应”。

塔勒布和里德很快就开始总结他们的观点，最终合著《预防原则》这篇论文。

2013年4月，塔勒布收到音乐家兼制作人布莱恩·伊诺的一封公开信。这封信通过Longplayer网站发送。Longplayer包含长达千年的音乐作品，始于1999年12月31日。伊诺是该项目的参与者之一。

伊诺的这封数字信件被设计成一条信息传播链。塔勒布将写出回应并寄给另一位公共知识分子，而后者的回应又会寄给另一个人。伊诺写给塔勒布的信是链条中的第一封。

他的来信反映了现代社会中的一个普遍问题——我们目光短浅，只关注当下、季度财报、下一次政治竞选或明天的天气。然而，这并非一直如此。正如伊诺所说，橄榄种植者和大教堂建造者考虑的问题跨越了几代人，去耕耘可能几十年内都不会有产出的农场，或者种植几百年后用来替换教堂屋顶的橡树林。现代人似乎失去了考虑代际风险[①]的能力。以2011年被海啸袭击导致核电站熔毁的福岛核灾为例。尽管灾难严重，但没有造成与辐射有关的死亡。然而，媒体所传递的信息并非如此。错误总结下的信息:“核 = 福岛 = 灾难”这一观念在公众中传播。不幸的结果是，德国等国决定关闭其核反应堆，并用燃煤电厂取代。伊诺写道:“因此，福岛真正的灾难在未来，以大气中的二氧化碳大幅增加的形式等待我们。”

伊诺希望重新唤醒公众为子孙后代思考的能力。这并非易事。“那些橄榄种植者和教堂建造者……他们拥有我们所没有的东西：对未来极有可能与现在相似的信念。而我们却无法确信这一点。所以问题是，对于一个我们无法想象的未来，我们该如何设计呢?”

塔勒布的回应直接借鉴了他与里德合作的工作，以及《反脆弱》一书中的教训。他写道:“如果我被一块大石头打中，我会受到比加起来同样重的鹅卵石连续击中更严重的伤害。”

这块大石头就是塔勒布所说的毁灭性问题。

塔勒布写道:“既然我们有了这个原则，就让我们把它应用到地球上的生活中，这是哲学家里德和我正在详细阐述的预防原则的基础，对国家和个人具有切身的政策影响。非线性反应原理衍生出一切事物的发展变化。”

> 原则1——规模效应。我们对地球所做的一切，在一个

① 代际风险：父母的行为或财产状况对子女将来的生存和发展产生负面影响的可能性。——译者注

大范围内比在小范围内更有害。因此，我们需要尽可能地分散危害来源（前提是它们不会相互作用）。如果我们将碳排放量减少 20%，可能会减少 50% 以上的危害。反之，我们只需增加 10%，就可能使风险翻倍。

其他原则包括，避免大规模、自上而下地指挥控制系统，这些系统容易受到人为错误的影响，并可能广泛传播危害；支持去中心化的本地系统，因为这些领域的错误不会系统性地传播；优先选择自然而非人造事物。塔勒布指出："大自然是比人类更优秀的统计学家，它产生了数万亿个'错误'或变异而没有崩溃。在复杂系统中，不可能预见积极行动的后果（根据巴尔－扬定理），因此需要像自然一样将错误隔离并使其尾部变瘦。"

在塔勒布的著作中，他以转基因作物为切入点，深入剖析了相关政策问题所涉及的规则与原则。转基因作物，即基因改造作物（GMOs），如其名称所示，是通过插入来自另一个物种（如细菌或病毒）的 DNA 进行基因改造的生物，用来实现某种特定目的。例如，抗枯萎病的番茄，能向有害蝴蝶释放毒素的玉米，能在世界上最干旱沙漠中生长的水稻，以及（理论上）能抵抗大剂量除草剂的小麦。转基因作物与通过杂交育种改良的谷物（或动物）有所不同，从进化角度来看，杂交育种如同生命本身一样古老。转基因作物背后的科学原理已有约 30 年的历程。虽然这些混合物可能带来短期效益并养活更多人，但长远来看，跨越数代人，潜在风险不容忽视，它们在全球范围内可能产生灾难性影响。

塔勒布将伊诺的来信转给了《全球概览》创始人、今日永存基金会主席斯图尔特·布兰德。今日永存基金会的目标是改善长期思维。塔勒布曾于2009年的布罗克曼会议上短暂与布兰德见过面，他对布兰德的回复感到震惊。布兰德写道："基因工程科学比盲目选育要精确得多，因此更加安全。我认为转基因故事中的幽灵是对传染的误解。在人们的想象中，转移的基因可能像失控的瘟疫病毒一样。它可能感染一切，或者隐藏多年然后突然暴发。但基因并非如此运作。"

令人惊讶的是，塔勒布发现布兰德多年来一直是转基因作物的坚定支持者。要证明这一点并不需要花费太多时间。布兰德2010年出版的《地球的法则》一书，赞扬了对世界问题的创新技术解决方案，其中包括转基因作物技术。英国《金融时报》的一篇评论指出，这本书"对技术的赞美之词，甚至可能会让孟山都公司[①]的发言人都感到羞愧"。

对布兰德而言，这是他始终坚持的见解。他在1968年首次出版的《全球概览》中阐述："我们如同神明，或许我们也擅长于此。"

但这并不是塔勒布或里德喜欢的观点。

2013年5月，塔勒布和里德前往威尔士的一个宁静市镇海伊镇，参加了一个名为"光是如何进入"（HowTheLightGetsIn）的

① 孟山都公司（Monsanto Company）：美国的一家跨国农业公司，转基因种子市场的垄断巨头，全世界超过90%的转基因种子都使用该公司的专利。——译者注

流行哲学和音乐节，这个名字来自莱昂纳德·科恩的一首歌曲。在一场关于灵性和自然的辩论中，里德与全球变暖政策基金会主任贝尼·佩泽进行了激烈交锋。该基金会是伦敦的一个组织，以煽动反对采取行动来应对全球变暖问题而闻名。

佩泽在演讲中阐述道，他秉持开明的人文主义观念，并对极端环保主义者，他称之为“深绿派”的麻烦制造者表示不满。他指出，这些人士通过将人类与自然其他部分置于平等维度，从而损害了人性。实际上，他认为人类在地球生态系统中担任着独特的角色。

他表示：“从社会学与伦理角度审视环境问题，我认为我们都是探险家。在人类的发展进程中，犯错是无法避免的，这是我们的进化方式，也是人类的本质。我的观点是，犯错是人类的天性，进步则意味着承担风险，打破保护环境和破坏环境之间的平衡。”

他还表示：“气候危机和其他环境危害都是可衡量的风险。我们需要仔细考虑解决这些问题所需的成本和代价。环境问题真的有那么严重吗？深绿派执着于‘悲观和厄运’，并希望扼杀经济增长。这种方式忽略了经济增长是环保的核心。贫困国家没有足够资金来制定代价高昂的环境政策，保护环境是一种奢侈。”

里德回应道：“非常重要的一点，我们在试图将自己视为自然的一部分时，要清醒地认识到我们无法从根本上与自然区分开来。这正是贝尼犯的错误，对吧？这种幻想认为我们自己或者说人类，可以通过这种普罗米修斯式的形式超越自然，能够支配它，予取予求，对自然有一种根本上的理性主义态度——这就是启蒙运动的错误所在。”

佩泽表示：“这就是你们所热衷的深绿思想，狂热者、教条主义者和极端主义者总是犯错。即使他们的初衷是好的，但他们的思维已经失去了理智。我们之所以生活在这片土地上，一切都是因为化石燃料。如果没有煤炭和天然气，英国就不会成为英国，不是吗？仅依靠太阳能和风能，我们不可能在此地生存。”

里德说：“这种冷酷、伪理性的观点非常致命，它没有考虑到那些没有发言权的无辜后代，但他们将为今天人类的错误决定付出代价。贝尼说我们必须权衡利弊，我们必须平衡，我们必须妥协，我们必须冒险，但我们不能拿子孙后代的未来当赌注啊。”

第二天，里德和塔勒布一同探讨的主题是，如何应对不确定性问题。

塔勒布强调，人类在自然界进行的冒险实验充满未知与不确定性。以转基因作物为例，他指出：“自然界的发展是漫长且循序渐进的。有些人在社交媒体上声称，转基因作物是生物制品，这种观点纯属误导。事实上，自然界花费了一亿年的时间才逐渐揭示这一奥秘。如今，人类却傲慢地试图通过顶层设计，将这种技术引入以改变自然规律。然而，我们必须始终遵循自然法则，因此这些技术往往难以取得突破。”

这就是预防原则的用武之地，他说：“如果我违背自然规律，那么我必须证明我没有对自然造成损害。不是说你要证明这一点，而是有人会说你没有证据表明你没有损害自然。虽然你在嘴上辩解，但也无济于事，你需要提供你没有造成损害的证据。想想看，证据在风险系统中出现得太晚了。”

塔勒布补充说，可以换个角度思考问题，想一想为什么世界上轻症患者远远多于重症患者（他表示这就是为什么制药巨头不断研发针对轻微病症的治疗方案）。轻微病症在自然界中是很常见的，它们不需要被过度医治，甚至根本不需要被干预。身体慢慢地就会自行恢复，不需要遵循预防原则。而重症患者则需要迅速、积极进行治疗。

他说："这为预防原则提供了统计结构，在我们应用预防原则的方式上要稍微严谨一些。如果我感冒了，不要治疗。如果我头痛，不要治疗。如果我得了癌症，要看六位医生，而不是一位。”

在 2014 年夏天，新英格兰复杂系统研究所创始人巴尔－扬听说了塔勒布和里德关于预防原则的研究工作，他对此很感兴趣。他给塔勒布打了电话，塔勒布应邀前往在马萨诸塞州剑桥市新英格兰复杂系统研究所举办的会议。

巴尔－扬说："我觉得你们在这方面的研究很有意思，纳西姆。等你到了这里我们再详细聊聊。”

"当然。”塔勒布回答道。

在新英格兰复杂系统研究所里，他们开始交流想法，讨论如何推进这篇论文。巴尔－扬专精于复杂系统。复杂系统的一个特性是很难预测它们对新信息或行动的反应，这是巴尔－扬经常写到的难题。他曾提到，在某些类别的复杂系统中——而自然是最复杂的——受控实验和模型并不足以确定在现实世界中会发生什么。由于很难确定具体结果，重点需要缩小到一个简单而关键的问题：威胁是局部的还是全球性的？

第十七章　走向灭绝

2010年，塔勒布曾参加新英格兰复杂系统研究所在剑桥市举办的一场会议，并在会上结识了巴尔–扬。巴尔–扬是一位身材修长、思维敏锐的男士，一头卷曲的头发，对羊毛衫情有独钟。塔勒布在纽约大学授课时曾选用巴尔–扬编的教科书《复杂系统的动态学》(*Dynamics of Complex Systems*)，并在授课过程中发现巴尔–扬研究的复杂系统理论与自己独特的黑天鹅世界观出奇相似。他开始相信巴尔–扬是世界上领先的复杂性理论专家。

这是一项重大的声明，正如史蒂芬·霍金所宣称的那样："复杂性是21世纪的科学。"巴尔–扬不仅是新英格兰复杂系统研究所的创始人，也是复杂系统国际会议的主席，长期以来一直站在复杂性领域的最前沿。

研究复杂系统，是分析系统及其部分之间的相互关系和新兴特性，以及它们与更大范围事物的联系（对复杂系统有数百种定义，并非都一致）。这听起来可能模糊不清，却极具现实意义。蚂蚁群体的特性不在于单只蚂蚁，而在于所有蚂蚁共同运作形成的集体特性，构成一个复杂的蚁群系统。挥舞长矛的希腊方阵迈向马拉松的本质，无法仅从一个士兵的心灵中捕捉到，因为方阵本质是一个具有自身规则和特性的复杂系统。在一场比赛最后两分钟还是平局的情况下，美式橄榄球进攻队推进场地的本质也不可能仅体现在四分卫的大脑中。你必须分析整个球队、教练、防守、比赛规则等，才能捕捉到系统的动态规律。复杂系统的研究是反还原主义——你必须研究整个群体、整个团队。正如复杂性科学家彼得·多兹所说："碳原子中没有爱，水分子中没有飓风，美元钞票中没有金融危机。"

巴尔－扬的数学和科学生涯似乎从出生就已注定。他于1960年在波士顿出生，幼年时姐姐教他数学。他父亲是第二次世界大战幸存的犹太人，是一名在卡内基梅隆大学和麻省理工学院接受教育的粒子物理学家；他母亲则是儿童发展心理学专家。

1967年，还在上小学的他看到了尼日利亚内战中饥饿儿童的电视镜头，令他终生难忘。而在后来的生活中，那些有关大肚子孩子的记忆，使他决定专注于解决贫困和饥饿问题。他于1978年本科毕业，6年后获得了麻省理工学院应用物理学博士学位。

巴尔－扬于1996年创立了新英格兰复杂系统研究所。该研究所迅速成为一批学者的聚集地，他们致力于开发模型来预测和解决诸如饥荒、流行病、金融崩溃、全球变暖、种族清洗、经济危机等棘手问题。研究人员在噪声中寻找能够预测极端、往往是有害事件的模式和信号，有时希望阻止这些事件的发生或采取措施减轻其影响，有时甚至希望利用这些事件来谋取利益。

复杂性科学因其复杂性而令人望而生畏，但由于其在解决现实世界问题上的巨大潜力，又极具吸引力。巴尔－扬在他 2004 年的著作《解困之道：在复杂世界中解决复杂问题》中详细阐述了一些应用领域，包括军事战争、教育、医疗保健、种族暴力和恐怖主义。这是一本面向普通读者的手册，展示了如何运用复杂系统理论。这本书的核心观点是，任何旨在解决复杂问题的组织都需要与问题本身的复杂性相匹配（甚至超越）。这意味着单独个体在本质上无法解决非常复杂的问题。解决非常复杂的问题需要团队合力。巴尔－扬写道："本书的潜在挑战是这样一个问题，即我们如何创建比单独个体更复杂的组织？"

在全球化的大背景下，流行病的演变和致命性已成为巴尔－扬重点关注的问题之一。早在 2006 年，他便与合作者共同开展了一项研究，研究结果显示，即便是长途运输的小幅增长，也可能显著增加大规模暴发的风险。该研究论文指出，"全球混合"现象可能导致人口突然出现不稳定，例如出现极具致命性的大流行病。更令人担忧的是，这种情况的发生频率正随着全球混合的加速而不断上升，且往往毫无征兆。

"我们的研究结果显示，有必要实施一系列协同一致的应对策略，涵盖医学进步，或许还需涉及社会变革。由于全球交通的日益便捷，人类可能在没有充分预警的情况下面临巨变，遭受大规模疫情的侵袭，除非采取限制全球交通或降低互联互通影响的预防措施。"

2007 年，巴尔－扬参与制作了一种数学模型，据称可以预测种族冲突的爆发。通过运用检测模式形成的方法，比如化学物质的相互作用，分析了可以强烈预示未来暴力行为的信号。例如，在群体高度混合且没有一个群体能够占主导地位的地区，暴力风险往往较高。这为冲突加剧敞开了大门。

“研究成果表明，在某一群体达到一定规模，能够在公共场合践行文化规范，但尚未庞大到能有效遏制规范被破坏之际，暴力事件就会发生。”研究团队成员在《自然》杂志上发表的论文中阐述了这一观点。

复杂系统理论家使用的一个关键工具是研究相变背后的物理学原理——比如水变成蒸汽、冰变成水，或者市场下跌加速变成崩盘。正是这些相变引起了迪迪埃·索内特的兴趣，他首先分析了阿丽亚娜火箭压力罐的突然破裂，从而提出了他的“龙王”概念。这些相变突然且具有破坏性，将其映射到社会现象上，相变可以帮助解释稳定的事物如何突然变得不稳定和混乱，比如种族暴力的爆发。

理论上，这样的转变可以在文明层面上发生。2008 年，《新科学家》杂志发表了两篇令人担忧的文章：《大流行病会毁灭文明吗》（Will a Pandemic Bring Down Civilization）和《为什么文明的消亡可能无法避免》（Why the Demise of Civilization May Be Inevitable），巴尔－扬是其中的重要信息来源。后一篇文章问道：“如果文明的本质意味着我们的文明和其他文明一样，注定要崩溃怎么办?”“一些研究人员多年来一直在提出此类观点。令人不安的是，来自复杂性理论等领域的最新见解表明他们是正确的。似乎一旦社会复杂性发展到一定水平，它就变得越来越脆弱。最终，它达到一个临界点，即使是较小的干扰也能导致一切崩溃。”

文章引用了犹他州立大学人类学教授约瑟夫·泰恩特的工作结果，他是1988年重要著作《复杂社会的崩溃》的作者。这本书描述了历史上的文明在解决从食物和水资源匮乏到蛮族入侵等各种挑战的斗争中，逐渐演变成越来越繁密的结构，具有错综复杂的等级制度。社会必须不断解决新问题才能生存和发展。这意味着复杂性水平在不断加速。泰恩特指出："成功带来人口增长、专业种类增多、资源管理复杂化、信息处理压力加大，最终导致效益递减。最后，当一个社会所拥有的所有能源和资源，都被用来维持其现有的复杂程度时，就会达到一个临界点。"

正是这一现象使得索内特（他引用了泰恩特的作品）预测到即将到来的社会崩溃，而巴尔-扬完全同意这一观点。他告诉《新科学家》杂志："复杂性导致更高的脆弱性，这并不被广泛理解。"高度复杂系统的崩溃可以通过相互连接的网络（如全球供应链）传播，这些网络就像一个庞大的复杂生态系统，有无数个瓶颈。比如，中国的一家工厂被洪水淹没，会导致福特无法获得所需的计算机芯片，从而导致拉皮德城的汽车经销商无法销售汽车。苏伊士运河中一艘货船搁浅就会扰乱全球供应链。巴尔-扬指出："连接我们的网络可以放大任何冲击。千里之堤，溃于蚁穴。"

企业若仅以盈利为驱动，可能会由于最大化运营优化而加剧问题。只要供应链按计划运作，按时交付可谓利润丰厚。但倘若出现问题，整个供应链就可能断裂，因为瓶颈处的减速会在整个系统中扩散。想象一下，全球经济都建立在优化的供应链（和食物链）之上，而这些链条都由计算机驱动的金融市场支持和管理，这将越来越容易受到极端事件的影响。社区通过卫星、社交网络和飞机来相互联结。

这就是 2020 年新冠疫情暴发时的世界。随着企业和整个经济陷入停摆，经济放缓和停工引发了国际供应链连锁反应，导致其寸步难行。随着这一切的发生，人类也被迫面对全球变暖的破坏性影响，包括洪水、热浪、森林大火和超级风暴。

巴尔－扬在 2008 年就预见到这样一个世界，他警告道："文明脆弱不堪。"。

巴尔－扬在 2010 年年末留意到，中东地区的食品价格正呈现令人不安的迅速上涨趋势。他对食品价格波动与社会动荡的历史关联进行了深入研究，发现当联合国粮食及农业组织的食品价格指数超过 210 时，暴力冲突的风险会显著提高。这一问题令人忧虑，因为在过去的 10 年里，食品价格一直呈现稳定上升的态势，同时还经历了极端波动的时期。新英格兰复杂系统研究所的研究人员指出，全球食品成本上涨的两大主要诱因均与美国政策有关，其一是 1999 年大宗商品市场的监管放松，导致交易商投机行为加剧；其二是在小布什政府时期，美国利用玉米生产乙醇的现象急剧增加。

食品价格激增，再加上社会动荡和政治不稳定现象加剧，促使巴尔－扬预测中东和北非地区将出现极端动荡。他在 2010 年 12 月向美国政府报告了他的预判。几天后，年仅 26 岁的突尼斯水果和蔬菜小贩穆罕默德 · 布瓦吉吉受到当地警察骚扰，他自焚身亡，引发了一波抗议活动，并迅速蔓延到其他国家，这就是后来被称为"阿拉伯之春"的事件。巴尔－扬惊人准确的预测使他与新兴的复杂系统科学一起成了国际关注焦点。

“动荡年代可能是灾难性的——革命推翻独裁者，极端天气导致数万人丧生，市场崩溃使人们陷入贫困——但对研究复杂系统的科学家来说，这是沃土。”2011 年 3 月的路透社文章宣称：“根据巴尔 – 扬的研究成果……这种科学是保护社会免受大流行病、自然灾害、恐怖主义、气候变化、资源枯竭和经济危机等危险的重要工具。”

根据巴尔 – 扬的观点，研究的目的并非像赌场中的赌徒仅仅局限于预测结果和评估赔率。实际上，研究的根本在于探寻事物运行的机制，以及了解出错的原因，从而在问题恶化之前予以解决。在一定程度上，这是一种积极主动的保险策略。他向路透社表示：“提前预警某事即将发生，或许能帮助我们做好准备，以防不测。然而，更深入地了解为何会发生此类事情，将使我们能够采取措施，防止问题的发生。”

在 2008 年全球金融危机之后，巴尔 – 扬开始研究复杂的股票市场系统。他声称发现了一种现象（怀疑论者如塔勒布则坚持认为其不可能），可以用于预测市场崩盘，就像索内特的 LPPLS 模型可以检测到龙王一样。2011 年 4 月，巴尔 – 扬和新英格兰复杂系统研究所的研究团队发表了一篇论文，论证他们可以预测崩盘的内部市场机制。该研究分析了 1985 年以来的市场崩盘，当一大堆股票开始一起上涨或下跌——研究人员称之为“模仿”（mimicry）时，表明市场已经准备好恐慌。巴尔 – 扬夸耀说：“我们已经在数学上证明，可以提供显著预警指标，预示即将到来的崩盘。”

2014 年 1 月，巴尔 – 扬在日内瓦世界卫生组织发表演讲，探讨了长途交通对病原体进化的影响。他播放了一段视频，展示埃博拉病毒如何因大陆间交通增加而像野火般迅速传播到全球各地。在中非洲，一团看似微不足道的星星之火迅速燎原，出现在欧洲一些国家、古巴、美国，然后传播到南美洲的国家、亚洲的国家、澳大利亚，最终覆盖了地球的大部分地区（除了海洋、南极洲和加拿大北部大片区域）。全球融合的强化正在使世界变得高度不稳定和难以预测。他后来描述这项研究时写道：“普遍认为过往经验是未来事件的预测器，但在这种情况下行不通。”

几个月后，世界上最大规模的埃博拉疫情在西非暴发。病例数量几乎每周翻倍。公共卫生官员开始追踪接触者以遏制疫情。但后来新英格兰复杂系统研究所对情况的分析显示，这种方法并不奏效。首先，大多数人起初并不知道自己感染了埃博拉病毒，因为初期症状可能与普通病毒感染相似。此外，在西非城市中，许多人共乘出租车，很难确定患者接触过的人。最后，随着病毒呈指数级传播，理想的接触者追踪人数已经达到了一个在逻辑上不可能实现的数字。一些跟踪埃博拉疫情的人担心，仅在非洲就可能有 1 000 万人死亡。

随着接触者追踪无法奏效，巴尔 – 扬和新英格兰复杂系统研究所的同事开始构思一种替代性应对方案。他们专注于在社区层面进行干预，在感染暴发的特定地区限制人们出行，并通过逐户排查积极寻找感染者。这种方法将抑制病毒扩散，直到其无法再传播，或者至少他们希望如此。他们与美国陆军工程兵团合作，制订了一个计划。巴尔－扬与联合国、美国疾病控制与预防中心和白宫国家安全委员会的重要官员保持联系。但随着致命病毒继续蔓延，他开始担心应对行动的速度不够快。

在忧虑日益加剧之际，他联系了利比里亚疫情重灾区当地的工作人员。10月，他得知一些社区已经开始采用他的防控策略。工作团队逐户使用红外线体温计进行发热筛查。他在随后的分析中写道："成效显著，呈指数级增长的疫情也呈指数级下降。"

相应的方法后续在塞拉利昂得以实施，成效同样显著。第二年，利比里亚成功消除埃博拉病毒，非洲大陆的疫情迅速受到控制。巴尔－扬强调："若此类应对措施能尽早实施，将有望拯救更多生命，避免那些难以承受的痛苦，以及经济和社会的动荡。"

受埃博拉疫情影响，巴尔－扬在2006年关于交通对病毒传播的研究基础上，撰写了一份名为《走向灭绝：联通世界中的大流行病》(Transition to Extinction: Pandemics in a Connected World)的报告。他发现，在历史上，高致命性的病原体往往能迅速传播，但随后会因杀死所有宿主而自行消亡。

然而，现代交通的便捷性如同蔓延的野火，促使病原体得以广泛传播。事实上，它为病原体提供了众多的宿主。随着病原体的不断蔓延，人类即将抵达巴尔－扬报告中提及的关键时刻："灭绝的临界点"。

也就是人类种族的灭绝。

2014年，新英格兰复杂系统研究所在剑桥举办会议后，巴尔－扬开始着手处理塔勒布和里德的预防原则论文，当时这份论文还只是一个布满小标题而内容较为简略的草稿，其中包括“为什么毁灭是严肃的事情”和“我们所说的肥尾是什么”等多个章节标题，以及大约 5 页文字。他把撰写论文内容的一部分工作委托给了一位助手，但这位助手感到困惑，便向一位叫乔·诺曼的年轻研究员寻求帮助。

“我对这篇论文丝毫没有头绪。”助手说道。

诺曼看了一眼草稿，激动不已。他认为，这是一个迷人的主题、上佳的论点。锦上添花的是，这篇论文上有塔勒布的名字。诺曼是塔勒布作品的崇拜者，尤其喜爱《反脆弱》。第一次阅读完这本书后，他就买了 20 本并送给朋友。

“让我试试吧。”他说。

诺曼从出生起就生活在一个复杂系统世界中。他父亲道格拉斯是一名复杂系统工程师，他的工作涉及将这个领域晦涩难懂的概念应用到现实世界的建筑挑战中，其中包括一些军事合同项目，比如在阿富汗和伊拉克设计和建造空中控制基地。有时，他还与新英格兰复杂系统研究所的巴尔－扬合作。

诺曼从小就在散落着关于复杂系统科学图书的家里长大。跟随父亲的脚步，他在中佛罗里达大学学习了机械工程，但后来转到了哲学和生物学领域。他对启蒙主义学派思想产生了浓厚兴趣，这一思想由智利生物学家温贝托·马图拉纳和弗朗西斯科·瓦雷拉在他们 1992 年的著作《知识之树：人类认知的生物根性》（*The Tree of Knowledge: The Biological Roots of Human Understanding*）中详细阐述，该书（足够简化）探讨了人类大脑与世界之间的动态关系。

2009 年，诺曼从中佛罗里达大学毕业后，在佛罗里达大西洋大学获得了复杂系统和脑科学博士学位。他在 2014 年大学毕业后第一份工作是在新英格兰复杂系统研究所担任研究员。他在那里第一篇合著论文是《预防原则》，这篇论文在塔勒布、里德、诺曼和巴尔－扬之间传阅、修改了多次。

他们最终在秋天完成了这篇论文。2014 年 10 月 17 日 12:30，塔勒布按下了电脑上的按钮，将《预防原则（适用于生物体的基因改造）》发表在康奈尔大学预印本平台[①]上。

落指提交，塔勒布卷入了他一生中最激烈的公共风暴之一。

---

① 预印本是学术或科学论文的一个版本，先于正式同行评审并在同行评审的学术或科学期刊上发表。基于互联网的预印本平台，可以在最大程度上实现学术成果的交流互通。——译者注

第十八章　永久破产

摘要：预防原则指出，如果某项行动或政策可能对公共领域造成严重危害（如影响全球健康或环境），在没有科学依据确定其安全性的情况下，就不应采取该行动。在这种情况下，证明没有危害的举证责任在于提出行动的人，而不是反对行动的人。

预防原则由此展开。

长期以来，人们对这一原则的抱怨一直存在：该原则过于模糊，什么时候风险高到需要援引该原则？为解决这个难题，塔勒布利用了他长期研究极端事件和设计交易策略以抵御黑天鹅的经验。他说："我们认为，只有潜在的危害是系统性的（而不是局部的），且后果可能涉及不可逆转的崩溃等极端情况时，例如人类或地球上所有生命的灭绝，才应援引预防原则。"

这句话虽然有些强词夺理，但正如此类复杂问题通常的情况一样，魔鬼就在数据中。如何区分系统性、不可逆转的崩溃风险与局部伤害之间的区别？答案与环宇资本的交易策略直接相关。

想象一下：100 个赌徒进入赌场，每个赌徒在轮盘下注 1 000 美元。有些人赢了，有些人输光。输光的第 59 号赌徒不会影响第 60 号赌徒。当赌徒走出大楼时，他们的平均收益为 10 美元。而这对赌场来说，可能是糟糕的一天。

现在想象一下，一个赌徒走进赌场，打算在轮盘赌上连续下注 100 次。他把所有的钱都押在红色上，并一直押下去。他能赌到 100 次吗？绝对不会，假设他只输了一次（一个过于厚道的假设），他的第 59 次下注全输了，他就无法玩第 60 次，因为他已经完了，成了一个输光的赌徒。

这是一个破产问题，具体地说，就是赌徒破产问题。破产问题适用于个体在一段时间轨迹上的行为，而不是一个群体一系列不相关赌注的平均值。银行和对冲基金如果不能妥善管理风险，就会因此破产。他们可能会幸运地连赢 10 次庄家，但在第 11 次下注时，他们仍可能会输掉一切。塔勒布和他的合著者将其描述为“局部非扩散影响”和“导致不可逆转和广泛损害的扩散性影响”之间的区别。

环宇资本从不承担这类风险。斯皮茨纳格尔通过承受微小的损失来降低亏损，而不是像一个满脑子都是杠杆的对冲基金或投资银行那样，一不小心就血本无归（那些把钱投入股票和债券共同基金的普通投资者，玩的不是一场破产游戏，因为市场永远不会 100% 亏损，但他们可能会在市场崩盘中遭受大幅回撤，从而损害长期财富）。斯皮茨纳格尔可以“流血”，但他不会“在一天内出血致死”。

统计数据显示，重复玩破产游戏的人最终会破产。以另一种破产游戏——俄罗斯轮盘赌为例，塔勒布和他的合著者指出：“根据破产理论，如果你在‘一次性’风险中承担了微小概率的毁灭风险，并侥幸存活，然后再做一次（另一笔‘一次性’交易），你最终会破产。”

预防原则旨在通过规避可能导致全球系统性危机（如造成全球性、不可逆转的生命终止）的风险来保护人类免于破产。

崩溃是永久的

> 当危害的影响延伸到未来的所有时间，即永远，那么危害就是无限的。当危害无穷大时，任何非零概率与危害的乘积也是无穷大的，而且它不能与任何潜在的收益相平衡，因为这些收益必然是有限的。

当面临破产问题时，不要权衡概率或进行成本效益分析。没有什么值得冒险的，因为如果永远玩下去，最终的破产是数学上的必然。你可能会很幸运地玩上几轮俄罗斯轮盘赌，但也可能第一轮就是你的最后一轮。论文指出：“因为破产的成本实际上是无限的，成本效益分析不再有用。在这种情况下，我们必须尽一切努力避免灾难。”

我们面对的是整个自然界和人类，这是一个非常复杂的系统，因此用于评估风险的模型本身是受限的。证明“没有危害”几乎是不可能的。

这让人类陷入困境。你无法使用证据，因为这需要冒险去看看会发生什么，而让全人类都处于危险中，这可不是一个好主意，你甚至无法模拟出可能的场景，因为这个系统极其复杂。塔勒布等人认为，答案是弄清楚风险是不是全球性和系统性的。他们写道："关键的问题在于，能否造成全球性的危害。"

在这个链条中，是否存在作者所说的连锁反应，即相互依存关系，从而导致危害跨越国界？

他们写道："想想2008年的全球金融危机，随着金融公司在20世纪后半叶变得越来越相互依存，平静时期的小波动掩盖了系统对连锁故障的脆弱性。我们经历的并非系统中独立区域的局部冲击，而是具有连锁效应的全球冲击。"

那场危机只是一个例子，说明由于通信、交通和经济相互依存性的增强，肥尾事件的风险更大。他们写道："我们今天面临的危险是，作为一个文明，在全球范围内我们相互连接，冲击事件概率的肥尾分布延伸到全球，给我们带来危险。随着连通性的增加，灭绝的风险会非线性地急剧增加。"

脆弱性

> 由于维护其结构的系统固有的脆弱性，预防原则仅适用于最大规模的影响。随着影响程度的增加，危害呈非线性增加，直至崩溃。

复杂系统之所以容易崩溃，因为结构内部存在着将一个部分连接到另一个部分的深层关联。拉动蜘蛛网上的一根线，整个蜘蛛网就会分崩离析。这种影响是非线性的，因为一个小的输入就可以摧毁整个结构，就像卢克·天行者的微小质子鱼雷眨眼间炸毁死星一样。

正如塔勒布在给斯图尔特·布兰德的信件中所指出的，规模很重要。朝一个人的头部扔一块50磅重的石头会造成巨大的伤害。而扔一万块加起来有 50 磅重的鹅卵石，不会造成那么大的伤害。

影响的不确定性和模型的不可靠性增加了崩溃的风险，需要更加谨慎。塔勒布和他的合著者写道："对模型的怀疑越多，意味着尾部的不确定性越大，这就需要对新技术或更大规模的敞口采取更谨慎的态度。大自然可能并不聪明，但它的历史长，意味着遵循其逻辑的不确定性较小。"

预防原则中有一节呼吁彻底禁止转基因作物。塔勒布的形象众所周知，作者中没人比他对转基因作物的抨击更猛烈。文中写道："转基因作物及其风险是目前争论的主题。我们认为这种情况完全适用预防原则，因为其风险是系统性的。"

塔勒布和合著者认为，转基因作物领域 30 年的研究不足以得出结论，即对自然界进行的广泛基因实验是无害的。这是一个问题，因为（他们认为）转基因作物带来了尾部事件的风险，也就是崩溃的风险。如果转基因水稻以某种方式在野外与天然水稻杂交，或者如果新的 DNA 被引入其他生物体，如细菌，其结果是未知的。即使这些风险的发生概率很小，转基因作物也要应用预防原则。他们说，转基因作物的支持者需要证明风险近乎为零，责无旁贷。这确实是一个非常艰巨的挑战。

与支持转基因的人群做斗争也有风险。转基因批评者经常被视为反科学的阴谋论者，与反疫苗接种者或气候变化否认者混为一谈。这对里德来说是一个莫大的讽刺，他多年来一直在与气候变化否认者斗争。但里德认为，反对在养活地球大部分人的作物上大规模实施一种新的工程方法，这并不是“反科学”的。对一种可能带来巨大潜在风险的技术提出逻辑、哲学、伦理、政治和统计方面的问题，这也不是反科学的。塔勒布等人希望改变这种争论，这不是科学与反科学，而是轻举妄动与预防原则。

他们在论文中指出，转基因作物可以“不受控制地传播”，因此不能本地化，它们会像病毒一样跨越国界，并在地球生态系统中呈现非线性扩展。它们的影响无法被测试，因为自然界太复杂，充满了随机性和混沌。简而言之，引进新的转基因作物是一次危险的掷骰子行为。

他们认为，转基因作物与选择育种或特定作物间的杂交不同，比如玻利维亚原产的玉米和艾奥瓦州原产的玉米是不一样的。选择育种是缓慢的，需要几代人才能完成。它通常是本地化的，允许错误在传播之前消失。他们写道：“对历经广泛长期选择的生物遗传成分进行选择育种，与自上而下地提取鱼的基因放入番茄，这两者之间没有可比性。我们应该在此奉行预防原则……因为我们不想在对环境和健康造成巨大且不可逆转的损害后才发现错误。”

转基因作物支持者普遍认为，禁止转基因作物会增加发生饥荒的风险。对此，该论文指出，许多饥荒往往是经济或农业政策不当造成的。如果有其他方法可以解决饥荒，比如改善食品从富裕地区到匮乏地区的运输，那么即使转基因作物导致灾难的风险转瞬即逝，也不值得冒这个险。根据供应链追踪机构 Wiliot 的数据，全球大约三分之一的食品被浪费。如果能从浪费的食物节约一小部分，将大大有助于解决全球饥饿问题。

该论文认为："由于美国对转基因作物引进的监管有限，同时转基因作物的引进具有全球性影响，我们正处于破产问题的体制中。"

另一个问题是，化学除草剂和杀虫剂在环境中的大量积聚。因为转基因的目的之一是使农作物对化学物质（如除草剂）产生耐药性，这促使此类化学物质在全球大规模扩散。农达等除草剂的广泛使用相当于对全球环境进行了一次大规模实验。小范围实验的风险可能很小，但如果在全球范围内实验，风险就会加剧，甚至可能成为系统性风险，这无疑是向大自然母亲投掷一块巨石，而不是一堆鹅卵石。

孟山都公司淡化的一个风险是，除草剂杀不死的杂草会进化得比以前危害性更大，就像对疫苗产生耐药性的致命病毒。这件事真的发生过。在 21 世纪 10 年代中期，一种名为长芒苋的超级杂草快速生长，对农达产生了抗性。到 21 世纪 20 年代初，它已经蔓延到美国 20 多个州，严重困扰了完全依赖农达除草的农民。这种杂草可以使大豆和花生产量减少 68%，玉米产量减少 91%。2021 年 1 月的一项杂草研究发出警告："杂草对除草剂的耐药性，特别是对多种除草剂的耐药性严重威胁了全球粮食安全。"

农达还引发了其他问题。2020 年，曾在 2018 年收购孟山都的德国制药巨头拜耳公司同意支付 100 亿美元，以解决数千起农达导致癌症的索赔。尽管达成了和解，拜耳公司还是坚持认为除草剂是安全的。

这样的问题并不局限于农达。实验性人造化学品无处不在，在珠穆朗玛峰的顶部和世界海洋最深处都发现了塑料。2022 年，地球正接近甚至可能已经超过化学污染的临界点。斯德哥尔摩复原中心和其他地方的14名科学家进行的一项全新研究发现，1950年以来，化学品的产量增加了50倍，预计到2050年，这一数量将再增加3倍。该研究警告称，这种失控的大规模生产正在将全球生态系统推向一个“行星边界”，超过这个边界，生态系统就无法恢复。苏格兰的圣安德鲁斯大学的生物学家伊恩·博伊德在评论这项新研究时告诉《卫报》：“环境中化学负担的增加是分散且隐蔽的。因此，我们对正在发生的事情雾里看花。在这种情况下，我们很难确定我们对环境的影响，因此需要对新化学品和排放到环境中的量采取更为审慎的态度。”

《预防原则》在网上发表后，很快开始在转基因专家中传播，他们并不高兴。论文的作者被归为反疫苗接种阴谋论者，甚至更糟。一位叫斯蒂芬·内登巴赫的中学老师，他是名为“我们爱转基因作物和疫苗”网站的创始人，将塔勒布与希特勒相提并论。纽约大学仍然聘请塔勒布担任教授，尽管收到了数百封投诉该论文的信件。一些人甚至游说纽约大学终止与他的合同，塔勒布在职业生涯中遭受过很多非议，但他从未见过如此尖刻的谩骂。

他在推特上多次与他所称的转基因“骗子”或“宣传者”展开骂战，发挥出他谩骂的潜力。这也是让塔勒布的朋友最为烦恼的一面。塔勒布将推特视为智力角斗的战场，并像一个疯狂的先知一样与“敌人”交战，谴责异端，并发出无情的判决。这些交战者从无名小卒到诺贝尔奖获得者不一而足。他把朋友罗里·萨瑟兰的建议牢记在心。萨瑟兰是广告公司奥美集团的副董事长，他打趣说，花是有广告预算的杂草。他告诉塔勒布，他建议首席执行官都粗鲁一点，说脏话，因为这会使他们显得更真诚，并表明他们不受约束。好斗的个性和小学生般的侮辱词汇损害了塔勒布在朋友和敌人中的声誉。但毫无疑问，他一点也不在乎。

这并不是一个新特点。认识塔勒布几十年的人说，他总是有锋芒毕露的一面，这是他在纽约和芝加哥做交易员时磨炼出来的，在那里，像喝醉的水手一样骂人是必要本领。许多人原谅了这些谩骂，认为这是塔勒布直奔主题所需要的素质。经济学家兼博客作者诺亚·史密斯曾写道："纳西姆·塔勒布是一个粗俗的夸夸其谈的人。我很喜欢他。也许需要一个脾气暴躁的人，甚至是非常暴躁，才能有效地谴责华尔街的那群骗子。他的朋友、经常批评他的人亚伦·布朗告诉我：如果他更有礼貌，他就不会像现在这样受到关注。如果你礼貌讲话，人们就会不屑一顾。你必须说每个人都是白痴，都是江湖骗子，才能让人们听到你在说什么。虽然这并不好。"

尽管塔勒布和其他人就转基因作物和其他形式的基因操纵发出了警告，但转基因的发展不可逆转。转基因作物无处不在，美国市场上大约 90% 的玉米、大豆和甜菜都是转基因作物。随着全球变暖改变了世界气候，善意的科学家正在努力设计能够承受更高温度、更干旱环境和气候变化带来的其他反乌托邦影响的作物。普罗米修斯式的、斯图尔特·布兰德信奉的"我们是神"的世界观大行其道。

2015年，塔勒布、里德、巴尔－扬和诺曼写了一篇短论文，将预防原则应用于失控的全球变暖。他们写道，气候变化政策的争论往往围绕着模型的准确性展开。模型信徒主张采取具体行动来抵御即将到来的崩溃。模型怀疑者指出其不确定性，并表示没有足够的证据能支持采取大力行动。

短论文的作者提出了一个耐人寻味的问题。如果我们根本没有可靠的模型呢？“在没有任何精确模型的情况下，我们仍然可以推断，污染或极大的环境改变可能会把我们置于未知领域，就算我们没有统计记录，也知道会产生巨大后果。”

他们写道：“我们只有一个地球。这一事实从根本上限制了适合大规模承担的风险种类。即使是概率很低的风险，当它影响我们所有人时，也会变得不可接受。这种程度的错误是无法挽回的，把一个复杂的系统推得太远，它就回不来了。”

“不管气候模型告诉我们什么”，结果都是必须减少二氧化碳排放。

2018年，《非对称风险》一书出版，这是塔勒布“不确定性系列”（《随机漫步的傻瓜》《黑天鹅》《反脆弱》《塔勒布智慧箴言录》）的第五本书，研究如何在一个由极端不确定性统治的世界中生活和行动。《非对称风险》与塔勒布的所有著作一样，涉及面很广，从复杂性理论到行为心理学，再到各种政治制度（民主与专制）之间的差异。这是一本主要关于美德的书，而美德是由“风险共担”或缺乏“风险共担”所定义的。那些在公司破产时毫发无损的银行家没有进行风险共担（塔勒布称之为“鲍勃·鲁宾交易”）。与此相反，对冲基金经理在公司倒闭时可能会损失一大笔财富，他们确实有切身利益，因此更有动力避免公司倒闭（尽管许多人仍然这样做）。

对投资者来说，塔勒布最突出的观点出现在最后一章“承担风险的逻辑”中，他比较了“集合概率”和“时间概率”，这是两种不同的风险分析方法。回想一下这两种赌博的方式，它们帮助解释了赌徒破产问题。在其中一种情况下，100 个赌徒在轮盘赌上分别下注 1 000 美元。有些人赢了，有些人输光。输光的第 59 号赌徒不会影响第 60 号赌徒。这组赌徒的平均收益可能是 10 美元，这就是共同概率。

接下来，一个赌徒在轮盘赌上连续下注 100 次，把所有的钱都押在红色上。这样的赌徒永远也赌不到第 100 次。这就是时间概率看待风险的视角，风险在时间上是路径依赖的。塔勒布认为，这是看待风险的正确方法，尤其是在有可能破产的情况下。虽然时间概率在现实世界中的作用似乎显而易见，但现代金融学并非如此权衡市场赔率。现代金融理论倾向于取所有下注者的平均值，并以此来代表单个赌徒所承担的风险。根据这种观点，一轮俄罗斯轮盘赌的胜率是 83%，不算太差。但即使给你 100 万美元，几乎也没有人会冒这个险。

对一系列集体下注并取平均，隐藏了赌徒破产这类灾难发生的风险。塔勒布在《非对称风险》一书中也如此思考风险，他写道：“如果一条河平均 4 英尺深，就永远不要过河。20 多年前，马克·斯皮茨纳格尔和我本人等从业者围绕风险建立了我们的整个商业生涯。当我退休后四处漂泊时，马克坚持不懈地（成功地）在环宇资本工作。”

这些相互关联、自我强化的极端风险情景正是预防原则的适用范围。在时间概率领域，骰子的每一次掷出或车轮的每一次转动都是相关联的。它们不能被分离成独立的单元，也不能被平均化。同样，当面临风险的人存在内部关联和联系时，系统性风险就会发生。一个人死在浴缸里不会增加邻居死在浴缸里的风险。但一个人死于传染病确实会增加邻居患病和死亡的风险。一旦成为系统性风险，可能对整个社会造成破坏时，我们就需要采取极端的预防措施。

塔勒布并不是唯一把华尔街经验教训用于应对全球面临的日益严重威胁的系统性风险专家。21 世纪 10 年代，曾为纽约金融巨头高盛管理全球最大股票投资组合之一的鲍勃·利特曼，将其数十年的风险管理技能用于应对最严重的威胁之一——全球变暖。

塔勒布避开模型，认为正是气候变化预测的不确定性要求我们采取极端的预防措施。与塔勒布不同的是，利特曼将继续构建模型，该模型规定了与“乱世之王”相同的预防措施：当存在风险时，你必须及早恐慌。

第十九章　事不宜迟

2014 年 12 月 6 日，星期六，鲍勃·利特曼穿梭在新泽西收费公路的稀疏车流中，大雨溅湿了特斯拉汽车的挡风玻璃。他和妻子玛丽期待在纽约度过一个愉快的夜晚：和朋友一起吃晚餐，畅饮美酒，接着再去百老汇看一场演出。他将特斯拉的巡航速度设定为 72 英里 / 时。当接近花园之州公园路的岔道时，玛丽尖叫起来。

“我的天啊，鲍勃，小心！”

他们看到远处有一辆大卡车。那辆车似乎不太不对劲：它在颠簸，它在着火，并正向他们高速驶来。

集中注意力，利特曼告诉自己，这可能会很棘手。他猛踩刹车，费力避开油罐车，险些丧命。这辆 18 轮卡车就像一枚炸弹，里面装满了 9 000 加仑的汽油。如果利特曼没有猛踩刹车，它们就会相撞爆炸。与死神擦肩而过成为现实世界中风险管理的一个缩影，后来利特曼将这一缩影运用到全球变暖的致命威胁中。

2020 年 3 月，曾在纽约高盛集团担任高管和风险管理者的利特曼从新泽西州乘火车前往华盛顿，在参议院一个委员会为全球变暖的代价以及如何应对全球变暖做证。当时，他和世界上数百万人一样，目睹了新冠肺炎病例的不断增加，感到越来越震惊。他不再与人握手，取而代之的是敷衍了事的撞肘。

思考得越多，利特曼就越对这一流行病与气候危机之间的相似之处感到不安，而应对气候危机正是他在结束高盛集团 23 年的职业生涯后所从事的事业。新冠疫情正在失去控制。全世界都未能扑灭它的星星之火。现在，眼看着它要成为燎原之势。他认为，全球变暖也是如此。不确定性以及化石燃料行业的连篇谎言和矢口否认，使世界陷入瘫痪。实实在在的火焰正在烧毁森林。

在参议院做证数小时后，我在华盛顿特区见到了利特曼。利特曼告诉我，他担心新冠疫情很快会在全球范围内流行，他是对的。

他说："这是一个完美的例子，当你遇到风险管理问题时，往往很紧急，你不知道自己还有多少时间。对于新冠病毒，我们浪费了很多周的时间。气候问题也是如此。我们必须踩刹车。"他是指碳排放以及他与燃烧的油罐车险些相撞的经历。

换句话说，恐慌要趁早。

尽管对全球变暖来说，"早"是一个充满争议的相对概念。许多气候专家会说，早是指 2000 年或者 1990 年。利特曼则说："事不宜迟。"

这位前风险经理真正做到了把钱用在刀刃上。10 年前，他从高盛离职后加入了纽约一家规模达 20 亿美元，名为 Kepos Capital 的对冲基金公司。该基金推出了一项策略，押注于从化石燃料向清洁能源的快速过渡，这实际上是对气候混乱影响的押注。Kepos Capital 做空一批能源股，包括石油钻探商、煤矿商，并押注于清洁能源股和其他将从转型中受益的资产。这是一场赌博，赌的是气候危机会继续加剧，直到普通投资者对造成危机的污染工业弃之不顾。2022 年俄乌冲突爆发后，石油价格的反弹标志着这一策略的短期逆转，但利特曼毫不怀疑，化石燃料行业的长期趋势必然是向下的。而对清洁能源来说，是没有上限的。

我们见面的当天早些时候，这位头发花白的 68 岁华尔街资深人士在参议院民主党气候危机特别委员会上发表了演讲，该委员会成员包括罗得岛州参议员谢尔顿·怀特豪斯。利特曼身着灰色西装、蓝色衬衫，打着领带，举止优雅，他的形象与狂热的环保主义者对邪恶的石油公司大喊大叫截然相反。尽管如此，他仍忧心忡忡。

他对参议员说："我们没有对气候风险进行定价，没有制定适当的减排激励措施。这是一个悲剧性的，甚至是灾难性的错误做法。目前，激励措施正在引导资本向增加排放的方向发展，导致大气中温室气体不断累积，这又极大增加了使地球和子孙后代的福祉遭受永久性损害的风险。"

然后，他提出了一个似乎直接来自预防原则的观点。他说："风险管理的首要原则是，必须考虑最坏的情况。"

就全球变暖而言，最坏的情况是没有边界的，超出了模型的范围。这是一个破产问题。当你不了解风险时，就无法对其进行合理定价。它们是未知数。成本效益被抛之脑后。利特曼告诉参议员，金融危机就是这样发生的。抵押贷款中积累的系统性风险没有得到相应的定价，恶果就爆发了。今天，社会没有对全球变暖的风险进行适当定价。事实上，政府还向化石燃料公司实施数十亿美元的税收优惠，这是在为毒化大气层的行为提供补贴。

“时间就是生命。”利特曼说。

当你耗尽时间时，你将面临灾难。时间在流逝。利特曼说：“我们不知道在全球气候系统被推向一个灾难性的临界点之前，我们还有多少时间。”

紧接着，管理 1.8 万亿美元资产的欧洲最大资产管理公司东方汇理集团投资负责人弗雷德里克·萨马玛向委员会致辞。

他说：“今天，我的证据将集中于《绿天鹅》(*The Green Swan*)，这是我最近与法兰西银行、国际清算银行和哥伦比亚大学的作者共同撰写的一本书，各国央行现在认识到气候变化威胁着金融稳定。要么我们什么都不做，让人类面临风险，要么我们系统调整管理方式。”

严峻的挑战是，未来的任务如此艰巨，以至于全球的金融稳定性都面临风险。

萨马玛说：“这就是本书作者受塔勒布著名的黑天鹅理论启发，提出绿天鹅概念的原因。”绿天鹅是一种高度确定的事件，具有多种非线性和相互作用的原因，威胁着地球上的生命。气候变化就是绿天鹅的一个例子。

又是那个麻烦词：非线性。

萨马玛接着说：“气候变化带来了各种非线性和相互作用的风险，包括物理风险、监管风险和社会风险。建立这样一个复杂的模型非常具有挑战性。气候变化可能导致极端的短期损失，甚至导致大部分人类灭绝。在过去 40 年里，极端天气事件增加了 4 倍。”他警告说，更多的热浪、干旱、飓风、大流行病和海平面上升情况即将来临。

听了那天的演讲，人们可能会想象议员们正在遭受环保人士的指责，而不是被退休的高盛量化老爷爷和欧洲最大资金管理公司的高管声讨。事实上，金融界已经意识到气候问题的严重性，这使巨额资金以及人类的命运岌岌可危。

是否为时已晚？

利特曼告诉我，也许是的。地球可能已经越过了关键的临界点，永久冻土层融化及其释放的甲烷炸弹、不断缩小的冰川、上升的潮水和频发的超级风暴……他深知，全球变暖会导致一系列事件，引发自我强化的反馈循环和难以想象的灾难。可惜的是，他认为有能力防止人类命运巨轮沉没的人，竟是现代功能最不健全的议事机构的成员。2020 年 3 月的那一天，他所面对的正是这个机构——美国国会。

利特曼一直是个头脑灵活的“变色龙”，在他的学术生涯中，他可以相对轻松地从一个领域转到另一个领域。他在斯坦福大学读本科时开始学习物理学。但当时越战如火如荼，他不确定理论物理学的抽象世界是不是最佳选择。他转到人类生物学专业，这是斯坦福大学的一个新专业，一个跨学科专业，融合了生物学、心理学、人类学和历史学。在这个专业的学习中，他学到的一课让他终生难忘，那就是如果想了解人类行为，必须理解激励机制。这也是他下一个研究领域的关键——经济学。

他还曾为校报《斯坦福日报》工作，并成为《时代》周刊的特约记者。他曾在《圣何塞水星报》实习，1973 年毕业后的第一份工作是在《圣迭戈联合报》担任记者。但对计算机编程这一新兴领域的痴迷又将他引回了学术界，他进入加州大学圣迭戈分校经济学专业学习，这使他有机会使用学校的计算机。在那里，他遇到了他未来的妻子玛丽，玛丽不久后决定搬回明尼苏达州的家，他也随之进入明尼苏达大学经济系就读。该系的教授都崇拜芝加哥经济学派以及该学派的一切：米尔顿·弗里德曼和乔治·斯蒂格勒的自由开放市场，还有尤金·法玛的有效市场。

在大学计算机中心工作期间，他回答了学生有关编程的问题，并为大学的统计软件包提供支持。他的计算机技能引起了系里两位年轻教授的注意：托马斯·萨金特和克里斯托弗·西姆斯，他俩后来都成为诺贝尔奖获得者。利特曼花时间研究了西姆斯提出的一个晦涩难懂的课题：向量自回归，它利用过去的经济变量来预测当前或未来的变量，比如通过观察利率和就业水平来推测未来的经济增长。这些由自回归得出的预测结果构成了利特曼论文的基础，也是他日后成为计量经济学家的基石，这是一个使用复杂数学和计算机程序进行预测的岗位的新名词。

他的第一次预测以失败告终。由于需要估算的随机参数过多，得出的结果显然与现实世界的情况不符。在西姆斯的建议下，他尝试了一种统计方法，将两个不同来源的信息结合在一起：一个是所研究的变量，如利率；另一个是基于以往历史事件的单独概率分布，如年度经济增长率。历史数据有助于将预测固定在现实世界中，使其不至于失控。然后，随着新信息的出现，根据公式对结果进行上调或下调。

利特曼发现，这种方法的效果要好得多。事实上，最好的预测是通过赋予历史数据更多权重，而不是插入更多噪声变量而得出的。

他的研究成果为他在明尼阿波利斯联邦储备银行找到了一份工作，在那里他进一步完善了预测技能。在麻省理工学院短暂任教后（在那里他学到了关于自己的重要一课——他讨厌教学），他专注于创办一家做销售统计预测软件的公司。该软件名为 RATS，是时间序列回归分析的简称。随后，他回到明尼阿波利斯联邦储备银行，在那里，他的自回归研究成为该行测量经济温度工具箱的重要组成部分。

另一个重要经验是，利特曼发现根据经济过去的温度来预测未来温度是非常困难的。他发现，产生不确定性的一个重要原因是美联储政策的随机性。美联储的一个关键作用是不时地对经济系统施加干预，使其摆脱糟糕的经济走势。通胀过热就提高利率，经济过于疲软就降低利率。银行和公司等经济参与者通常无法预见这种干预的确切时机，常常造就乱世。因此，虽然模型能够根据过去做出精确预测，但乱世往往使预测变得毫无价值。

1986 年，高盛联系了利特曼。该公司一直在涉足量化交易策略。该公司著名的雇员是经济学家费舍尔·布莱克，他是布莱克 - 斯科尔斯期权定价模型的创始人之一，也是有效市场假说的坚定信奉者。1986 年，利特曼与布莱克进行了一次对话。

布莱克问："鲍勃，作为一名计量经济学家，你觉得为什么计量经济学会对华尔街有价值？"

利特曼百思不得其解。计量经济学家在华尔街怎么会没有价值？在求职面试中，布莱克的这句话简直就是挑战。"我想可能有参数可以估算"是利特曼能想到的最好的答案。而布莱克认为，预测经济不可能赚钱，那不过是一次又一次的掷硬币。计量经济学家试图找到经济因素（如利率和汽油价格）之间的相关性，从而预测未来的结果。布莱克在 1982 年发表的论文《计量经济学模型的麻烦》(The Trouble with Econometric Models) 中指出，这是一种愚蠢的做法，因为它将相关性与因果关系混为一谈 (布莱克在近距离观察了高盛的赚钱机器后，很快意识到，虽然从教授的讲台上看市场可能很有效率，但是巨型投资银行能从无处不在的市场低效中榨取大量美元)。

尽管布莱克有顾虑，高盛还是聘用了利特曼，让他加入了银行的固定收益部门。不久后，他被要求帮助日本客户 (当时是非常富有的客户) 建立全球固定收益投资组合。利特曼向布莱克寻求帮助。

布莱克说:“好吧，你知道，我的态度是先从简单的事情做起，如果行不通，你可以再做一些更复杂的事情。”他建议使用基于哈里·马科维茨现代投资组合理论方法的标准风险收益模型，该方法是基于许多篮子的分散投资法 (正是被斯皮茨纳格尔和塔勒布嘲笑的方法)。

一开始利特曼没有成功。通过一系列的调整和尝试使用新方法 (部分基于他在向量自回归方面的研究)，利特曼最终设计出一个模型，可以根据投资者的风险偏好输出最佳的资产配置。该模型后来被称为布莱克 - 利特曼模型，是世界上最有影响力的资金管理工具之一。

1994 年，利特曼被提升为整个公司的风险管理主管。但他对使用与布莱克共同开发的模型进行交易更感兴趣。在接手公司风险管理任务的一年前，他曾向高盛的管理合伙人、未来的新泽西州州长乔恩·科尔津请求在投资组合管理部门任职。科尔津说:“不，鲍勃，有更重要的事情等着你去做。”

大约在那个时候，高盛聘请了芝加哥大学尤金·法玛的门徒、崭露头角的超级明星克里夫·阿斯尼斯。1995 年，阿斯尼斯成立一家名为全球阿尔法的交易机构，他很快成为公司及其合伙人的摇钱树，1996 年和 1997 年的回报率分别高达 93% 和 35%。利特曼对阿斯尼斯的成功感到惊讶，并高兴地得知他同时使用了布莱克－利特曼模型和利特曼在麻省理工学院短暂执教后帮助推出的计算机程序 RATS。阿斯尼斯于 1997 年离开高盛，在格林威治创办了 AQR 资本管理公司。

不久之后，利特曼如愿以偿，开始了他的交易生涯。他开始为高盛资产管理公司设计量化策略，这是高盛的机构资金管理业务。到 2005 年左右，他的团队被称为量化资源集团，实际上已成为世界上最大的对冲基金，拥有约 1 500 亿美元的资产。

2008 年，这 1 500 亿美元遭遇重创。全球金融危机摧毁了对冲基金（除环宇资本等例外）。加里·科恩，高盛的联席首席运营官，接管了公司，试图控制损失。利特曼当时正准备退休。他虽然仍提供建议，但不再参与日常管理。

在此期间，高盛业务主管拉里·林登邀请他共进午餐。

他突然问道："你担心环境问题吗？"

利特曼回答道："拉里，我还有点忙。"

但这颗种子已经播下。林登后来离开了高盛，担任世界自然基金会的主席。利特曼于 2010 年离开高盛，并很快与林登取得了联系，林登将他带入了世界自然基金会的董事会。同年，他加入了高盛前同事创办的 Kepos Capital。

利特曼自认为的头号任务是，解决全球变暖这一令人生畏的经济问题。一路走来，他成了气候变化圈子里无处不在的变色龙西力。他与凯瑟琳·默多克（鲁伯特·默多克的儿媳）一同担任气候领导委员会联合主席。他还加入了环境责任经济联盟、气候中心组织、未来资源研究所、伍德韦尔气候研究中心、斯坦福伍兹环境研究所和斯坦福自然资本项目的董事会。他还曾担任美国智库尼斯卡宁中心的董事会主席，该智库提倡征收碳税。

利特曼在学习气候变化经济学的基本原理时，意识到这个领域存在一个大问题。没有人知道如何为全球变暖带来的风险定价。他认为，那些曾尝试过的人做得都非常糟糕。

利特曼认为自己了解如何为风险定价。

气候经济学领域的领军人物是耶鲁大学教授威廉·诺德豪斯，一位说话温和的人，他在2018年与纽约大学经济学家保罗·罗默一起获得了诺贝尔经济学奖。早在诺德豪斯担任明尼苏达联邦储备银行宏观经济学家的初期，利特曼就曾与他短暂相处。

20世纪70年代中期，诺德豪斯在维也纳休假时被全球变暖问题所吸引。他与一位气候学家共用一间办公室，这位气候学家向他介绍了这一新出现的问题，而这一问题当时只是一小部分专家（以及埃克森美孚的科学家）的猜测。在接下来的15年里，诺德豪斯一直在研究一个将气候科学与经济学相结合的模型。

动态综合气候—经济模型就这样产生了。该模型研究了一系列相互关联的因素，如人口、经济增长（或衰退）、石油价格以及全球变暖的各种影响。这是一项非常复杂的挑战，部分原因在于这些因素之间的关联性和动态性。反馈环比比皆是。快速升温及其可能造成的经济损失反而会减缓变暖，因为在经济增长放缓的同时，排放量也会下降。低排放可以限制损害、促进增长，这又导致排放增加。

这一切的目标是为碳定价。核心问题在于，碳排放具有经济学家所谓的外部性，也就是成本并非由使用者承担。我们以化石燃料为动力的现代文明几乎不计成本地将碳排放到大气中，这实际上剥夺了后代的经济发展机会，总有一天，这些积聚的碳必须被清除，否则就会对经济造成难以恢复的巨大破坏。为碳定价，将成本折现，这种做法可以限制碳的消耗量，激励人们寻找替代品。这样碳就与社会成本联系在了一起。我们可以计算全球变暖将给人类带来的损失，以及阻止或减缓全球变暖所需的成本。

诺德豪斯最终提出碳的社会成本的价格范围：30~40 美元 / 吨，这个价格随着时间的推移逐渐上升，将碳挤出经济周期。

诺德豪斯的分析让利特曼感到困扰。这位耶鲁大学教授是在以经济学家、学者的身份来思考风险，而不是像华尔街的风险经理用真金白银来承担风险。他用一个复杂的公式来计算在高度不确定的情况下，在遥远的未来对经济造成的预期损害的价值。利特曼想，这太疯狂了。风险定价需要的是潜在结果的全面分布，尤其包括灾难性结果。保险公司可以在许多独立事件中分散风险，他们只担心预期损失。风险被分散、转移给其他方。但如果没有人能够提供保险，比如针对核战争的保险，那么你就必须担心最坏的情况，也就是破产问题，并为此增加风险溢价。利特曼认为，风险溢价是华尔街为风险定价的精髓（当然，塔勒布认为这种风险是黑天鹅，是无法被定价的）。

就气候风险而言，你现在就得踩刹车。

利特曼开始研究碳价制定方法。2019 年，他与哥伦比亚商学院教授肯特·丹尼尔和气候经济学家格诺特·瓦格纳一起，推出了 EZ-Climate 模型。与诺德豪斯不同的是，该模型要求制定极高的碳价格，每吨超过 100 美元。

他们写道："坏消息代价高昂。坏消息来得晚，更难通过积极的政策加以应对，情况变得更糟。正是由于无法预知好消息或坏消息何时到来，早期缓释才具有保险价值。"

2020 年，利特曼在参议院做证后飞往加州，随着新冠疫情的蔓延，跨洲飞行成了一个非常糟糕的主意。他和妻子卖掉了在肖特山的房子。这种感觉非常奇怪。当他们走出家门去旅行时，他们以为下周就能回家了。现在他们再也见不到它了。

利特曼有很多事情要忙。他被任命为美国商品期货交易委员会一个高级小组的主席，该小组负责调查和报告全球变暖给金融业带来的风险。参与该项目的公司包括摩根士丹利、彭博社、美国奶农公司、花旗集团、英国石油公司、环境保护基金、先锋集团、康菲石油公司、加州公共雇员养老基金和摩根大通。

这项于 2020 年 9 月发布的研究提出了令人震惊的结论，即全球气温持续上升带来潜在危险：

- 气候变化对美国金融体系的稳定及其维持美国经济的能力构成重大风险。
- 监管者最关心的问题之一是我们还不知道的事情。
- 金融界不应只是被动应对，而应提供解决方案。

利特曼在这份长达196页的报告的前言中写道："在本报告定稿之际，美国正处于一场世界性大流行病的肆虐之中，新冠疫情导致超过18万人死亡，同时伴随着经济崩溃。"他指出了大流行病与全球变暖之间的相似之处，拖延解决这两个问题"可能会带来毁灭性的后果"。

这份报告发布之时正值2020年美国总统大选，伴随大流行病造成持续恐慌以及乔治·弗洛伊德的死引发的全美抗议，这份报告几乎没有引起任何关注。利特曼对此并不惊讶。但他希望这份报告能成为未来解决问题的蓝图。

他还认为，美国商品期货交易委员会中的化石燃料巨头在表示希望提供帮助时是真诚的。许多化石燃料巨头公开呼吁征收碳税，尽管他们都不赞成征收接近EZ-Climate模型建议的100美元/吨的价格。利特曼告诉我："我认为他们变了，但我认为他们是有罪的。他们看到了未来，他们想要参与其中。"

怀特豪斯参议员曾主持参议院委员会，而利特曼在2020年3月的委员会上做证。这位参议员告诉利特曼，尽管化石燃料公司表示支持对碳排放定价，但他们的游说组织在幕后反对。

2021年6月，英国绿色和平组织公布了一段秘密录音，其中一位叫基思·麦考伊的埃克森美孚说客吹嘘这家石油巨头对碳税的支持是"一个很好的话题"，但这永远不会发生。麦考伊说："没有人会向所有美国人征税。我悲观地说，我们都知道这一点。"

第二十章　一场豪赌

2021年1月27日，《原子科学家公报》表示，其世界末日时钟位于午夜前100秒处，与前一年保持不变。在这12个月里发生了两件大事。一是新冠病毒正在夺去人类的生命，二是特朗普不再是美国总统。第二个变化显然在某种程度上抵消了第一个，至少科学家是这么认为的。

科学家表示，新冠病毒并未威胁人类生存。虽然它极为致命，但不足以夺去数十亿人的生命。它所揭示的问题是，人类（至少是大部分人类，在新西兰、澳大利亚和韩国等地表现相对良好）在应对上的严重失误，导致数百万人丧生。正如《原子科学家公报》主席雷切尔·布朗森在年度《末日时钟声明》中所说，这场大流行病是一次"历史性的警钟"。对新冠疫情的灾难性应对表明，"各国政府和国际组织没有做好准备，无法处理威胁人类生存的核武器和气候变化，或在不久的将来威胁人类文明的其他危险，包括毒性更强的大流行病和下一代战争"。

当然，阴霾中也有一线微光。布朗森写道，可再生能源"在动荡的疫情能源环境中表现出顽强生命力"。他指出，在美国，煤炭提供的电力有史以来首次低于可再生能源。“全球对化石能源的需求减少，而对可再生能源的需求增加。”

很少有人像利特曼一样对这种加速的转变毫不意外。事实上，他为此下了数百万美元的赌注。

2021 年 4 月，在由佛蒙特州参议员伯尼·桑德斯主持的参议院预算委员会上，利特曼再次面对美国参议院的众多议员。利特曼与诺贝尔经济学奖得主、哥伦比亚大学经济学教授约瑟夫·斯蒂格利茨以及作家大卫·华莱士－威尔斯一同做证。后者在 2019 年的著作《不宜居住的地球》(*The Uninhabitable Earth*)中生动揭示了气候变化带来的极端风险。

桑德斯参议员在开场白中说：“在我看来，我们正在经历一个关键时刻，这不仅是美国历史上的关键时刻，也不仅是世界历史上的关键时刻，更是人类历史上的关键时刻。”

委员会的资深参议员林赛·格雷厄姆承认，全球变暖是一个值得担忧的问题。他说：“我的结论是，气候变化是真实存在的，人类排放的温室气体产生了热量聚集效应，导致海平面上升和海洋酸化……所以，我相信科学是真实的。有趣的是，转向清洁能源会极大地改变世界地缘政治。”石油巨头被迫另谋收入的世界似乎让格雷厄姆着迷。

华莱士－威尔斯向参议员解释了为什么全球需要立即行动以减少碳排放，不及早行动就会错失良机。他说：“如果世界在 2000 年开始脱碳，碳排放每年只需要降低几个百分点，就可以安全地避免升温 2℃，现在这个数字已涨到 10%。再等 10 年，它将涨到 25% 或更高。”

在华莱士－威尔斯之后，利特曼谈到他开发的一种用于检查、测量和定价气候风险的新工具。

他说："我们使用了资产管理者用来定价的方法，来估算包括风险的碳价，这改进了以前的模型，比如由诺贝尔经济学奖获得者威廉·诺德豪斯创建的模型。诺德豪斯的研究向我们展示了减少排放会带来可观的净利益，但在他的模型中，减排可能会较为缓慢，从而导致温度大幅上升。当我们在这些模型中加入风险，包括一个小概率的最坏或灾难性情景时，研究结果会促使我们采取雄心勃勃且迅速地应对措施。"

他解释道，考虑到风险和避免灾难的价值，减排的价值会增加。现在行动比等待情况变糟糕后再行动更为经济实惠。拖得越久，行动的成本就越高。利特曼说道："这就像是资产定价领域的急刹车。"据他的计算，拖延 10 年将使全球经济每年损失 10 万亿美元，10 年将损失 100 万亿美元。进一步拖延将导致成本飙升。

利特曼私下认为，根据他的 EZ-Climate 模型，最佳方法是立即开征碳税，碳税在 80~100 美元 / 吨。但他很现实，知道这在国会永远不会通过，尤其是在当前党派意见极端分化的国会。因此他转而支持从 2023 年开始征收 40 美元 / 吨的初始税，随着时间的推移逐渐增加（然后随着减排效益显现而减少）。这项税收将为化石燃料的高消耗者（如电力部门，钢铁厂、化工厂，汽车制造商）提供财务激励，以减少它们对石油和天然气的依赖，并转向风能和太阳能等清洁能源。居民个人可能会购买电动汽车，而不是使用耗油的内燃机汽车。这也将向华尔街发出明确的清洁能源买入信号，使大规模的资金流入该行业，同时向化石燃料供应商和消费者发出卖出信号。

利特曼说："对社会上最富裕的碳排放者征税，将税收收入进行再分配，这将使低收入家庭受益，因为他们是低碳消费者。"

到了2021年年末，利特曼对国会能采取行动的乐观情绪逐渐消退。此外，他对第26届联合国气候变化大会的评估也不乐观。在该会议上，全球领导人聚集在格拉斯哥讨论全球变暖问题，除了一些特定领域排放追踪技术的进展，似乎并未取得太多实质性成果，这对地球来说是个不祥之兆。

他告诉我："我认识的每个参与该进程的人的期望都很低。"他认为，2015年《巴黎协定》的目标是将全球气温上升控制在1.5℃以内，但这一目标已成为历史。

他指出一个成功案例是Kepos Capital，该公司战略性押注在低碳化的快速转型上。尽管俄乌冲突导致石油价格大涨，清洁科技股票最近出现了下跌，但到2022年年中，Kepos Capital的押注已经增长了近22%。Kepos Capital的许多收益来自特斯拉，尽管索内特认为特斯拉正处于一个巨大的"龙王泡沫"，但其市值已经飙升至1万亿美元。作为一个深信市场有效的人，利特曼相信特斯拉的价格准确反映了投资者对其未来利润的预期。

如果国会能够实施碳税，他的策略将更好。但是他对此持怀疑态度。

利特曼越来越怀疑，人类摆脱灾难性气候危机的唯一途径是不是一项被称为"太阳地球工程"的激进举措。这项举措涉及派遣一队飞机升入天空，向大气中排放数十亿吨的二氧化硫。这些物质会散布开来，并在与水分接触后转化为硫酸，从而将阳光反射回太空，冷却地球。主张太阳地球工程的科学家指出，1991年菲律宾的皮纳图博火山爆发，向大气层喷射出2 000万吨二氧化硫和火山灰颗粒物质。仅仅这一事件，使整个地球在随后两年里的温度下降了近 0.56℃。

还有其他形式的地球工程。1997 年，氢弹的发明者、核科学家爱德华·泰勒建议在太空中放置巨型镜子。也可以向大气层注射其他物质，如碳酸钙甚至是细碎的金刚石粉尘。

大多数气候科学家一想到常年有目的地反复复制火山的猛烈喷发就不寒而栗。一旦人类开始实施这种太阳地球工程，就可能永远无法停止，因为这些物质通常在几年内就会从大气层中消散。如果项目停止，可能会导致地球突然升温，带来无法估量的混乱、破坏和死亡。《纽约客》记者伊丽莎白·科尔伯特在她 2021 年出版的《白色天空下》中将这种影响描述为“打开一个地球大小的烤箱门”。

对地球工程的另一个反对理由是它引发了严重的道德风险。如果这一工程成功，耗资巨大的全球碳减排努力就不再重要了。难怪埃克森美孚前首席执行官（曾任美国国务卿）雷克斯·蒂勒森认为地球工程是个好主意。

此外，地球工程还存在未知的副作用，例如酸雨。这会对庄稼、降雨量产生什么影响呢？世界上的某些地区会受到更严重的影响吗？答案几乎可以确定。一些模型估计地球工程可能会消除或缩短亚洲季风季节，而季风对于 20 亿人口的粮食供应至关重要。预防原则似乎强烈警告不要考虑太阳地球工程。太阳地球工程是全球性、系统性的，可能对社会和环境产生指数级的影响，并引发未知的生态转折点。

尽管如此，一些气候科学家在多年警告全球变暖的危险之后，还是得出了一个令人痛心的结论，即我们可能没有其他选择。

利特曼 EZ-Climate 模型的共同作者之一格诺特·瓦格纳一直在推动对地球工程进行重新评估。他在 2021 年的著作《地球工程：赌注》（*Geoengineering*：*The Gamble*）中写道，20 年前他第一次听说太阳地球工程时，觉得那简直是疯了。“20 年后，在环境保护基金从事这一课题研究、帮助启动哈佛大学太阳地球工程研究计划，并亲自进行了大量的研究和写作之后，我认为这个议题是相当稳健的。”

这是一场赌博。但他承认，如果不采取激烈行动来应对全球迅速变化的气候问题，那是另一种赌博，可以说是更大的赌博。

本质上，太阳地球工程是一个糟糕的解决方案，瓦格纳或许过分夸大了它的优缺点。全球变暖是所谓的“恶性问题”，这个术语是设计理论家霍斯特·里特尔和梅尔文·韦伯在 1973 年的论文《规划一般性理论中的困境》（Dilemmas in a General Theory of Planning）中提出的。恶性问题极为复杂和独特，没有先例可循。解决方案极其难以实施，而且基本上无法测试。由于解决方案是不可逆转的，所以无法通过试错来研究。全球变暖带来的恶性问题之一是，在替代性可再生能源大规模可用之前迅速减少对化石燃料的消耗，会带来难以估量的经济损失。人类将死亡，增长将停滞。如今，有 10 亿人没有电力，30 亿人无法获得清洁燃料，只能在室内烧煤、木材、庄稼废料或牛粪。这种室内污染会造成极其严重的健康问题，根据世界卫生组织的说法，这是“当今世界上最大的环境健康风险”，每年夺去大约 400 万人的生命。

此外，正如林赛·格雷厄姆在参议院预算委员会上所提到的，许多国家依赖化石燃料生产以获取收入。伦敦智库碳追踪

（Carbon Tracker）估计，由于气候政策和技术进步压缩了对化石燃料的需求，40个石油国家可能面临近50%的收入下降，缺口将达到9万亿美元。除了模糊地建议石油输出国家经济“多元化”，决策者几乎没有解决方案来帮助数亿人跨越这道经济鸿沟。其中很多国家位于干旱的中东和非洲，是最容易受到气候灾害（如热浪）影响的地区之一。

但是如果人类无法解决气候问题，数百万人将丧生，这也是一个毁灭性的问题。

因此，对于地球工程，问题归结为一种生存风险与另一种风险之间的抉择。利特曼告诉我：“地球工程存在风险，但地球变暖也有风险。我们会找到解决办法的。这是愚蠢的，因为我们本可以避免这个问题。”

他说，也许为时已晚。也许我们别无选择，只能赌一下，因为风险正在迅速膨胀。

里德则认为，地球工程是基于不诚实的赌注。在他看来，这是一种逃避现实的方法，即避免面对即将到来的气候灾难。

他认为，地球工程唯一的好处是凸显了人类所处的可怕境地。用赌博方面的术语来说，地球工程可能是一种双倍下注的方式。人类通过向环境中大量排放二氧化碳，而破坏了环境的稳定，导致全球变暖失控。然后我们要再次破坏它，并祈祷好运。任何赌徒都知道，双倍下注是非常冒险的。如果重复进行太多次，结果必然是输光。

如果还有选择，就避免掷骰子。

第二十一章　超越转折点

2021 年 10 月，里德站在伦敦的一个法庭上，面对一组法官的审判。他知道他们会判他有罪。前一年，他和其他两名活动人士走进了位于威斯敏斯特的一座建筑物，那里是全球变暖政策基金会所在地。英国《独立报》称，该组织否认英国是“气候变化最重要的来源。”而里德在 2013 年海伊镇流行哲学和音乐节上的辩论对手贝尼·佩泽是组织的负责人。

活动人士在基金会入口处喷涂“谎言、谎言、谎言”。然后，里德拿起一罐红漆向楼梯上倾倒。

当天，里德和他的伙伴作为“作家反叛”的团体成员参与活动，该团体旨在支持反抗灭绝组织。该团体包括著名作家，扎迪·史密斯（著有《白牙》《论美》等小说）、欧文·威尔士（著有《猜火车》）、玛格丽特·阿特伍德（著有《使女的故事》和其他反乌托邦小说）以及乔治·蒙比奥（著有《热：如何阻止地球燃烧》），蒙比奥是一位英国的环境活动家，他在肯尼亚患上脑型疟，一度被宣布临床死亡。他们聚集在一起，堵塞了图夫顿街，这是全球变暖政策基金会的所在地。奥斯卡金像奖得主、英国演员马克·里朗斯（出演《间谍之桥》《狼厅》《圆梦巨人》《不要抬头》等）主持了这次抗议活动。

扎迪·史密斯对人群说道："有些人的职业就是让科学看起来像观点，这些人的目标是将人们对气候变化的真实感受变成防御性的无知和积极否认。"

玛格丽特·阿特伍德在一段视频中表示："人类活动导致的气候变化不是理论，也不是观点，而是事实。为了大财团的利益而否认气候变化，将导致我们这个物种灭绝。"

接着，里德、澳大利亚作家杰西卡·汤森德和反抗灭绝的活动人士克莱尔·法雷尔走向图夫顿街 55 号，即全球变暖政策基金会的地址，进行了抗议和所谓的破坏行为。他们被迅速逮捕，并被指控犯有破坏建筑物罪，他们被称为"图夫顿三人组"。

一年后，面对法庭上的法官，里德说，检方关于他们的行动并非出于对迫在眉睫的威胁的观点是荒谬的。他说："我们需要辩护的是，全球变暖是一种持续存在且即将来临的生命威胁，气候行动被拖延和耽搁的每一天，都会加剧气候崩溃对我们每个人、对我们的生活和未来的威胁。"

他说他知道自己会被判有罪。从技术上讲他是有罪的，他确实把油漆倒在了台阶上。

"但现在我问你们：除了这样，还能有什么选择？如果不这样，我应该去哪里表态？如果不是现在，那是何时？难道你们希望等到泰晤士河的堤坝被冲垮吗？等到威斯敏斯特宫被淹没吗？"

里德和他的团队被判有罪，并被处以 100 英镑的诉讼费和另外 100 英镑的赔偿款。

它被称为“路西法”（Lucifer）。2021 年 8 月，一场致命的热浪席卷了意大利南部，西西里岛变得火热，并创下了欧洲大陆 49℃的高温纪录。致命的森林大火席卷地中海。在阿尔及利亚，大火导致 65 人丧生，其中包括 20 多名参与灭火的士兵。近 600 起森林大火肆虐希腊的森林，希腊总理基里亚科斯·米佐塔基斯称他的国家正面临着“史无前例的自然灾害”。大火肆虐了希腊埃维亚岛三分之一以上的土地。他说：“过去几天是我国数十年来最艰难的时刻，气候危机正在影响整个地球。”

米佐塔基斯的警告对里德和杰姆·本代尔来说并不新鲜。本代尔是坎布里亚大学的可持续发展教授，面无表情，不苟言笑。就在“路西法”袭击希腊的几个月前，这对搭档出版了《深度适应：导致气候混乱的现实》（*Deep Adaptation*：*Navigating the Realities of Climate Chaos*）一书。在全球变暖的背景下，“适应”通常是指努力避免或准备应对极端气候危机带来的灾难，例如修建防洪墙，使建筑物能够抵御强风和暴风雨，并将建筑物加高到预测水位之上。从这个意义上说，适应往往与另一个工具“减缓”结合使用，减缓是为了降低导致全球变暖的热量排放而进行的长期斗争。里德和本代尔认为，尽管需要尽全力减排，但人类需要为不可避免的气候变化做好准备和适应，而这些变化已融入升温的大气中。

《深度适应：导致气候混乱的现实》提出了一些转型性的社会变革建议，例如将大量人口迁离海岸线，“再野化”城市景观，以及转向基于社区的本地农业。这本书的书名基于本代尔于

2018年发表的一篇颇具争议的论文，该论文认为，全球变暖必然加速文明崩溃。本代尔给了人类10年的时间（他后来放弃了“崩溃确定无疑”的说法，并承认这只是个人观点）。他写道：“是时候考虑在当今人类寿命内无法避免的全球环境灾难的影响了。我们整个人类都在玩一场俄罗斯轮盘赌，两颗子弹已经上膛。”

这篇论文迅速走红。《VICE》杂志称其为“让人沮丧到要去看心理医生的气候变化论文”。宾夕法尼亚州气候科学家迈克尔·曼恩表示，这篇论文是“错误和误导的完美风暴”。其他对里德的批评如出一辙，因为里德告诉年轻人他们可能无法在气候危机中幸存，批评者担心本代尔的悲观情绪将造成一种让人无法采取行动以改善现状的麻痹绝望感。

里德在一定程度上同意这种批评。他告诉我：“我认为本代尔把事情简单化了。当他说崩溃不可避免的时候，有些人松了一口气。宿命论的论调让人们在心理上投降，它规避了问题的全部复杂性。”尽管如此，他还是同意与本代尔一起编写这本书，以写明观点。尽管他们存在分歧，但是他们都同意，几乎可以确定会发生某种大规模的社会危害。里德认为，深度适应是防范气候危机最严重影响的终极保险。

这是在希望和恐怖之间的一种平衡。毫无疑问，本代尔无法以近乎数学般的严谨证明来预测全球变暖带来的文明崩溃。也许他的意图更多是修辞上的，试图唤醒人们对即将到来的灾难的意识，就像电影《不要抬头》中的科学家告诉世人有一颗能毁灭地球的彗星那样：“抬头看！”

但故事还有另一面。

拉蒙特·莱瑟曼俯身在北卡罗来纳州皮德蒙特密林深处的一个蛋形巨石上。此处是一个起伏的山丘高原，从大西洋向西延伸到古老的阿巴拉契亚山脉，他在焦糖棕色的岩石上划出一道银色纹路。

这位55岁的地质学家告诉我：“你看到了吧，那是锂。”

2021年1月，莱瑟曼和他供职的采矿创业公司皮德蒙特锂业奔走在行动的一线，他们试图建立一个美国锂电池的原材料供应链，这些电池是电动汽车、智能手机和平板电脑最常用的动力来源。几个月前，皮德蒙特锂业与特斯拉签署了一项协议，矿场一经启动就向特斯拉供应锂。

莱瑟曼大部分职业生涯都在加拿大追逐黄金和其他热门大宗商品，他来自北卡罗来纳州的皮德蒙特，目前他住在不列颠哥伦比亚省温哥华岛的一个蓝莓农场。这个地区拥有世界上第一个锂矿，20世纪50年代为美国早期核武器生产零部件。莱瑟曼身材修长，面容沧桑，一生大部分时间都在户外度过，他非常清楚这片土地富含锂矿，他从小生活的院子里到处都是棕色的带有银色纹路的岩石。21世纪20年代初，锂矿已成为世界上最炙手可热的大宗商品之一。

皮德蒙特锂业首席执行官基思·菲利普斯告诉我：“我们要在这里建立一个大企业。”到2022年夏季，皮德蒙特锂业的估值已经超过了10亿美元。他们希望，矿场完全投产后，美国的充电电池制造商可以就近采购，减少对世界其他地方大型锂矿供应商的依赖。

这是美国和其他地方绿色淘金热的开始，我曾在《华尔街日报》上报道过这个故事。我采访了众多参与这场重大变革的人，包括全球最大公司的高管、对冲基金经理、采矿公司的首席执行官，以及像莱瑟曼这样进行勘查的地质学家。

在与莱瑟曼穿越北卡罗来纳州森林的几个月后，我搭乘了道明尼能源（大西洋中部巨型公共事业公司）的船。我们从弗吉尼亚海滩的一个港口出发，目的地是大西洋海域深处的两座大型海上风力涡轮机，这是美国仅有的两座海上风力发电场之一。

道明尼能源计划在此地再建造180座风力涡轮机，使其成为美国最大的海上风力发电场。时任道明尼能源首席财务官詹姆斯·查普曼告诉我："我们已经达到向清洁能源转型的临界点，甚至超过了。"该公司计划到2026年在清洁能源上投入260亿美元或更多，其中包括数十亿美元用于海上风电。

皮德蒙特锂业、道明尼能源和其他数百家公司，正为了自身利益而加快从化石燃料向清洁能源的转变，对于像本代尔这样的怀疑论者所传播的末日场景构成了挑战。那些对人类减少温室气体排放能力持悲观态度的人，常常无视甚至批判这个世界上一股日益壮大的力量，这股力量或许代表着地球能够避免气候危机最严重影响的最好希望：清洁能源技术正在虹吸华尔街的巨额资金。

基于多年的失望，这种怀疑心态是有道理的。几个世纪以来，化石燃料推动着全球经济的发展，最早可以追溯到18世纪英国工业革命初期的煤矿。全球经济依然极度依赖燃烧化石燃料来发电。工业化农业也是碳排放的主要来源。但或许，一些狂热的乐观主义者认为，如果资本主义让我们陷入困境，它也可以帮助我们摆脱困境（在政府的政策和支出的帮助下）。如果世界真的要从石油和天然气转向替代能源，以此解决气候问题，这种转变可能是几代人中最引人瞩目的赚钱机遇之一。麦肯锡公司认为，到 2050 年实现全球经济净零排放 [净零意味着通过某种形式的碳吸收（如种植树木）来抵消所有碳排放] 可能成为“历史上最大的资本再分配”，每年的支出将比现在增加 1 万亿 ~3.5 万亿美元。

令人鼓舞的迹象表明，乐观主义者可能发现了什么。2020 年，太阳能和风能已经比其他所有替代能源都便宜，这是几十年创新的结果（其中许多是来自中国的贡献）。长期以来，电动汽车一直是富人的玩物，如今变得越来越实惠。驱动电动汽车的充电电池约占汽车成本的 40%，2010 年以来已经下降了 90%。太阳能电池板的成本也有类似幅度的下降。

2022 年，牛津大学的一组科学家在一项研究中，根据一个名为莱特定律的模糊指标，预测成本的大幅降低可能会持续几十年。莱特定律以第一次世界大战王牌飞行员、20 世纪 30 年代的飞机制造商西奥多·莱特命名，其基本思想是某些技术（比如飞机）的产量每翻一番，其成本会下降 10%~15%。如果牛津大学的预测是正确的，这意味着到 2050 年，全球能源生产将比目前便宜得多，对地球造成的破坏也要少得多。科学家声称，这将净节省数万亿美元。

克林顿政府时期的联邦通信委员会主席、绿色资本联盟创始人里德·亨特告诉我：“这些都是深刻的经济转变，市场的趋势是使用最便宜的燃料，也就是风能和太阳能。”

拜登政府计划将数千亿美元的联邦支出和激励措施投入清洁

能源和其他旨在减少美国碳足迹的技术中，从而推动了这一转变。当然，华尔街也渴望搭乘政府的顺风车。普华永道的数据显示，专注于环境和社会责任目标的资产规模预计将从 2021 年的 18 万亿美元增至 34 万亿美元。道明尼资源等能源公司正将数百亿美元投入风能和太阳能等清洁能源领域，并关闭煤电厂。汽车制造商正斥资数十亿美元建设新工厂，以生产电动汽车和电池。

这场绿色技术革命开始吸引全球最大的投资者。2021 年，美国两大银行摩根大通和美国银行承诺未来 10 年内将向气候相关项目提供 4 万亿美元的融资。与此同时，全球最大的对冲基金桥水推出了一个专注于可持续投资策略企业的投资计划。该企业的联席首席投资官凯伦 · 卡尼奥尔 – 坦布尔告诉我："每天我们都会听到许多客户表达对绿色投资的兴趣，一些客户此前并不会对绿色投资有兴趣，现在他们都说，这是他们任务的一部分。"

这种转变的先兆早在 2020 年年初就出现了，当时全球最大的投资管理公司贝莱德的首席执行官拉里 · 芬克写道："气候变化已成为公司长期前景的决定性因素……我相信我们正处于金融领域根本性重塑的边缘。"随着城市为基础设施项目筹集资金，气候危机将如何影响市政债券市场？全球变暖如何影响抵押贷款？气候变暖导致的食物涨价将如何影响通胀？最容易受到气候危机影响的新兴市场又将如何？

芬克提出了许多问题。因此，他表示："在不久的将来，比大多数人预料得要早，将出现资本的重大再配置。"（尽管有人质疑，如果更环保的投资组合意味着回报率下降，芬克还会不会坚持这一立场。）

除碳产业又会如何呢？尽管它目前规模很小，但增长迅速，这一趋势只会加速，特别是随着2022年8月美国总统拜登的《通胀削减法案》通过（尽管与减缓通胀关系不大）。该法案为碳捕获产业提供了巨额激励，包括每从空气中去除一吨二氧化碳就可获得180美元的税收抵免。

巨额资金嗅到了机会。《华尔街日报》在2021年2月发表评论称："所有牛人都在做碳捕获。"埃克森美孚是积极拥抱这一趋势的公司，他们成立了一个新的部门来商用化其碳捕获技术。在过去几年中，雪佛龙、西方石油和全球最大的矿业公司必和必拓都成为碳工程公司的投资者，该公司由哈佛大学应用物理学家大卫·基思创立，长期得到比尔·盖茨的支持。2022年，西方石油表示计划到2035年资助发展70个碳工程设施。空中客车公司、Shopify和赛默飞世尔科技也签署了与碳工程公司的协议，用于支付碳捕获费用。

尽管呼声一片，碳捕获的技术难题仍然令人望而生畏。化石燃料和工业每年向大气中排放的二氧化碳约有350亿吨。在70个碳工程公司的工厂中，每年预计只能捕获100万吨二氧化碳。然而，根据由联合国政府间气候变化专门委员会提出的几乎所有方案，为了实现《巴黎协定》的减排目标，必须采用某种碳清除的形式。

一些专家估计，到2050年，至少需要50万亿美元（其他专家估计甚至可能是这两倍）的清洁能源投资（包括风能、太阳能、储能、碳去除等），才能实现《巴黎协定》的目标。显然，我们还有非常长的路要走。根据普林斯顿研究人员在2021年的报告，美国最具成本效益的风力发电场相当于使伊利诺伊州、印第安纳州、俄亥俄州、肯塔基州和田纳西州达到净零排放；太阳能发电场将使康涅狄格州、罗得岛州和马萨诸塞州达到净零排放。

这一倡议的规模之大令人难以想象，而且需要以闪电般的速度完成。然而，正当华尔街的大腕开始在绿色能源中掘金时，该行业正在经历着史无前例的持久变革。清洁能源将成为 2021 年和 2022 年，甚至可能是未来 10 年的最佳选择，预示着一场发电领域和消费领域的划时代革命，有望重塑全球经济。麦肯锡在 2022 年的一份技术报告中发现，清洁能源技术在前一年吸引了 2 570 亿美元的投资，超过了包括 AI、5G/6G 以及元宇宙在内的其他任何技术。这一切要归功于像莱瑟曼这样的科学家和地质学家，以及那些通过支持他们以谋利的华尔街金融家。

不出所料，里德对此持怀疑态度，而且有充分的理由。在他警告文明崩溃的演讲中表示："把我们的希望完全寄予重塑全球能源体系是愚蠢的。我们正在谈论的变革，比大规模转向可再生能源还要大得多。我们还要谈论彻底减少全球货物和人员运输量，彻底改变我们的农耕实践和整个农业的本质，彻底减少我们这样的国家所使用的肉类数量。这将是一场前所未有的彻底变革。"

里德真诚地希望这一切都会发生。然而，转型将是历史上最广泛的社会和经济变革，超越了 17 世纪和 18 世纪开始的农业和工业革命，而这些革命耗时数百年。清洁能源革命需要在几十年内完成。里德说："把一切都押在前所未有的变革上，将是一场非常冒险的赌注。"他也丝毫不相信埃克森美孚和西方石油等石油巨头在碳捕获方面一掷千金是出于善意。他认为这是一种极度玩世不恭的企图，目的是激发人们对实验性技术的希望，为他们继续从地下大量开采化石燃料提供短期的社会和政治掩护。

资金和技术都来得不够快。随着气候危机的破坏性和致命性逐年增加，时间已经不多了。2022 年 8 月《自然》发表的一项研究显示，北极变暖的速度是世界其他地区的四倍，这种现象被称为“北极放大效应”，它加重了冰川融化和海平面上升的风险。与此同时，加州大学洛杉矶分校发布的一项研究发现，南加州面临着日益加剧的超级洪水风险，全球变暖使其恶化，可能造成 1 万亿美元的损失，并迫使 1 000 万人流离失所。随着美国西南部的特大干旱越发严重，河流干涸，农作物枯焦，政府官员被迫削减科罗拉多河的水量分配，米德湖的水位过低可能会使胡佛大坝无法发电，这个可怕的水位被称为“死池”。

与我们正在变暖的世界中的许多天气情况一样，科罗拉多河流域正在发生的情况也是前所未有的。加州自然资源部长韦德·克罗伍德告诉美联社记者：“整个河流系统正经历着前所未有的情况。”

更糟糕的是，作为世界秩序的支柱之一，美国民主正走向混乱。

第二十二章　盲目飞行

“在国会大厦的西侧！我们被夹击了，防线失守！”当示威者袭击美国国会大厦西翼时，专门负责人群控制的大都会警察罗伯特·格洛弗在无线电广播中惊慌失措地喊道。当时是 2021 年 1 月 6 日下午 2 点 13 分。一群特朗普的支持者冲进了这栋大楼，砸碎了窗户，并涌入美国民主的象征地，企图推翻拜登的当选。示威者在国会大厦的大厅里游行，高呼“绞死迈克·彭斯”，以发泄他们对副总统的愤怒。不久之后，在 2 点 24 分，特朗普发布了一条推文，称彭斯“没有勇气为保卫我们的国家和宪法去做应该做的事情”。

在接下来的几周里，一些媒体在电视直播中把一群示威者袭击国会的说法换成了和平抗议者聚集以保卫民主。然而事实是，美国的民主正处于美国内战以来最危险的时刻。袭击发生后，政治风险分析师兼作家伊恩·布雷默表示，世界面临的最大威胁是美国的政治两极分化。“美国是世界上最强大、政治分化最严重、经济最不平等的工业化民主国家。”他写道。

加州大学欧文分校政治学教授理查德·哈森告诉《大西洋月

刊》记者巴顿·格尔曼："民主危机已经到来。""我们面临着一个严重的风险，如我们所知道的美国民主将在2024年终结。"

在此情景下，投资者过于自满（道琼斯工业平均指数1月6日上涨438点），会使其陷入危险之中。布鲁金斯学会2022年1月的一项研究发现，美国民主面临的威胁对资本市场构成了系统性风险。事实证明，威权主义通常对商业不利。布鲁金斯学会说："因为自由市场和民主是相互依存的，根据定义，其中一方的系统性风险也会对另一方构成系统性风险。"

即使不是黑天鹅，美国民主面临的风险至少也是一只潜在的灰天鹅——或索内特所说的龙王——在天空中阴郁盘旋。

在示威者袭击国会大厦一个月后的一个周二，得克萨斯州电网监管机构电力可靠性委员会的一名官员在董事会上指出，未来一周该州将遭遇"相当寒冷的气温"。关于风暴的谈话持续了不到一分钟。接下来的星期一，圣安东尼奥市一觉醒来，积雪已达半英尺，气温骤降至-13℃。

轮流停电席卷了整个州。一场巨大的极地风暴从加拿大肆虐到美国，袭击了俄亥俄州、俄克拉何马州、密西西比州、路易斯安那州、得克萨斯州和其他十几个州。但正是在"孤星之州"得克萨斯，黑天鹅复仇般地降临了。该州的电网没有做好应对长时间严寒天气的准备，最终瘫痪，导致近1 000万人断电，有些人甚至断电数周。数百人冻死在家中。2月14日晚，电网在全州范围内关闭了5分钟，而停电情况持续的时间更长。

这场风暴生动地提醒我们，过去为特定气候设计的关键基础设施正在面临极端气候，不断变化、混乱无序的气候模式正使其陷入威胁。类似的事件发生在2022年8月，当时密西西比州杰克逊市的水处理系统被洪水淹没，导致15万居民数周无法获得干净用水。这并不是一个会逆转的短期趋势，而是一种新常态。非营利研究组织气候中心（Climate Central）发现，在截至2019年的10年中，飓风、野火、高温和其他极端天气事件造成美国停电的次数比前10年多了三分之二。

大火紧随得克萨斯州的严寒而来。2021年6月，一个打破趋势的热穹顶笼罩在太平洋西北部上空，将俄勒冈州波特兰的温度推高到创纪录的46℃。极端的高温把草原和森林变成绝佳的火种。8月，雷尼尔山东南部因雷击发生了一场大火，到9月，大火已烧毁超过400平方千米的土地，因而被定为一场超级大火。在整个地区和加拿大，火灾产生的烟雾盘旋在整个大陆上，给纽约市的天空蒙上了阴影，并引发了多伦多和费城的健康警报。

随着热浪的加剧，西雅图的一位天气预报员指出："由于我们正在经历的这种事件在当地的气候记录中从未发生过，没有类似的记录可以借鉴，有些令人不安。"

8月27日上午，当飓风"艾达"（Ida）向路易斯安那州逼近时，美国海军学院的一架直升机将一台仪器放入墨西哥湾测量水温。该仪器探测到地表附近温度极高——这是一个不好的信号。当天晚些时候，极端天气追踪机构Jupiter Intelligence的科学研究员帕特·哈尔给客户发了一封电子邮件。"正在形成的飓风'艾达'即将向墨西哥湾一些海洋热含量极高的地区移动，并可能在经历一段时间的快速强化后达到3~5级，"哈尔写道，"目前的路径显示，周日晚上在密西西比河三角洲以西的洛杉矶海岸，‘艾达’将演变为强飓风。”

这是一个出人意料的预测，但也出人意料的准确。当时，“艾达”只是一个较弱的1级飓风。两天后，也就是在飓风“卡特里娜”（Katrina）的16周年纪念日，飓风“艾达”在登陆弗俄川港时达到4级，持续风速达到150英里/时，追平了该州有史以来遭遇的最强风暴的记录。“艾达”的残余给新泽西和纽约带来了暴雨，导致纽约市的地铁系统关闭，十几名被困在地下的人死亡。

在异常炎热的墨西哥湾海水的推动下，“艾达”的迅速成长打乱了准备计划。气候专家开始担心，他们将不得不废弃用于预测飓风路径和强度的旧模型。研究极端天气事件下财产风险的专家杰西·基南告诉我：“快速气旋发展的整个加速时间序列，实际上抵消了应急管理部门在事件发生前的大量应对措施，这大大增加了人员和财产的风险。”“我们在气候服务情报方面获得的任何技术优势都将被日益加快的气候变化速度所抵消。在某些时候，我们冒着完全盲目飞行的风险。”

网络攻击、气候灾害、恐怖主义、大流行病、致命的停电、流氓AI，一个充满极端的未来。这正是马库斯·施马尔巴赫所处的世界，也是他的面包和黄油——他的生意。这位年轻的德国保险业高管是Ryskex的首席执行官兼创始人，这是一家专注于系统性灾难的新型保险公司，所提供的保险覆盖摧毁公司供应链的飓风，导致航空公司机队停飞的致命事故，破坏公司声誉的网络攻击，使得大量员工死亡的病毒。

利用 AI 和区块链，施马尔巴赫创造了一种全新的、可交易的资产类别——系统性风险。有了 Ryskex，对冲基金和银行可以像买卖一千克玉米一样买卖系统性风险。《财富》世界 500 强企业可以利用它来保护自己免受灾难性的冲击。

到 21 世纪 10 年代末，这仍然是一个羽翼未丰的尝试。一开始，就像环宇资本早期的斯皮茨纳格尔一样，施马尔巴赫的独特而奇怪的产品鲜有人问津。然后发生了新冠疫情，系统性风险突然变得切实可见，这是你每天早上在报纸上读到的内容（或早上喝咖啡时在社交媒体上滚动的消息）。到 2021 年年底，施马尔巴赫在柏林和纽约都设有办事处，已经安排了六笔交易。他的客户包括两家为应对气候变化事件而购买保险的汽车制造商，以及一家大型欧洲航空公司，该公司购买保险以应对重大业务中断，比如流行病。

这不是普通的保险。这些合同是通过区块链安排的，这是一个可以有效跟踪金融交易的互联网分布式总账。与传统保险不同的是，传统保险可能需要几个月或几年的时间才能赔付，而这是所谓的参数化保险。在参数化保险中，当达到某个触发点时，赔付就会自动发生。假设 X 公司购买了 Ryskex 的保险，以防一场毁灭性的洪水导致其股价下跌 20%。那么当洪水泛滥，股票下跌，机制被触发，然后就会通过区块链进行赔付。风险承担者——那些提供保险的公司——是典型的对冲基金，他们渴望获得稳定的保费，就像那些在崩盘中向环宇资本出售远超价格的看跌期权的公司一样。

很难知道这个概念能否成功。施马尔巴赫认为，系统性风险构成了一个1万亿美元的资产类别，或许更多。Ryskex的有趣之处在于，它试图做一件大多数保险公司认为不可能的事情，即为系统性风险定价，用美元来衡量黑天鹅事件。

由于保险业的一个特殊特征，施马尔巴赫在很小的时候就被这个行业所吸引。欧洲的再保险业每年都会召开两场大型会议（再保险是保险公司购买的保单，以在需要支付意外巨额赔付时保护自己）。一场是在蒙特卡洛。另一场是在巴登－巴登，一个位于德国西南部黑森林西麓的古色古香的温泉小镇，施马尔巴赫就是在那里长大的。每年都会突然冒出一大批穿着考究的商人，他们戴着名表，开着跑车，钱包鼓鼓的。施马尔巴赫也想加入他们。

在大学学习保险专业后，他加入了德国金融巨头安联集团，成为实习生，后来又进入了另一家德国巨头慕尼黑再保险集团。在那里，他开始攻读博士学位，并教授保险和金融课程。

2015年的一天，下课后一名学生走向施马尔巴赫。“我认为区块链存在一些新的发展，”他说，“它变得越来越重要。我认为这会摧毁你所在的整个行业。”

施马尔巴赫长期以来一直对寻找传统保险形式的替代方案感兴趣，他认为传统保险受到长流程、合规要求和高度复杂的货币供应链的阻碍，已经变得效率低下。在学生的启发下，他沉浸在区块链中，并很快意识到区块链可以提供另一种保险服务方式。

区块链提供一种叫作“智能合约”的东西，它是一种软件，可以在满足某些条件时自动执行交易。这使它成为参数化保险的理想工具，而这种保险模式是施马尔巴赫的专长。如果一家航空公司想要为 5 级飓风带来的运营风险进行投保，那么当发生 5 级飓风，且飓风对航空公司的业务造成实际可衡量的损害时，例如机场关闭超过一周，合同会立即生效并赔付相应款项。

施马尔巴赫回想起他在 2008 年攻读博士学位时读过的一本书——《黑天鹅》。一场灾难性事件——黑天鹅事件——使特斯拉或苹果这样的大公司破产的概率有多大？《财富》世界 500 强企业存在的风险是什么？什么样的事件会对公司的资产负债表产生深刻的、不可逆转的影响？

很难想象特斯拉或苹果会突然破产。2008 年，人们也无法想象贝尔斯登、雷曼兄弟、美国国际集团会破产或接近破产。“存在系统性风险，”施马尔巴赫告诉我，“网络、流行病、气候变化等，我们定义了这种风险，并将其发展为一种资产类别。”

纵观整个保险业，他知道只有一家公司提供这种保单：伦敦的劳合社，这家有着数百年历史的英国保险公司。在伊丽莎白时代，爱德华·劳埃德拥有的劳埃德咖啡屋位于泰晤士河附近，是水手和船主最喜欢的聚会场所。后者，包括许多奴隶船的船主，开始对一种越来越受托运人欢迎的产品感兴趣——海上保险。保险就是从那里发展起来的。

施马尔巴赫询问在劳合社工作的熟人，他们是如何评估和定价系统性风险的。他很快得出结论，他们没有一个精确的模型。他认为，这是一种凭直觉投飞镖的行为，与其说是风险管理，不如说是赌博。

他决定让 Ryskex 来完成这项工作。他聘请了一家擅长 AI 分析的公司，该公司开始将大量数据输入他们的模型，以编制一个全球风险指数，Ryskex 可以为单家公司提供该指数的定制化编制。该模型从互联网上收集数据，寻找极端事件的模式和相关性，并扫描《纽约时报》和《华尔街日报》等报纸信息。该模型并不像索内特的 LPPLS 模型那样专注于预测极端事件，而是旨在评估基于各种各样因素的事件的发生概率，以帮助客户更好了解他们在灾难发生时的风险敞口。从历史上看，如果暴力事件在美国急剧上升，会对欧洲人前往美国旅行造成负面影响，从而影响航空公司的盈利能力；恐怖袭击后汽车销量减少；如果出现另一波儿流行病，你的供应链会发生一些情况；等等。

利用 AI，施马尔巴赫创建了 VUCA 世界风险指数。VUCA 是波动性（volatility）、不确定性（uncertainty）、复杂性（complexity）和不明确性（ambiguity）的英文缩写。VUCA 于 20 世纪 80 年代末由美国陆军战争学院在冷战结束之际引入，被多个行业（以及大批企业管理顾问）采用，作为帮助高管应对危机和灾难的模型。施马尔巴赫的算法采用这一度量标准，并将其自动化，以衡量流行病、网络犯罪、全球变暖和恐怖主义等的风险。从理论上讲，该指数不仅可以显示企业的脆弱性，还可以利用其模型来限制自身风险。

到目前为止，它只是一个不成熟的初步设想。施马尔巴赫有独特的想法——但没有客户。他不得不到市场上去吸引人们的兴趣。但他接触过的大多数公司都不感兴趣。然后他意识到把它当作保险卖是个错误。取而代之的，他告诉人们这是风险融资。他会解释说，你暴露在这种特定的风险中，但如果你支付了一定金额，你就把这个风险从账面上拿掉了——就像环宇资本的投资者花钱消除了崩盘的风险（或者至少降低了风险）一样。这种宣传似乎对几家公司起了作用。

然后，他开始与一些可能有兴趣为这种风险提供融资的华尔街分子——投资银行进行交谈。他与摩根大通、高盛、摩根士丹利等公司的高管聊过后，他们的一致反应是，我们为什么要这么做？这似乎太冒险了。

施马尔巴赫开始与哈特福德大学巴尼商学院副院长、保险业资深人士约翰·汤姆森讨论他的计划。汤姆森认为这是一个绝妙的主意，但他也理解施马尔巴赫所面临的挑战。汤姆森告诉他，他最大的错误是把公司设在佛蒙特州，这里对特定类型的保险机构有着友好的商业环境，却没有钱。

“如果我是你，我会有不同的看法，”汤姆森告诉施马尔巴赫，“你需要靠近世界金融之都。佛蒙特州的伯灵顿不是。我认为你应该尽可能靠近纽约、新泽西和康涅狄格三州。它们是世界的金融中心，是一个更好的选择。”

“佛蒙特州的人说他们想和我合作。”施马尔巴赫是指该州的保险监管机构。

“我相信他们说过，”汤姆森回答，“不过这不重要。”

汤姆森的意思是，施马尔巴赫有一个有趣的想法，但没有钱。

要去有钱的地方。

2020年秋天，施马尔巴赫接到了康涅狄格州保险专员安德鲁·梅斯的电话。梅斯从汤姆森那里听说了施马尔巴赫的提议，很感兴趣。他认为，新冠疫情期间，保险业的表现从根本上是失败的，使许多企业面临不可预见的风险。它也未能保护企业和家庭免受极端天气带来的日益毁灭性的影响。

梅斯告诉施马尔巴赫，他可以帮他拿到汤姆森所说的那些资金。

他说的是塔勒布和斯皮茨纳格尔过去的落脚点——康涅狄格州格林威治的对冲基金小镇。

施马尔巴赫很快就开始在格林威治挨家挨户地敲对冲基金公司的门。许多人对此持怀疑态度。这些产品可能具有极高的风险，因为区块链机制使赔付几乎是自动的——通常在 48 小时内——而不是普通保险公司支付赔付所需的数月或数年。这意味着提供保险的对冲基金需要随时准备好履行赔付义务。它还与巨大的、在某种程度上无法被量化的风险联系在一起。

但有些人对此很感兴趣。这些交易有着有趣而复杂的方面，吸引了高度量化的对冲基金，就像蜜蜂被蜜吸引一样。到 2021 年年底，施马尔巴赫已经签署了六笔价值约 30 亿美元的交易（也就是说，其产品覆盖了 30 亿美元的风险）。

2022 年，施马尔巴赫再次听从汤姆森的建议，在康涅狄格州的哈特福德开设了一家办事处，离州保险监管机构很近，距离格林威治只有 45 分钟的车程。从积极的方面来看，似乎不乏寻求系统性保护的公司，以免受网络攻击、野火和洪水等灾害的影响。

一些高管告诉施马尔巴赫，与气候相关的风险是他们最大的担忧。加利福尼亚州、得克萨斯州、佛罗里达州和其他地方的公司越来越担心飓风、山洪和野火对其设施和供应链的影响。

另一个担忧是，随着监管机构越来越多地向企业施压，要求它们在公司备案文件中披露碳排放，以及企业供应链深处隐藏的碳排放风险。一家德国豪华汽车制造商告诉施马尔巴赫，他们越来越担心其扩展供应链可能产生的二氧化碳排放量远远超过其披露的水平。如果发现该公司提交的排放报告不准确，该公司可能面临数十亿美元的罚款。他们所担心的不是零部件的直接供应商，也不是供应商的供应商，而是整个供应商链条。举例来说，如果一家泰国公司提供的一种成分最终出现在其汽车的油漆中，这种成分被判定为温室气体的主要排放者，那么这家汽车制造商担心，它会因未能披露这一情况而面临罚款——即使它甚至不知道这种排放的存在。

但当施马尔巴赫向对冲基金公司提出为保护这家德国汽车制造商而设计金融产品时，这些基金公司所要求的保费远远超出了该汽车制造商愿意支付的金额。事实证明，无形的系统性风险可能很难用一个具体数字来衡量。

企业面临的另一个日益严峻的与气候有关的风险是西部地区无法控制的野火在持续扩散，那里是微软、谷歌、苹果和亚马逊等科技巨头价值数十亿美元的大型数据存储中心的所在地。如果火灾导致停电，进而导致这些公司的一个或多个数据中心瘫痪，从而导致该公司所有客户的服务长时间中断，那么从声誉和财务层面来看其金融性影响都将是毁灭性的。

解决方案：Ryskex 及其对冲基金公司阵容愿意承担这种风险。

谁知道 Ryskex 会不会成功？ 2022 年，欧洲爆发了一场大规模冲突，核战争再次成为严重威胁，系统性风险成为大家关注的焦点。气候变化、没完没了的流行病、若隐若现的网络攻击威胁——世界似乎永远处于某种新灾难的边缘。而 Ryskex 似乎为那些想要在即将到来的混乱中寻求保护的人提供了一个解决方案。

认为施马尔巴赫可能会成功也不完全是痴心妄想。历史上有很多小众金融工具成为华尔街核心金融产品的例子。20 世纪 70 年代，很少有交易员听说过期权，更不用说如何为它们定价了。20 世纪 90 年代，另一种具有类似保险性质的产品——信用违约互换——只不过是华尔街日益壮大的量化分析师团队在白板上勾勒出的一个理论结构。到 2008 年，价值数万亿美元、欧元和日元的互换交易已经像传染性病毒一样在全球金融体系内部蔓延开来。

然后它们爆雷了，导致系统崩溃，几乎无法恢复。

在 21 世纪 20 年代初，施马尔巴赫并不是保险界唯一一个想修补系统性风险的人，系统性风险一直是保险业的禁忌话题。保险的数学支柱是大数定律——正态分布中可预测的、安全的、位于中间“大肚子”位置的稳定领域。一个 75 岁的老烟民的死亡风险是多少？亚利桑那州铜矿开采的受伤率是多少？ 16 岁的男性司机撞车的概率是多少？保险业可以在一瞬间计算出这样的数字，精确到小数点后 *n* 位。

但情况正在发生变化。洪水保险、火灾保险、灾难事件保险都被彻底颠覆了，因为过去不再是预测未来的可靠保障。系统性风险突然成为热门话题。保险公司的老板在每个角落都看到了塔勒布描述的可怕的黑天鹅。英美保险巨头怡安保险表示，它关注的不是黑天鹅事件，而是灰天鹅事件，即在某种程度上可以预测的极端、罕见事件，比如索内特的龙王事件。

怡安集团首席执行官克雷格·凯斯在 2021 年 4 月介绍新的

研究项目“尊重灰天鹅”时表示:“我们正在见证全球范围内客户优先级的颠覆性排序。”这也是为什么声誉危机比以往任何时候都更成为世界上任何组织的主要风险之一。显然，领导者如何应对这些长尾风险或灰天鹅风险，是衡量其领导力和企业整体实力的一个关键指标。

2020年，伦敦劳合社——也许是在与施马尔巴赫讨论时受到启发——提出了政府支持的黑天鹅再保险计划的想法，该计划将为企业提供保护，免受系统性冲击，包括网络攻击、太阳风暴、流行病（然而过了两年，它仍然只停留在思想实验层面上）。2021年2月，劳合社启动了Futureset项目，旨在重新考虑保险业在这个风险和混乱日益加剧的世界中的角色。该项目包括一系列被称为“系统风险大师班”的网络直播对谈，汇聚了世界上最顶尖的思想家和保险业领袖。

在该系列的开幕主题演讲中，劳合社首席执行官约翰·尼尔表示，系统性风险是该行业需要解决的挑战，但这是一个非常棘手的问题。

“什么是系统性风险，或者说什么是系统性灾难事件?”他问道，“系统性风险，或称黑天鹅事件，是最难量化、理解和防范的。随着它们作为系统性灾难事件不断发展，其影响可能是全球性的，往往会同时影响多个行业、多个国家和数十亿人，并带来潜在的破坏性后果。”此类事件的一个例子是新冠疫情的大流行。尼尔说:“未来的流行病可能会更严重，可能会产生更具破坏性的后果。”

尼尔列举了其他潜在系统性风险的例子。一场极端的太阳风暴，可能会导致全球关键的电力、GPS和交通基础设施关闭数天或数月。加速的全球变暖是风险倍增器,加剧了许多情况的发生,包括野火、洪水和其他自然灾害，动物疾病，粮食或关键资源短缺而引发的全球供应链冲击，大面积停电，大面积通信故障，大面积网络攻击。

尼尔警告说:“虽然这些情况通常看起来很极端，但在我们高度互联的社会中，它们可能比人们想象的更有可能发生。”

第二十三章　巨大的风险困境

塔勒布躺在贝鲁特一栋房子顶层的床上，戴着氧气面罩。那是 2021 年年初，他感染了新冠病毒，病情很严重。他去贝鲁特是为了帮助生病住院的年迈母亲。他不确定自己是怎么感染上病毒的。他猜测可能是在医院与医学生交谈时染上的。15 天过去了，他一个人也没见过。一名斯里兰卡护士通过谷歌翻译与他交流，通过电梯为他送餐。他把所有的时间都花在梳理有关新冠病毒的论文上。他很害怕。

他最终康复了，但虚弱和呼吸短促的症状依然存在。他有时想自己是否患上了所谓的“长新冠”，在这种情况下，新冠病毒带来的不适将持续困扰患者，可能长达数年。塔勒布很不幸，在疫苗广泛使用之前感染了这种疾病，这增加了具有长期症状的可能性。在 2021 年的大部分时间里，他感到筋疲力尽，早上和下午都需要小睡一会儿。为了恢复健康，他开始每天步行 10 英里。

与此同时，塔勒布《预防原则》的合著者之一乔·诺曼开始担心疫苗才是问题所在。它们仍处于试验阶段，正在用数十亿庞大的人口进行测试。他对疫苗接种感到不安，他声称这对人类构成了系统性风险。

“广泛接种的影响是大规模的，”他在自己的自媒体平台上写道，“可能大到足以对系统本身造成伤害，而且还是不可逆转的。”

他并不能明确指出疫苗的有害影响具体是什么，归结起来就是“我们无法得知”。诺曼认为大规模地篡改某样东西是一个坏主意，其后果谁也说不准。

塔勒布发现诺曼的分析非常令人恼火，是对预防原则的误用。塔勒布在推特上指出，疫苗不像病毒那样可以复制。如果你的邻居接种了疫苗，那并不意味着你也有接种疫苗的风险。然而，如果你的邻居没有接种疫苗，那就增加了你感染病毒的风险。“反疫苗者是疯子。”他于 2021 年 12 月在推特上写道。塔勒布发现接种疫苗人群的样本量如此之大——当他发表这篇评论时，大约有 40 亿人——如果有任何潜在的系统性危害都应该已经被发现了。

美国民众对于口罩强制令、新冠病毒检测要求和免费疫苗等病毒管理措施的普遍反应——这些反应时常具有自我破坏性——使得塔勒布越来越反对斯皮茨纳格尔（有时也包括他自己）长期支持的自由主义政治哲学。他认为，病毒暴露了将个人自由视为社会最高道德准则的哲学的内在矛盾：当一个人的个人自由会损害他人的自由时要怎么办呢？

“自由主义者是……逻辑不自洽的，”塔勒布在 2020 年 5 月的推特上说，“他们认为商店无权要求佩戴口罩并限制他们的自由，却又要求自由……这与自由主义无关。他们是一群头脑像棉花糖一样的反社会人群和不适应社会的人群，他们对人类的仇恨情感过于极端和偏执。”

当然，塔勒布和斯皮茨纳格尔的友谊依然牢固。这只是多年来众多分歧中的又一个。他们之间的关系比政治哲学上的争论更深厚。这一点在环宇资本体现得淋漓尽致。

斯皮茨纳格尔最近在密歇根州北部从事了一项很受欢迎的活动：猎鹿。然而，他没有使用长枪，而是选择了一把定制的德国复合弓。

2021 年 10 月，和往常一样经历了一整天不成功的猎鹿之后，斯皮茨纳格尔从田园农场林冠高处的一个狩猎架的绳梯上爬了下来。他摇着头灯穿过茂密的灌木丛，爬出树林，来到一片开阔的樱桃园。安静得出奇。然后他听到一声嗥叫，接着是更多的嗥叫声。刹那间，尖细的嗥叫声在他周围响起，就像战争的呐喊声，是丛林狼。他以前听到过很多次，在树林深处，在农场的山上，但他从未与它们正面交锋。它们似乎一直等着，当这位对冲基金交易员离开树林掩蔽处便伏击他。他可以看到它们，当他用头灯向四面八方照射时，他能看到丛林狼的眼睛反射出的光芒。一个标题闪过他的脑海，“黑天鹅交易员被丛林狼吃掉”。他走得更快了，然后他突然跑起来，朝着他停在上千米外的灌木丛中的卡车跑去。狼群紧随其后。当他冲过一片开阔的田野时，他能听到它们的爪子贴着地面，在四周嚎叫。他跳进卡车马上开走。从那以后，每当他晚上冒险进入树林，总是会带着一把手枪。

斯皮茨纳格尔与丛林狼惊心动魄的遭遇，与他管理环宇资本的日常工作形成了鲜明对比。对这家对冲基金来说，2021 年相对平静，美股触底反弹，波动性减弱，环宇资本继续遵循黑天鹅协议——买入具有巨大上涨潜力的廉价看跌期权，等待下一次崩盘。像往常一样，斯皮茨纳格尔不知道他们什么时候会得到回报。可能是几个月，几年。但是，屡创新高的股市让投资者感到不安。这感觉就像泡沫一样。为了避免破产，许多人都来敲响环宇资本的大门。

市场出现一个麻烦的迹象，在美联储进行货币刺激的同时，通胀一直缓慢攀升。各种各样的因素——供应链中断、美国消费者的强劲需求、全球经济从 2020 年的破坏中复苏、俄乌冲突后油价飙升——导致从牛肉到玩具再到汽车等商品的价格走高。到 2022 年夏天，美国和世界其他地区的通胀率已经达到令人头疼的水平。

为了对抗通胀，美联储开始加息。经过 13 年之久极度宽松的货币政策，美联储被迫收紧银根，挤压经济中的通胀。

2021 年，斯皮茨纳格尔的第二本书《避风港：金融风暴中的安全投资》出版。这本书并不厚，却是他投资策略的精粹，基本上没有《资本的秩序》一书中那些奥地利学派的消遣（但有一点德国哲学家弗里德里希·尼采的影子）。这相当于对现代投资组合理论以及受该理论支配的庞大资金管理行业的正面攻击。塔勒布在书的前言中称，“这是斯皮茨纳格尔对投资行业极大的嘲讽”。

简单地说，斯皮茨纳格尔在《避风港》一书中的观点是，投资者可以同时降低风险和提高回报。事实上，如果操作得当，高回报可以也应该作为低风险的直接后果而出现。这与现代投资组合理论的一个关键性原则相矛盾，即风险与回报之间的权衡。为了增加赚大钱的机会，你需要承担损失很多钱的风险。一家新兴的电动汽车制造商比当地的电力公司有更大的潜力。但风险要大得多。你可能会失去一切。斯皮茨纳格尔把这个难题称为“巨大的风险困境”。

理论上，现代投资组合理论构造的投资组合通过调整风险和收益来获得最优的收益。这种方法通常衡量的是一项投资相对于国债等稳定资产的历史波动率。它还衡量一项投资相对于其过去的表现。多年来，该方法经历了多次迭代。布莱克－利特曼模型只是这个主题的一个变体。

斯皮茨纳格尔说，环宇资本是风险回报计算的反例。“人们将风险缓释视为一种负债，一种创造财富的权宜之计，因为通常情况下，它就是如此，”他在《避风港》中写道，“作为研究和抽样检验的真实案例，环宇资本已明确证明，我们不必以这种方式看待它。风险缓释可以且应该被认为是随着时间的推移对投资组合的补充——执行正确的风险缓释策略，就会实现这一目标。”

他说，更好的是，一个有效的风险缓释策略可以让你承担更多的风险。回想一下斯皮茨纳格尔在他的致投资者的一封信和《巴伦周刊》中所写的各种投资组合。与其他投资策略中股票占75% 或更低相比，假设的环宇资本的投资组合配置了 97% 的股票和 3% 的看跌期权，其潜在回报可能极高。在股市暴跌时，通过布局下跌来避免巨额损失，你几乎可以把所有的筹码都投入市场。好的防守会让你的进攻变得更有侵略性——你可以挥出更多的本垒打，投出更多的三分球，加速向前，全力以赴。

从某种程度上说，环宇资本的做法是保持提前恐慌。斯皮茨纳格尔一直在替他的投资者感到恐慌——投资者便不必这样做。

这背后的一切逻辑可能令人生畏，在《避风港》中，斯皮茨纳格尔有时会用过于复杂的语言使他的论点变得复杂化。（“作为投资者，我们所做的是对这一对数目标函数进行数学优化，从而最大化我们的几何收益率。”）

巴菲特则言简意赅地说清楚了这件事。投资原则一：不要赔钱。投资原则二：不要忘记原则一。

虽然环宇资本本身经常小额亏损，但该策略与大量股票头寸相结合后，将会持续盈利。在过去的13年里，环宇资本的黑天鹅保护协议平均每年比标普500指数的回报率高3个百分点以上。斯皮茨纳格尔在《避风港》中声称，之所以能做到这一点，是因为“他们的风险要小得多”。

斯皮茨纳格尔的观点吸引了《纽约时报》财经撰稿人彼得·科伊。在2021年11月对《避风港》的一篇题为《风险与回报的平衡是虚假的》（The Risk-Return Trade-Off Is Phony）的评论中，他写道：“传统投资智慧认为风险与回报之间存在平衡。要想赚大钱，你就必须冒着损失惨重的风险。想要安全，则不得不接受微薄的回报。投资者斯皮茨纳格尔说，降低风险实际上会增加回报，而且他有证据。”

斯皮茨纳格尔发现了一些“业内其他人士应该注意的东西”。科伊写道：“基本的想法很简单，生存下去是最基本的。如果一个投资组合平均表现良好，但运气不好遭受了一系列重大损失，它可能永远无法恢复。因此，在任何时期都防止损失大量资金是至关重要的。不要指望时间的流逝能够拯救它。如果一个投资组合没有得到妥善的风险保护，那么随着时间的推移，投资组合崩盘和损失全部资金的风险是会上升的，而不是下降。”

科伊指出，降低风险以提高回报的想法“对任何学习过现代投资组合理论这一商学院必修课的人来说都是反直觉的”。

这就是为什么塔勒布说《避风港》是“斯皮茨纳格尔对投资行业极大的嘲讽”。“对冲基金经理讨厌我的书。”斯皮茨纳格尔说。因为斯皮茨纳格尔从根本上认为，对冲基金经理所做的几乎所有事情——分散投资、把握市场时机、购买黄金和债券、增加杠杆以获得丰厚回报——都是错误的，只不过是作秀。斯皮茨纳格尔说：“整个资产配置行业都是场空谈。”

不过斯皮茨纳格尔将巴菲特和巴菲特的导师格雷厄姆这样的价值投资者视为例外。价值投资者是寻找那些由于某种原因而失宠的、不受欢迎的投资项目。这些项目的定价低于其真实价值，并提供了大幅上涨的机会。它们（通常）比更受欢迎的股票风险要小，因为它们已经遭受过市场的打击。这也意味着，它们不必成为世界一流企业，就能提供稳定的回报。巴菲特在致投资者的信中写道：“这是我们投资理念的基石。”“永远不要指望能卖在高点。要让你买入的价格足够有吸引力，这样即使卖出时机一般，也能有好结果。”

斯皮茨纳格尔告诉我：“这个价值取向和我所做的事情非常相似。我买的是人们视为垃圾的东西，大多数时候它们的确是垃圾。”

当然，这并不容易。从定义上讲，价值投资就是反向投资——它的运作方式与大众背道而驰，而许多投资者发现这很难做到。更重要的是，有时股票价格下跌是有原因的——它们是所谓的价值陷阱，受到管理不善或商业模式过时等真实缺陷的影响。在20世纪初，你不会想要投资马车生意，不管它有多便宜。但价值投资的好处是很多的。它不仅提供了大幅上涨的机会，还保护投资者免受黑天鹅事件的影响，而黑天鹅事件可能会使风险较高的投资组合遭受重大损失。价值型股票已经遭受过打击，因此它们远不那么容易受到极端下跌的影响。

塔勒布则推荐了一种他称之为“杠铃策略”的投资方法。这个想法是，在杠铃的一边，把大约 80% 的财富投入短期国债等超级安全的资产，另一边把剩下的资金投入风险较高的领域，比如初创科技公司、生物技术公司或新上市的清洁能源股票，这些股票有可能会暴涨。通过后一种配置，你有机会经历他所谓的正向黑天鹅事件。虽然大多数投资都不会获得回报，但那些成功的——比如亚马逊、苹果和特斯拉——其潜在的回报可能会远超亏损总额。

塔勒布的观点是，普通投资者在自己的投资组合中，应该专注于保护自己的资产，保护其免受黑天鹅事件的影响，而不是押注股市将在长期内持续上涨。

一些学术研究证实了这一策略。乔治梅森大学金融学教授德里克·霍斯迈耶在 2022 年 7 月的《华尔街日报》上写道：“杠铃策略的部分逻辑在于，由于行为偏见，投资者倾向于避免任何变量或资产特征（如估值）的极端情况，因此一个资产类别的极端情况往往会被高估。”霍斯迈耶对股票和债券的杠铃策略的分析表明，在利率上升时期——市场崩溃可能性更大的时期——杠铃策略的表现往往优于大盘。

2020 年 9 月，一种名为 Simplify US Equity PLUS Downside Convexity（这种策略简写为 SPD）的新型交易所交易基金（ETF）上市，为想要保护自己免受大幅回调影响的投资者提供了一个有趣的新选择。该基金由太平洋投资管理公司（Pimco）前 ETF 经理保罗·金创立，其对散户投资者来说，是一个迷你版环宇资本策略。它将大量资产投入市场，其中一小部分——约 3%——配置在价值可能会远超面值的看跌期权上，这些期权的价格将在市场崩盘时飙升。

“环宇资本实施的这种尾部风险策略，普通投资者无法操作，”金告诉我，“我们把它放进了一只 ETF 基金中。”听起来很像斯皮茨纳格尔描述他的崩盘策略，金表示，这只 ETF“会发挥作用，保护你免受损失，最终获得更好的几何回报。你不会出局，并且投资回报会持续积累”。

2023 年年初，在 Simplify Downside ETF 上押注的资金约为 2.5 亿美元。这只基金是 2020 年市场监管变化的产物，这一变化让零售基金在可以投资的种类（包括衍生品）上拥有更大的自由度。金认为这一转变是一个巨大的机遇，可以将类似对冲基金的策略带给大众。当然，金的基金和他的公司（Simplify Asset Management）推出的大多数 ETF 在很大程度上没有经过测试。虽然波动率在 2022 年飙升，但这还不足以触发 ETF 承诺的在崩盘期间的巨额回报。同样不清楚的是，在市场持续走高的漫长等待期，金和他的团队能否管理这一策略的实施成本（乏味的日复一日的亏损），即使是最老练的投资者，耐心也会受到考验。

谁知道未来会怎样？或许，随着越来越多的投资者意识到保护自己免受崩盘影响的好处，这类产品将会火起来。也许 10 年后，在另一场市场崩溃的硝烟废墟中，调查人员会指出，2020 年允许零售基金更多地接触高风险衍生品的规定，是导致这场崩溃的共犯。

不出所料，斯皮茨纳格尔对这些新奇的 ETF 持怀疑态度。

他觉得光是费用就足以把投资者活吞了。他告诉我:“它们只会继续给人们带来巨额费用，远远超过人们希望在崩盘中挽救的损失。”“对投资者来说，关键是要知道他们在承担什么样的风险，以及他们错过了什么。没有什么神奇的公式，每个投资者都有自己独特的处理风险的能力。一个 30 岁的会计师和一个 70 岁的退休钢铁工人的风险状况完全不同。投资者应该不惜一切代价避免的是，基于预感，甚至基于股市上涨或下跌的灵通消息的预测，而将资金投入或撤出市场——这肯定会导致亏损。”

斯皮茨纳格尔一直承认自己是一个糟糕的预测者，他曾在大约 20 年的时间里年复一年地警告市场将出现可怕的崩盘（就像谚语所说的：即使是坏掉的钟，一天也准两次）。这是环宇资本背后的一个技巧。与索内特等认为自己可以预测市场中的龙王的预测者不同，斯皮茨纳格尔不需要预测就能成功。

第二十四章　厄运临门

当塔勒布在基辅空港过海关时，他在思考乌克兰和俄罗斯的入关流程有多么的不同。在乌克兰，海关人员几乎不看他的护照，直接盖章放行。而在俄罗斯，海关人员会仔细检查他的护照，仿佛护照上有什么不可告人的秘密。他每次去莫斯科访问时都很紧张，因为他觉得政府人员随时都可能要求查看他的护照，后果不堪设想。而在乌克兰，他可以很放松。

2021 年 8 月，塔勒布应乌克兰第一夫人叶莲娜·泽连斯卡娅的邀请前往基辅，她在拥有千年历史的圣索菲亚大教堂组织了一场庆祝乌克兰独立 30 周年的峰会。一位会议代表对塔勒布说："总统夫人喜欢您的书，您能来吗？"在那里，塔勒布与乌克兰总统泽连斯基短暂会面。

在访问乌克兰前不久，塔勒布在华尔街发表了一篇文章，声称流行的加密货币比特币价值为零。塔勒布在研究报告《比特币、货币和脆弱性》（Bitcoin，Currencies and Fragility）中称，比特币不能作为货币，它不是短期或长期的价值储存工具，不是通胀的对冲工具，也不是投资的避风港，因为它与市场高度相关。

由于比特币没有内在价值，不像黄金和其他贵金属，它需要矿工（使用复杂公式创造越来越多比特币的计算机天才）不断维护，以维持其价值。鉴于矿工有可能在某一时刻对比特币失去兴趣，理论上会使其价值降为零。更让塔勒布对数字货币不屑一顾的是，在 2020 年 3 月的市场危机中，比特币的跌幅甚至超过了市场平均，这表明比特币作为黑天鹅的尾部对冲工具毫无价值。

比特币在新冠疫情期间暴跌后，于 2021 年反弹，11 月创下 67 801 美元 / 个的历史新高。但在 2022 年，随着美联储开始加息，比特币和其他加密货币暴跌，广义的加密货币市场大约蒸发了 2 万亿美元。

随着比特币的暴跌，一位加密货币亿万富翁正在集中力量调集数十亿美元来挽救比特币。山姆 · 班克曼 – 弗里德是加密货币帝国的巨头，还是一名“90 后”，他开始收购加拿大、日本等地陷入困境的加密货币交易所。为了提高大众对加密货币的兴趣，这位加密货币交易所 FTX Trading 的首席执行官与超级名模吉赛尔 · 邦辰一起出现在杂志广告中，并在 2022 年超级碗期间斥资数百万美元拍摄了一段由拉里 · 戴维出演的支持加密货币的广告。

班克曼 – 弗里德以一头乱蓬蓬的卷发和对商务着装的反感而闻名，他是一种被称为“长期主义”的半世界末日观的追随者，而这种世界观的影响力越来越大。它是 2000 年后发展起来的一种道德哲学的产物，被称为“有效利他主义”，是一种定量的慈善方法，旨在估算哪些事业对人类福祉最重要。减轻全球贫困会比预防下一次大流行病更有益吗？防备 AI 杀手是否比花钱把人类送上火星更有益？到 21 世纪 20 年代初，有效利他主义运动的投资已超过 400 亿美元，其成员正在为联合国和美国政府的高级官员提供建议。该运动的核心信条是，有效利他主义的追随者将把大部分收入捐给有价值的事业。这激励着像班克曼－弗里德这样的人去追求能带来最高收益的职业道路，从而进行最高额度的捐赠，这种慈善模式被称为“赚钱—捐赠”。有效利他主义者没有选择医学或化学专业，而是在华尔街、硅谷或加密货币领域谋生。

到 21 世纪 20 年代初，长期主义已经成为美国科技巨头中的一股强大力量。埃隆·马斯克、比尔·盖茨和杰夫·贝佐斯等人都是长期主义的支持者。这些计算机天才利用复杂的公式创造出越来越多的比特币。长期主义起源于瑞典哲学家尼克·波斯特洛姆的研究成果，他是牛津大学人类未来研究所的创始人，该研究所旨在研究人类面临的极端风险（马斯克曾向该研究所的兄弟组织“生命未来研究所”捐赠了 150 万美元）。该信仰体系背后的核心思想是，如果人类能够正确地打好自己的牌，那么人类的未来几乎是不可限量的，想想数百万年甚至数十亿年后人类的数量，会远远超过今天或曾经在地球上生活的人类数量（波斯特洛姆还计算了电脑模拟的虚拟人）。今天的人类对未来数以万亿计的人类，或者说数字人类，负有不可推卸的责任，他们将生活在一个无尽的、令人迷茫的未来，在这个未来，人类将与计算机融为一体，在星际中繁衍生息。波斯特洛姆等人将这一思想实验的逻辑推向了极端中的极端，人类的长期生存才是最重要的。

这导致了一些激进的结论。2022 年 9 月《华盛顿邮报》在一篇名为《“长期主义”的麻烦》（The Trouble with “Longtermism”）的文章中指出，既然拯救人类是首要任务，那么“哪怕是为避免生存风险做出最微小的努力，也比拯救今天还活着的数百万人更有价值”。从数字上看，贫困和全球健康等近期问题，以及一些人认为的全球变暖，对人类未来的生存并无太大影响。气候危机也只是人类未来统治银河系道路上的减速带。

真正需要担心的是什么？是人类制造的超级病原体？（班克曼－弗里德资助了位于华盛顿特区的政治行动组织“防范大流行病”，该组织由他的兄弟加布管理。）还是失控的科学怪人AI？波斯特洛姆在其2016年畅销书《超级智能》中对这一话题进行了思考。这本书的封面上印着比尔·盖茨的推荐语：“我强烈推荐这本书。”埃隆·马斯克也对这本书进行了推荐：“我们需要十分小心AI，它可能比核武器更危险。”当然，也要担心小行星杀手……或者，核武器。

从表面上看，这种担忧似乎与预防原则中发出的关于全球毁灭的警告如出一辙。不同之处在于，预防原则在很大程度上是被动的，建议人们不要采取可能对人类造成极大危险的行动（尽管也有主动预防的例子，如美国航空航天局开创性的DART计划，旨在保护地球免受小行星的破坏）。长期主义的主动性要强得多。倡导者在太空探索和移民、人类与AI的共生（希望完全超越未来的超级智能AI霸主）以及基因工程（人类、动物和食物）等领域下了数十亿美元的赌注。在某种程度上，它与预防原则截然相反，主张进行极端实验，以确保人类无限的未来。

长期主义者不太关心什么？贫困（这个问题最初引发了有效利他主义运动）；医疗保健；不公平的原因；国家之间的贫富差距。长期主义者激发了关于“谁应该活着或者谁应该死去”的怪异和乌托邦式的观念。牛津大学著名的长期主义者尼克·贝克斯特德在他的博士论文中写道，由于富裕国家“拥有更多的创新，其工人的经济生产力也更高”，因此他认为“在富裕国家拯救一条生命要比在贫穷国家拯救一条生命重要得多”。波斯特洛姆提出了在全世界每个人身上安装追踪装置的想法，以确保没有人在自己的地下室里制造杀死人类的病毒。

彼得·辛格是普林斯顿大学的哲学家和伦理学家，他的著作纠正了许多有效利他主义的创始人，他认为长期主义思想是一种威胁。他在 2021 年 10 月的一篇文章中写道：“把灭绝的风险视为人类最关切的问题，这样做的危险是显而易见的。从人类面临的生存风险的视角来看待当前的问题，可以将这些问题缩小到几乎没有，同时为几乎所有能增加我们的生存时间以移居地球之外的事情辩护。”

鲁伯特·里德认为，长期主义者可能会带来他们死命抵御的世界末日，这是一种暗含讽刺意味的说法。他在 2022 年 7 月写道：“所谓的末日代理人身上散发着我的同事纳西姆·塔勒布所说的‘无声的风险’。他们试图巩固自己的权力，甚至试图（我相信是出于好意）降低我们这个物种的长期生存风险，但他们自己给人类文明带来了可怕的风险，甚至可能给地球上的生命带来风险。”里德认为，长期主义者淡化了当前的风险，例如气候崩溃，因为他们认为这并不符合存在主义定义，他们将人类的未来押注在技术乌托邦式的科学突破上，他们正在进行一场危险的赌博，可能会造成严重的反效果。

塔勒布只是觉得长期主义者数学不好。2008 年，他在牛津的一次晚宴上认识了波斯特洛姆，并很快把他归结为一个用心良苦但缺乏常识的梦想家。塔勒布对我说：“这些人都疯了。他们在建模，但如果模型是错的呢？我怀疑他们是不是真的擅长概率论。在殖民火星之前，先确保地球能正常运转。”

班克曼–弗里德的 FTX 交易所于 2022 年年底倒闭，这在很大程度上证明了塔勒布的观点，即加密货币是一个会焚烧现金的纸牌屋。由于受到交易所流动性紧缩传言的影响，其客户急忙将现金取出。几天之内，FTX 的账面资金从数十亿美元骤降到几乎为零（或者，实际上是负的数十亿美元）。前一天，FTX 的估值还是 320 亿美元。第二天，它几乎一文不值。对年轻的金融家班克曼–弗里德来说，这是一次残酷的教训，让他明白了金融市场的混乱往往是由黑天鹅和龙王主导的。当然，后来的事实证明，班克曼–弗里德的失败似乎是自找的，因为有人指控他挪用了 FTX 客户的资金（班克曼–弗里德在纽约受审时否认了这些指控，并表示不认罪）。到 2023 年年初，这位长期主义者的长远未来肯定是在美国法庭上度过一段漫长岁月，甚至更糟。

与此同时，随着美股在刺激政策和宽松货币政策的推动下飙升至历史新高，环宇资本不断吸引新的投资者。2021 年 11 月，道琼斯工业平均指数首次突破 36 000 点。投资者沉浸在令人神魂颠倒的高点的幻梦之中，但许多人担心这场狂欢可能会在一瞬间戛然而止。当你担心黑天鹅潜伏在暗处时，你很难保持笑容。

2022 年 1 月 20 日，《原子科学家公报》将末日时钟定格在距午夜 100 秒的位置，这正是自 2020 年 1 月新冠疫情在世界暴发以来，末日时钟嘀嗒作响的位置。《原子科学家公报》表示，虽然拜登当选美国总统缓解了紧张局势，但这并不足以扭转人类文明与灾难共舞的命运。地缘政治冲突、对生物武器不断扩大的追求、新冠大流行和未来大流行的威胁、温室气体的无节制排放、互联网上的虚假信息瘟疫（它使数百万美国人相信2020年美国总统大选是虚假的）以及其他一系列生存风险，这些都将世界推向了悬崖边缘。

《原子科学家公报》写道："时钟仍然是有史以来最接近文明终结的启示录，因为世界仍然停留在一个极其危险的时刻。2019年，我们称其为新的异常，不幸的是，它一直存在……末日的门前可不是闲逛的地方。"

一个月后的2月24日，俄乌冲突爆发。地缘政治冲突引发的经济和金融连锁反应波及全球。石油价格飙升，再次加剧了始于新冠疫情及其对全球供应链影响的通胀压力。美股暴跌，数周内跌入熊市泥潭。Mediolanum International Funds的市场策略主管布赖恩·奥莱利在3月告诉晨星新闻记者："市场处于震惊状态。"镍价一天之内翻了一番，因为人们担心战争会破坏镍的供应。俄罗斯是镍的生产大国之一。而乌克兰作为小麦生产大国之一，其供应被封锁在黑海港口，导致谷物价格飙升。国际货币基金组织表示，冲突导致的粮食价格飙升造成了2008年以来最严重的全球粮食危机，大规模社会动荡的风险日益增加。巴尔–扬多年来一直在研究这种风险。

石油价格的飙升扭转了化石燃料行业多年来的颓势。与此同时，由于拜登政府努力通过一项支出法案来应对气候危机，清洁能源的大旗似乎还在。但是，西弗吉尼亚州民主党参议员乔·曼钦的财富与煤炭息息相关，他以担心通胀为由，继续阻止该法案的通过。

10 多年来，塔勒布和斯皮茨纳格尔一直预测通胀会飙升（塔勒布在 2010 年曾预测恶性通胀，并建议投资者做空美国国债市场）。但多年来，尽管美联储采取了各种刺激措施，通胀水平仍在合理范围。2022 年，在各种因素的作用下，物价终于飞涨。对此，美联储主席鲍威尔开始提高利率，为美国经济踩刹车。

这给债券等固定收益类资产带来了麻烦，因为它们的价格与利率成反比。债券和股票同时下跌，标普 500 指数下跌 20%，创半个多世纪以来最差的年中表现。这对许多长期依赖心爱的 60/40 投资组合的投资者来说是场灾难。标准 60/40 投资组合在 2022 年上半年下跌了 20%，这是该策略自 1976 年开始最弱的半年表现。在 2022 年下半年，60/40 投资组合的表现持续低迷，成为自 1937 年以来最差的一年。

斯皮茨纳格尔一直是个怀疑论者，他担心如果美联储继续加息，将会出现史诗级的债券崩盘。他告诉彭博社，全球金融体系正处于“人类历史上最大的信贷泡沫”中，而这一泡沫是在十多年的低利率环境和其他形式的经济刺激下产生的。他说：“如果这个信贷泡沫破灭，将是有史以来最灾难性的市场失灵，但我们希望这不会发生。”

斯皮茨纳格尔在 2023 年 1 月写给投资者的一封信中，加倍强调了他对市场厄运的诊断，为整个华尔街敲响了警钟。他写道：“我们正生活在一个巨大的火药桶——定时炸弹中。客观地说，这是金融史上最大的火药桶，比 20 世纪 20 年代末的还要大，而且很可能造成类似的市场后果。”

《华尔街日报》指出：“大萧条式的全军覆没可谓呼之欲出。”

回到苏黎世后，索内特正准备迎接人生的重大转变。65 岁的他在苏黎世联邦理工学院担任了 15 年的企业风险系主任，即将退休。2022 年 4 月，为了纪念他的离任，他为学生和教职员工举办了一场名为“动态风险管理与龙王：预测和应对狂野的世界”的告别讲座。他娓娓道来他最喜欢的话题，包括他一生都在关注的极端事件，他对冒险和摩托车的热爱，他成功的市场预测，他对塔勒布的黑天鹅概念的蔑视，他说这个概念是错误和危险的，因为它让人们，尤其是银行家和政客在灾难中逍遥法外。他说，龙王是可以预测的，只要你知道如何寻找。索内特认为他做到了。

他谈到了他和一组以前的学生最近在地震预测方面取得的进展。他们共同推出了一个名为 RichterX 的网站，该网站基于所谓的“流行型余震序列”（ETAS）模型。根据 ETAS 模型，地震会引发其他地震，而其他地震又会引发越来越多的地震，从而导致类似流行病或混沌市场崩溃的连锁反应。该网站扫描全球，实时预测地震发生的可能性。用户几乎可以点击世界上任何一个地点，然后得到预测结果。例如，点击印度尼西亚的一个地点，你可能会得到以下信息：“未来 7 天内，100 公里范围内至少发生一次 M5 级以上地震的概率为 10.2%。”

该网站的一个独特功能：用户可以创建账户，存入资金，并与 RichterX 团队的预测对赌。索内特告诉大家：“这个系统允许任何一个有更好预测的人与我们对赌。如果你赢了，你就会得到奖励——钱！”网站可以从成功的投注中吸取经验教训。

索内特展示了在地震中发现的动态也能在金融市场和金融危

机中被检测到，他在 2008 年发起的金融危机观察站对这些因素进行了跟踪。他解释说，大多数崩溃并不是由坏消息等外部或外生事件造成的，而是由发生在市场内部的内生事件引起的，策略对策略做出反应，一浪推一浪，地震引发地震。图书销售、物种灭绝、社会动荡等都有类似现象。

演讲的最后，他提到了一个迫在眉睫的问题，从化石燃料向清洁能源的过渡，这也是当今世界最令人担忧的问题。索内特说，他认为全球经济去碳化背后的许多言论都是“幼稚的空想”，没有考虑到这是一个能源替代项目，而不是增加新能源。这是一项规模巨大的艰巨工作。

索内特警告说：“印度来了，非洲来了。”

索内特说，新能源创新需要包括核能在内的“社会泡沫”。这些“有用的泡沫”类似于阿波罗计划，该计划将人类带到月球，并启发了一系列其他技术（例如，百得真空吸尘器）。索内特并不乐观，在经历了全球金融危机和新冠疫情等冲击之后，承担风险的行为已经少之又少了。

“我们是零风险社会，”他说，“我们是病态社会，正迈向死亡。”

随着 2022 年夏季的来临，不可避免的气候灾难就像末日时钟一样降临了。欧洲遭受了一场毁灭性的热浪袭击，伦敦的气温超过了 38℃。中国许多地区出现极端高温。另一个高温穹顶降临西雅图，创纪录地连续 6 天将气温推到 32℃以上。南亚连续数月几乎每天气温都在 38℃以上。在法国，环法自行车赛期间不得不在路面上浇水，以防止沥青熔化。2006—2021 年，欧洲土地遭受的火灾损失是平均水平的两倍。部分由冰川融化引发的巴基斯坦洪水导致该国三分之一的地区被淹没，造成数百人死亡，3 000 多万人流离失所。

联合国秘书长安东尼奥·古特雷斯在伊斯兰堡举行的新闻发布会上说："这太疯狂了，这是集体自杀。结束与自然的战争，现在就投资可再生能源。随着危机日益加剧，大多数国家显然还没有做好准备。"

布朗大学的气候科学家金·科布告诉《华盛顿邮报》："2022 年夏天简直就是一幅恐怖的景象。"

秋天的情况没有好转，反而更糟了。9 月下旬，飓风"伊恩"（Ian）——一个致命的 4 级特大风暴，翻滚着水和空气，猛烈地撞向佛罗里达州西海岸。美国全国广播公司新闻频道气象学家比尔·卡林斯在这场强大风暴登陆时说道："我们正处于破坏阶段。"迈尔斯堡海滩直接遭受了风暴的袭击，那里的一位居民说："我简直不敢相信大自然母亲会做出这样的事情，我的天啊。"

气候领域出现了一些罕见的积极进展，甚至里德或索内特等顽固的悲观主义者也行动了起来。8 月，西弗吉尼亚州的乔·曼钦改变了他对拜登气候法案的立场，对其竖起了大拇指。国会迅速通过了近 4 000 亿美元的一揽子计划，以促进对电动汽车以及风能和太阳能等可再生能源的投资。气候问题专家表示，该法案将大大有助于美国实现在 2030 年前将温室气体排放量从 2005 年的水平减少一半的目标。鲍勃·利特曼等绿色电力行业的投资者为清洁能源股票的腾飞而欢呼雀跃。

令利特曼懊恼的是，该法案中并不包括碳税。

美国东部时间2022年9月26日19点14分，美国航空航天局一艘时速1.5万英里的小型太空飞船猛烈撞向一颗530英尺宽的小行星迪莫弗斯，稍微改变了它的轨道，展示了该航天局的DART计划。这项所谓的行星防御计划证实，美国航空航天局有能力引导距离地球数百万英里的航天器与小行星相撞，从而使其偏离轨道。美国航空航天局说，DART的试验“展示了一种可行的缓解技术，如果发现一颗将与地球相撞的小行星或彗星，它可以保护地球免受小行星或彗星的伤害”。虽然美国航空航天局的行星防御任务看起来像是好莱坞暑期大片的老桥段，但这是一个由严肃认真的科学家领导的严肃项目。地球与一颗大型小行星发生碰撞虽极为罕见，但对人类的生存构成了威胁。采取措施防范这种不太可能发生的可怕事件，意义重大。

美国航空航天局实际上采用了预防原则。

回到环宇资本，2022年的波动率飙升，来到公司的舒适区。6月，当市场较年初暴跌20%时，公司的量化系统发出信号，是时候获利了结头寸了。另一个赚钱机会出现在秋季，当时股市跌入熊市，而美联储和全球其他央行在通胀迹象持续的情况下不断提高利率。

斯皮茨纳格尔在田园农场工作，经常在视频会议上指导公司交易员工作。斯皮茨纳格尔曾警告过债券泡沫这一火药桶的存在，他告诉交易员，他对美联储会不会退出收紧的货币政策持高度怀疑态度。退出意味着股市可能会反弹，派对也会继续下去。

他告诉他的团队：“他们（美联储）在虚张声势。”他认为，如果经济开始萎缩，或者通胀指标有所放缓，美联储主席鲍威尔就会立刻反悔。从历史上看，美联储很少在经济增长放缓时收紧货币政策。斯皮茨纳格尔告诉我，在经济衰退一触即发的情况下推高利率，“需要一个有自杀倾向的美联储主席”，这将导致比2008年更严重的经济崩溃。

他很快承认，他可能错了。他也承认，如果他错了，对环宇资本及其投资者来说是好事，而对其他人来说则是坏事。对美联储、通胀和所有其他一触即发的风险的担忧，让投资者仍在争先恐后地分一杯羹。根据《机构投资者》的统计，到2022年年底，环宇资本为约200亿美元的资产提供了崩盘保护，这是其成立15年来的最高水平，使其一跃成为全球第二十四大对冲基金。环宇资本仅有21名员工，平均每名员工管理近10亿美元。

临近年末，密歇根州北部远郊的气温骤降到0℃以下，斯皮茨纳格尔站在狩猎架上，从架子的边缘向周围茂密的森林眺望，瞄准复合弓，扫视着周围。他站在30英尺高的狩猎架上，用农场的摄像头追踪着一头凶猛的雄鹿。他已经猎杀它很多年了。到目前为止，这头公鹿一直很低调。斯皮茨纳格尔在树林里睡了一夜后，从黎明开始就一直默默地等在那里。他有时会想，猎鹿有点像为混乱做准备的环宇资本。你要等待开那一枪，也许要等很长时间，但你只能开那一枪。稍有迟疑，猎物就会逃进灌木丛。

时间就这样过去了，天色已晚，空气寒冷。他决定收拾好今天的弓箭，回到北港角的家，时刻警惕着丛林狼。

他并不介意。他知道总有一天会有机会。

2023年1月24日，《原子科学家公报》将末日时钟的指针拨到了离午夜还有90秒的位置，这是该刊物判定的在历史上距离全球灾难最近的一次。

与此同时，气候科学家也警告说，有着迷人绰号“末日冰川”的南极洲思韦茨冰川正在走向崩溃。英国南极调查局的研究人员在《自然》杂志上报告说，温水正在冰川表面下半英里处的裂缝中流淌。科学家布置了一个名为“冰鳍”的水下机器人，并在冰川中钻了2 000英尺的孔，他们发现有证据表明，虽然冰架下方的融化速度可能比预期的要慢些，但冰川内部裂缝的融化速度比之前想的要快得多。

佛罗里达州面积大小的冰川至关重要，因为它就像一道坚冰大坝，挡住了南极洲西部陆地上更大的冰川。如果大坝被冲垮，所有冰川都会滑落入海，造成全球海平面上升的灾难性后果。

这种情况何时发生？科学家也不知道。

译者后记

《逆风翻盘》的作者斯科特·帕特森是一位经验丰富的记者，在《华尔街日报》工作了近二十年，专注于金融领域的报道。在翻译《逆风翻盘》这部作品时，我被塔勒布、斯皮茨纳格尔和索内特等人的故事深深吸引。他们对风险、不确定性和复杂系统的深刻见解让人着迷。这本书正是透过他们的经历和思想，展现了在日益复杂和不可预测的世界中，如何理解和应对潜在的灾难性风险。

这本书的叙事性极佳。作者以引人入胜的情节，让读者近距离观察在风险边缘行走的人们。书中提到的“杠铃策略”为我们提供了一种在投资中应对不确定性的方法：将 85%~90% 的钱投入极低风险的资产，比如国债；剩下的 10%~15% 投入极具不确定性的高风险品种，比如期权。这种策略的精髓在于多次小的失败不能打败你，一次大的成功便可成就你。它鼓励我们在保持稳定的基础上，勇于探索可能带来巨大回报但同时也伴随高风险的机会。这本书不仅展示了如何在市场中寻找并利用危机获利，还传达了一些人生哲理。例如，长期结果主要由极端事件所主导，而大多数人认为对日常事件的处理才是关键。实际上未来却是由那些具有重大影响力且难以预测的事件所塑造的。在生活工作中你如果能正确应对这些事件，那么你将会脱颖而出。

最近20年全球范围内的黑天鹅事件，如2008年的金融危机和2020年的新冠疫情等深刻改变了世界格局。而黑天鹅事件发生时，塔勒布、斯皮茨纳格尔、索内特等逆行者总能赚得盆满钵满。当前全球正面临诸多挑战，这些故事和策略显得尤为重要。帕特森展示了如何在不确定性中寻找机会，提醒我们，即使在最困难的时刻，也存在着转危为安，甚至从中获益的可能。这不仅关乎财富的积累，更关乎如何在不确定的时代保持清醒的头脑和前瞻性的思维。

翻译完这部作品后，我深刻体会到在不确定性中寻找确定性的巨大挑战，这些思想家和实践者提醒我们，“末日时钟”的指针正不断逼近午夜，每个人都是复杂世界中的一部分，我们的选择正在塑造未来，所以我们需要更加谨慎和深思熟虑地做出决策。

在此，我要向所有对本书翻译工作有帮助的人表达最深切的感谢，没有你们的智慧、热情和辛勤工作，本书的中文版不可能如此生动和准确。特别感谢以下9位校友，他们分别是：刘欢言、张妮、夏涵、罗睿康、陈兴秀、赵煜嘉、杨雨昕、刘筱童和徐诗沁。此外，还要感谢两位老师：陆洲和陈立敏，他们的细致审查确保了最终作品的质量。更要感谢中信出版社的领导和编辑，他们提供了宝贵的资源和平台，为本书的出版做出了巨大的努力，使得这部作品能够与广大读者见面。最后，感谢支持和鼓励我们的家人（雷童、牛笑宇、胡雨桓），是你们的守护，让我们在日常工作之余有精力完成这部作品。谢谢参与和支持本书翻译工作的每一个人。你们的贡献是无价的，我对此表示最深的敬意。